新编大学语文

李勇 主编

主　编　李勇

副主编　范金平　宋妍

编　委　张瑜洁　谢俊　郭璞
　　　　邵春蕾　刘明秀

首都经济贸易大学出版社
Capital University of Economics and Business Press
·北京·

图书在版编目（CIP）数据

新编大学语文/李勇主编. -- 北京：首都经济贸易大学出版社，2020.9

ISBN 978-7-5638-3093-0

Ⅰ.①新… Ⅱ.①李… Ⅲ.①大学语文课-高等学校-教材 Ⅳ.①H193.9

中国版本图书馆 CIP 数据核字（2020）第 147642 号

新编大学语文
Xinbian Daxue Yuwen
李 勇 主编
范金平 宋 妍 副主编

责任编辑	胡 兰
封面设计	风得信·阿东 FondesyDesign
出版发行	首都经济贸易大学出版社
地 址	北京市朝阳区红庙（邮编 100026）
电 话	（010）65976483 65065761 65071505（传真）
网 址	http://www.sjmcb.com
E-mail	publish@cueb.edu.cn
经 销	全国新华书店
照 排	北京砚祥志远激光照排技术有限公司
印 刷	北京市泰锐印刷有限责任公司
开 本	787 毫米×1092 毫米 1/16
字 数	448 千字
印 张	17.5
版 次	2020 年 9 月第 1 版 2023 年 7 月第 4 次印刷
书 号	ISBN 978-7-5638-3093-0
定 价	39.00 元

图书印装若有质量问题，本社负责调换
版权所有 侵权必究

前 言
PREFACE

为了充分发挥"大学语文"作为大学通识教育课的最大效能，满足人文性、艺术性和工具性的培养目标，传播中国优秀传统文化，展现语言文学艺术，发扬新时代改革开放精神，满足新时代应用型本科人才素质和能力提升需求，我们编写了本教材。

本教材具有以下四个方面的特色：

一、在编写理念上，以中国优秀文化为线建构教材框架，弘扬中国优秀文化，选取体现中国特色优秀文化的古今文学作品，每一章都编写有文化导读。

二、在编写体例上，按照思想引领和德行为先的原则编排章节，弘扬立德树人的观念，选取体现高尚政治品德、社会公德、个人品德的作品。

三、在文章类型上，遵循古今兼收、以中为主、中外并容的选取原则，既有古代文言文，也有现代白话文；既有中国优秀文学作品，又有外国优秀文学作品。

四、在时代精神方面，弘扬中国改革创新精神，选取体现古今改革创新精神和成果的作品，收录体现创新科技成果的篇目。

教材的参编人员都长期从事大学语文课程教学，积累了丰富的大学语文教学经验，熟知国内大学语文的教学现状。教材主编李勇教授提出编写指导思想，副主编范金平博士负责内容框架与编写体例的确立，副主编宋妍负责编写任务的分工与工作协调。第一章、第二章由谢俊负责编写，第三章、第四章由郭璞负责编写，第五章、第六章由邵春蕾负责编写，第七章、第八章由张瑜洁负责编写，第九章、第十章和第十五章由宋妍负责编写，第十一章、第十三章由刘明秀负责编写，第十二章、第十四章和第十六章由范金平负责编写，全书最后由范金平、宋妍统稿。

在教材编写过程中参阅了大量的国内外教材、著作、报刊及各类媒体资料，在此对相关作者表示感谢，同时为未能及时与原作者联系而致歉。

由于我们水平有限，书中的错误、不足之处在所难免，敬请广大师生和读者朋友们批评指正。

目 录
CONTENTS

第一部分 哲学思想篇

第一章 儒仁道和契乾坤 3
　　子路曾晳冉有公西华侍坐 4
　　秋水 9
　　儒行解 17

第二章 知行合一行天下 22
　　文成王阳明先生守仁 23
　　徐爱录（节选） 28
　　送孟东野序 33

第三章 以人为本勤政事 38
　　尽心章句下（节选） 39
　　种树郭橐驼传 42
　　领导干部的楷模——孔繁森 46

第四章 改革创新铸伟业 55
　　易经（节选） 56
　　述而（节选） 59
　　陈奂生上城 62

第二部分 立德树人篇

第五章 精忠报国勇自强 73
　　白马篇 74

　　　　垓下之围 ·· 77
　　　　假如给我三天光明 ··· 81

第六章　敬业奉献扬正气 ·· 91
　　　　报任安书 ·· 92
　　　　后出师表 ·· 99
　　　　蝶恋花·答李淑一 ··· 104

第七章　孝老爱亲济危困 ·· 107
　　　　缇萦救父 ·· 108
　　　　陈情表 ··· 111
　　　　傅雷家书（节选） ··· 116

第八章　文明守礼促和谐 ·· 120
　　　　尊师 ··· 121
　　　　里革断罟匡君 ··· 125
　　　　边城（节选） ··· 128

第三部分　文艺美学篇

第九章　诗词歌赋映红楼 ·· 141
　　　　蒹葭 ··· 142
　　　　摸鱼儿·更能消几番风雨 ··· 145
　　　　宝玉挨打 ··· 149

第十章　琴棋书画雅人生 ··· 158
　　　　俞伯牙摔琴谢知音 ·· 159
　　　　棋王（节选） ··· 167
　　　　中国书法 ··· 172

第十一章　生旦净末醉艺苑 ·· 178
　　　　长亭送别 ··· 179
　　　　贵妃醉酒 ··· 184
　　　　茶馆 ··· 188

2

第十二章　兼容并蓄同世界 ··········· 195
　　致凯恩 ·························· 196
　　当你老了 ······················ 199
　　哈姆雷特（节选） ············ 202

第四部分　大成万象篇

第十三章　中医妙手巧回春 ··········· 211
　　扁鹊传（节选） ··············· 212
　　关云长刮骨疗毒 ··············· 217
　　刮痧（节选） ·················· 220

第十四章　江山广厦甲天下 ··········· 226
　　滕王阁序 ······················ 227
　　楚游日记（节选） ············ 231
　　苏州园林 ······················ 236

第十五章　色香味美溢舌尖 ··········· 240
　　茶经·六之饮 ·················· 241
　　故乡的野菜 ···················· 245
　　吃饭 ···························· 249

第十六章　大国工匠显异才 ··········· 254
　　鲁问 ···························· 255
　　郭守敬传 ······················ 259
　　中国"蛟龙"号挑战深海（节选） ···· 265

第一部分
哲学思想篇

第一章 儒仁道和契乾坤

 导读

　　两千多年前的先秦时代，一大批求变求新的思想家和哲学家应运而生，他们争相在各个诸侯国推介自己的思想，希望用自己的理论来指导人们认识世界和改造世界，在历史上，我们称这一时期的这些思想家和哲学家们为"诸子百家"。随着封建社会向历史纵深发展，"诸子百家"中的许多学派和理论逐渐隐没在历史的烟尘之中，但有两个学派不仅没有消逝，反而被各个历史时期的人所推崇，一直流传到了今天，这就是儒家和道家。由先秦一路行来的儒家和道家共同构成了我国传统思想的灵魂。

　　儒家学派的创立者为春秋末期鲁国著名思想家和教育家孔子，在孔子之后，孟子和荀子又对儒家学说进行了发展。在秦朝统一中国前，儒家学说已经形成了一套完整的、独立的哲学理论，它的核心思想是为人处世应以"仁、义、礼、智、信"为指导原则，并且将其与治国理政相结合，使为人与治国相融合，形成了一种主动而积极的探索世界并改造世界的人生观、价值观和世界观。汉代以后，儒家的为人和治国理论被历代封建统治者所推崇，成为我国封建社会维系统治秩序、培养政治人才和教导黎民百姓的主要依据。到了宋代，儒家知识分子将儒学进一步拓展，形成了以朱熹和程颐儒学理论为核心的"程朱理学"。到了明代，理学又发展到了以王守仁等人的理论为核心的"心学"。可见，儒学的生命力强大，它的继承者们总能根据时代的变化来调整其发展方向，让儒家理论更适合其所处的时代，从而更好地指导每个时代的中国人去积极主动地改造世界。

　　道家学派的创立者为春秋时期曾做过周王室守藏室史（管理藏书的官员）的老子，老子之后，宋国人庄子对老子的哲学理论进行了发展。不过，道家学派没有儒家学派那样"人丁兴旺"，核心人物主要是老子和庄子，后人将其合称为"老庄"，他们的著作《道德经》和《庄子》是阐述道家思想的主要书籍。道家与儒家的传承截然不同，这与其思想有极大的关系。道家哲学不主张去主动探索和改造世界，而认为人类应该遵守宇宙运行的规律，让自己去适应自然，只有这样才能获得内心的宁静和自由，人类社会也才能没有纷争。因此，道家理论的精髓就是"道法自然""清静恬淡""无为不争""逍遥自在"。

　　儒家和道家的哲学世界观，都产生于先秦时代，经过两千多年的发展和延伸，在今天早已深入中国人生活的方方面面，成为中国人骨子里的两种基本性格基因和人生价值追求，无数中国人正是在儒学和道学的熏陶中将天地乾坤的大道谱写成了自己的人生正气歌。

> 世上最快乐的事，莫过于为理想而奋斗。
>
> ——苏格拉底

子路曾皙冉有公西华侍坐

《论语》

 题解

《论语》是一部记录孔子及其弟子言行的书，是由孔子的弟子们编撰而成的。何为侍坐？后辈恭敬地陪着师长坐着聊天即是侍坐，本文则是指孔子的四个学生恭敬地陪着孔子坐而论道。公元前497年冬，孔子匆匆离开鲁国，踏上了长达十多年的流亡旅程。而就在这年春，孔子刚刚收下聪慧过人的小徒弟公西华。春天快结束了，万物欣欣向荣，孔子带上了子路、冉有、公西华、曾皙四个弟子去踏青。走累了，大家坐下来，聊着聊着就聊到了理想。这次侍坐被儒家弟子们记载了下来，通过《论语》传之后世。

子路、曾皙、冉有、公西华侍坐[1]。

子曰："以吾一日长乎尔[2]，毋吾以也[3]。居则曰[4]：'不吾知也。'如或[5]知尔，则何以[6]哉？"

子路率尔[7]而对曰："千乘之国[8]，摄乎大国之间[9]，加之以师旅[10]，因之以饥馑[11]；由也为之，比及[12]三年，可使有勇，且知方也。"

夫子哂[13]之。

"求，尔何如[14]？"

对曰："方[15]六七十，如五六十，求也为之，比及三年，可使足[16]民。如[17]其[18]礼乐，以[19]俟[20]君子。"

"赤，尔何如？"

对曰："非曰能[21]之，愿学焉[22]。宗庙之事，如[23]会[24]同[25]，端章甫[26]，愿为小相[27]焉。"

"点，尔何如？"

鼓[28]瑟[29]希[30]，铿尔，舍[31]瑟而作[32]，对曰："异乎三子者之撰[33]。"

子曰："何伤[34]乎？亦各言其志也！"

曰："莫春者，春服既成[35]，冠者五六人，童子六七人[36]，浴乎沂，风乎舞雩，咏而归。"

夫子喟然[37]叹曰："吾与[38]点也。"

三子者出，曾皙后。曾皙曰："夫三子者之言何如？"

子曰："亦各言其志也已矣！"

曰："夫子何哂由也[39]？"

曰："为国以礼，其言不让[40]，是故哂之。"

"唯求则非邦也与[41]？"

"安见方六七十，如五六十而非邦也者？"

"唯赤则非邦也与？"

"宗庙会同，非诸侯而何？赤也为之小，孰能为之大？"

注释

[1] 侍坐：此处指执弟子之礼，侍奉老师而坐。

[2] 以吾一日长乎尔：以，因为。长，年长。

[3] 毋吾以也：没人任用我了。吾，作"以"的宾语，在否定句中代词宾语前置。以，动词，用。

[4] 居则曰：居，闲居，指平日在家的时候。则，就。

[5] 如或：如果有人。如，假如。或，无定代词，有人。

[6] 何以：用什么（去实现自己的抱负）。以，动词，用。

[7] 率尔：不假思索的样子。

[8] 千乘之国：有一千辆兵车的诸侯国，在春秋后期，这是中等国家。乘，一辆兵车称"一乘"。

[9] 摄乎大国之间：摄，逼近。乎，于，在。

[10] 加之以师旅：有（别国）军队来侵略它。加，加上。师旅，军队，此特指侵略的军队。

[11] 因之以饥馑：接连下来（国内）又有饥荒。因，动词，接着。饥馑，饥荒。

[12] 比及：等到。

[13] 哂（shěn）：微笑，这里略带讥讽。

[14] 尔何如：你（打算）怎样（做）？

[15] 方：见方，纵横，指面积。后面的"如"也是指面积。

[16] 足：使……富足。

[17] 如：连词，表提起另一话题，作"至于"讲。

[18] 其：那。

[19] 以：把，后面省宾语"之"。

[20] 俟：等待。

[21] 能：动词，能做到。

［22］焉：这里作指示代词兼语气词，指代下文"小相"这种工作。

［23］如：连词，或者。

［24］会：诸侯之间的盟会。

［25］同：诸侯共同朝见天子。

［26］端：古代的一种礼服。章甫：古代的一种礼帽。这里都是名词用作动词，意思是"穿着礼服，戴着礼帽"。

［27］相：在祭祀、会盟或朝见天子时主持赞礼和司仪的人。

［28］鼓：弹。

［29］瑟：古乐器。

［30］希：同"稀"，稀疏，这里指鼓瑟的声音已接近尾声。

［31］舍：放下。

［32］作：立起来，站起身。

［33］撰：才具，才能。

［34］伤：妨害。

［35］莫春者，春服既成：莫春，指农历三月。莫，通"暮"。既，副词，已经。

［36］冠者五六人，童子六七人：几个成人，几个孩子。五六、六七，都是虚数。

［37］喟然：叹息的样子。

［38］与：赞成。

［39］夫子何哂由也：何，为什么。老师为什么要笑子路？

［40］为国以礼，其言不让：要用礼来治理国家，可他说话却不知道谦虚。以，介词，靠，用。让，礼让，谦逊。

［41］唯求则非邦也与：唯，难道。邦，国家，这是指国家大事。与，同"欤"，疑问语气词。难道冉有（治理一个小国）就不是治理国家的人才了吗？

赏析

孔子主张以礼治国，可在他所处的时代，周室衰微，诸侯强大，正是弱肉强食、天下纷争的大争之世，孔子渴望的尊周复礼、以礼治国、天下安宁、社会和谐的政治理想根本不可能实现。既然自己的政治理想不能实现，那就把希望寄托在自己的学生身上吧。于是孔子把培养礼治人才和治国人才的教育目的融进了他的办学事业中。孔子在教导弟子们时，既注重因材施教，也兼顾学以致用，所以常常会跟学生谈到他们今后想做什么，能做什么，要做什么。《侍坐》就是一篇典型的儒家师生谈理想的记录。子路、冉有、公西华、曾皙都是孔子的得意门生，这四个学生的理想极具有儒家学人的代表性。

子路直率急躁，因此第一个发言。他的理想是治理被大国制约而发展不起来的中等国家，三年之内让这个国家军强民安。

冉有谦虚谨慎，认为自己只能管理一个小国的财政，三年之内让这个小国的国民富足。

公西华简单纯粹，只想做一个负责国家典礼的司仪。

曾皙逍遥洒脱，表示自己只想跟三两好友在沂水沐浴，在舞雩坛跳舞，然后唱着歌儿把家回。

如果我们了解这些弟子们的思想品行、生活经历和学习态度，我们就可以发现，他们所说的这些理想绝对不是偶然起意的臆想。他们的理想都是经过深思熟虑的，都是符合自己实际能力的，也都是自己在孔子那里所专注学习的那些知识和技能的体现。他们的理想代表了孔子弟子们的四个主要发展方向，也代表了孔子"学以致用"的实用主义教育理念。

孔子对四个弟子的理想都给予了怎样的评价呢？对子路，孔子还是认为其不知礼，这是孔子对子路的惯常评价。对于冉有和公西华，显然孔子认为他们过于谦虚和谨慎，"难道你们俩的才能和学识不能去治理大国，不能去平天下吗？"孔子对他们的评价在质疑中带有一些遗憾和批评。对于曾皙，孔子则用极其简短的四个字"吾与点也"来表明自己坚决支持曾皙。历史上对曾皙的记载少之又少，但能记下来的绝对都是曾皙极具个性的事件，通过这些事件我们可以发现，曾皙绝对不是那种一心只想吃喝玩乐的人，他所说的沐浴、起舞和唱歌的理想其实是一种态度，即是他天性热爱自由，追求逍遥洒脱的外在体现。更为关键的是，他的理想是天下安宁、和谐大同，只有天下没有战乱，政治清明稳定，才能有沐浴、起舞和唱歌的美事。所以孔子毫不吝惜地褒奖了曾皙，并希望其他弟子也能这样大胆地去预设理想，用自己从儒门学到的知识和技能使天下安宁、社会和谐。

可惜，正如孔子所说的，没人能再任用他了。这一年的冬天，他带着少数弟子痛苦地离开了鲁国，开始了长达十多年的流亡生活。13年后，即公元前484年，齐国侵略鲁国，冉有回国领军击退齐军，顺势恳求当时季孙家的家主季孙肥（季孙斯的儿子）让孔子回国，68岁（以下孔子年龄均为古人惯用的虚岁）的孔子终于回到了自己的故乡。69岁时，孔子的儿子孔鲤病死。70岁时，孔子弟子颜回病死。72岁时，孔子弟子子路死于卫国内乱，被剁成肉酱，孔子伤心欲绝。73岁时，孔子病死在鲁国曲阜。死之前，孔子流着泪对弟子子贡说："天下纷争很久了，而我的理想还没实现。我梦见了祖先，听见了召唤。"

 **评价**

"孔子与（曾）点，盖与圣人之志同，便是尧舜气象也。"（朱熹：《四书章句集注》）

习题

1. 选择题

(1)《论语》的主要内容是什么？（　　）

A. 孔子的言论　　　　　　B. 孔子及其弟子的言论

C. 孔子弟子的言论　　　　D. 孔子所写的文章

(2) 在《侍坐》一文中，子路的理想是什么？（　　）

A. 成为司仪　　　　　　　B. 使一个小国富足

C. 与好友一起去郊游　　　D. 治理大国，强军安民

(3) 在《侍坐》一文中，公西华的理想是什么？（　　）

A. 做主持国家典礼的司仪　B. 治理千乘之国

C. 让小国富足　　　　　　D. 做主持婚丧典礼的司仪

2. 讨论题

如果你穿越到了《侍坐》现场，孔子问你的理想，你会怎么说？请用一段话来阐述自己的观点。

3. 思考题

通过阅读《侍坐》，你认为孔子最赞赏这四个徒弟中谁的理想？为什么？

4. 写作题

假如你穿越到了《侍坐》的现场，孔子问你的理想，你会跟孔子和他的弟子们怎么说呢？又或者，孔子和他的弟子们带着他们在《侍坐》中的理想穿越到了我们的时代，请你来点评他们的理想是否符合当今的社会价值观，你会做出怎样的解答呢？请任选一种穿越法，以"穿越时空的侍坐"为主题，写一篇文章。

链接

https：//so. gushiwen. org/shiwenv_736e296de7fd. aspx

《侍坐》释读

第一部分 哲学思想篇

是以圣人抱一为天下式。不自见，故明；不自是，故彰；不自伐，故有功；不自矜，故长。夫唯不争，故天下莫能与之争。

——《道德经》

秋水

《庄子》

 **题解**

庄子，本名庄周，战国时期思想家、哲学家和文学家。他是继老子之后道家学派的代表人物，与老子一起被后世称为"老庄"。庄子本是宋国人，曾做过漆园吏。他博学多闻，对当时的各个学派都有过研究。庄子隐居著书，潜心求道，给后世留下了一个丰富多彩的道家哲学精神世界。庄子一生写的文章颇多，绝大多数都是阐述自己的哲学思想，这些文章收录在庄学后人编撰的《庄子》中。从文学上看，庄子擅长托事言理，利用寓言故事来表达哲理，这使得他的文章寓教于乐，形象生动，通俗有趣。同时，庄子的文章大量运用想象和譬喻，言辞朴素潇洒，风趣幽默，波澜壮阔，睿智深刻，是古代散文的绝佳之作。庄子无论在哲学思想方面，还是在文学语言方面，都对中国后世产生了极其深远的影响。《秋水》一文出自《庄子》，共由七个小故事构成。

河伯与北海若

秋水时[1]至，百川灌河，泾流之大，两涘渚崖之间不辨牛马。于是焉河伯欣然自喜，以天下之美为尽在己。顺流而东行，至于北海，东面而视，不见水端。于是焉河伯始旋[2]其面目，望洋向若而叹曰："野语有之曰：'闻道百，以为莫己若者'，我之谓也。且夫我尝闻少仲尼之闻而轻伯夷[3]之义者，始吾弗信；今我睹子之难穷也，吾非至于子之门，则殆矣，吾长见笑于大方之家[4]。"

北海若曰："井蛙不可以语于海者，拘于虚[5]也；夏虫不可以语于冰者，笃于时也；曲士[6]不可以语于道者，束于教也。今尔出于崖涘，观于大海，乃知尔丑，尔将可与语大理[7]矣。天下之水，莫大于海。万川归之，不知何时止而不盈；尾闾泄之，不知何时已而不虚[8]；春秋不变，水旱不知。此其过江河之流，不可为量数。而吾未尝以此自多[9]者，自以比形于天地，而受气于阴阳，吾在天地之间，犹小石小木之在大山也。方存乎见少[10]，又奚以自多！计四海之在天地之间也，不似礨空之在大泽乎[11]？计中国之在海内，不似稊米之在大（tài）仓乎？号物之数谓之万，人处一焉；人卒九州，谷食之所生，舟车之所通，人处一焉。此其比万物也，不似豪末之在于马体乎？五帝之所连，三王之所

9

争,仁人之所忧,任士之所劳,尽此矣!伯夷辞之以为名,仲尼语之以为博,此其自多也,不似尔向之自多于水乎?"

河伯曰:"然则吾大天地而小豪末,可乎?"

北海若曰"否。夫物,量无穷,时无止,分无常,终始无故。是故大知观于远近,故小而不寡,大而不多,知量[12]无穷;证向今故,故遥而不闷,掇而不跂[13],知时无止;察乎盈虚,故得而不喜,失而不忧,知分之无常也;明乎坦涂,故生而不说,死而不祸,知终始之不可故也。计人之所知,不若其所不知;其生之时,不若未生之时;以其至小,求穷其至大之域,是故迷乱而不能自得也。由此观之,又何以知毫末之足以定至细之倪,又何以知天地之足以穷至大之域!"

河伯曰:"世之议者皆曰:'至精无形,至大不可围。'是信情乎?"

北海若曰:"夫自细视大者不尽,自大视细者不明。夫精,小之微也;垺,大之殷也[14]。夫精粗者,期[15]于有形者也;无形者,数之所不能分也;不可围者,数之所不能穷也。可以言论者,物之粗也;可以意致者,物之精也;言之所不能论,意之所不能察致者,不期[16]精粗焉。是故大人之行,不出乎害人,不多仁恩;动不为利,不贱门隶;货财弗争,不多辞让;事焉不借人,不多食乎力,不贱贪污;行殊乎俗,不多辟异[17];为在从众,不贱佞谄;世之爵禄不足以为劝,戮耻不足以为辱;知是非之不可为分,细大之不可为倪。闻曰:'道人不闻,至德不得,大人无己。[18]'约分之至也。"

河伯曰:"若物之外,若物之内,恶至而倪贵贱?恶至而倪小大?"

北海若曰:"以道观之,物无贵贱;以物观之,自贵而相贱;以俗观之,贵贱不在己。以差[19]观之,因其所大而大之,则万物莫不大;因其所小而小之,则万物莫不小。知天地之为稊米也,知毫末之为丘山也,则差数睹矣。以功观之,因其所有而有之,则万物莫不有;因其所无而无之,则万物莫不无。知东西之相反而不可以相无,则功分[20]定矣。以趣观之,因其所然而然之,则万物莫不然;因其所非而非之,则万物莫不非。知尧、桀之自然而相非,则趣操睹[21]矣。昔者尧、舜让而帝,之、哙让而绝;汤、武争而王,白公[22]争而灭。由此观之,争让之礼,尧、桀之行,贵贱有时,未可以为常也。梁丽[23]可以冲城而不可以窒穴,言殊器也;骐骥骅骝一日而驰千里,捕鼠不如狸狌,言殊技也;鸱鸺夜撮蚤,察毫末,昼出瞋目而不见丘山,言殊性也。故曰:盖师[24]是而无非,师治而无乱乎?是未明天地之理,万物之情也。是犹师天而无地,师阴而无阳,其不可行明矣!然且语而不舍,非愚则诬也!帝王殊禅,三代殊继。差其时,逆其俗者,谓之篡夫;当其时,顺其俗者,谓之义之徒。默默乎河伯,女恶知贵贱之门,小大之家!"

河伯曰:"然则我何为乎?何不为乎?吾辞受趣[25]舍,吾终奈何?"

北海若曰:"以道观之,何贵何贱,是谓反衍;无拘而志[26],与道大蹇。何少何多,是谓谢施[27];无一而行,与道参差。严乎若国之有君,其无私德;繇繇乎若祭之有社[28],其无私福;泛泛乎其若四方之无穷,其无所畛域。兼怀万物,其孰承翼[29]?是谓无方。万物一齐,孰短孰长?道无终始,物有死生,不恃其成。一虚一满,不位[30]乎其形。年不可举，时不可止。消息[31]盈虚，终则有始。是所以语大义之方，论万物之理也。物之生也，若骤若驰。无动而不变，无时而不移。何为乎，何不为乎？夫固将自化。"

河伯曰："然则何贵于道邪？"

北海若曰："知道者必达于理，达于理者必明于权，明于权者不以物害己。至德者，火弗能热，水弗能溺，寒暑弗能害，禽兽弗能贼。非谓其薄之也，言察乎安危，宁于祸福，谨于去就，莫之能害也。故曰：'天在内，人在外，德在乎天。'知天人之行，本乎天，位乎得，蹢躅而屈伸，反要而语极。"

曰："何谓天？何谓人？"北海若曰："牛马四足，是谓天；落马首，穿牛鼻，是谓人。故曰：'无以人灭天，无以故灭命，无以得殉名。谨守而勿失，是谓反其真。'"

夔蚿蛇风

夔[32]怜蚿[33]，蚿怜蛇，蛇怜风，风怜目，目怜心。

夔谓蚿曰："吾以一足趻踔[34]而行，予无如[35]矣。今子之使万足，独奈何？"

蚿曰："不然。子不见夫唾者乎？喷则大者如珠，小者如雾，杂而下者不可胜数也。今予动吾天机，而不知其所以然。"

蚿谓蛇曰："吾以众足行，而不及子之无足，何也？"

蛇曰："夫天机之所动，何可易邪？吾安用足哉！"

蛇谓风曰："予动吾脊胁而行，则有似也。今子蓬蓬然起于北海，蓬蓬然入于南海，而似无有，何也？"

风曰："然，予蓬蓬然起于北海而入于南海也，然而指我则胜我，鰌[36]我亦胜我。虽然，夫折大木，蜚大屋者，唯我能也，故以众小不胜为大胜也。为大胜者，唯圣人能之。"

孔子过匡

孔子游于匡，宋人围之数匝[37]，而弦歌不辍[38]。

子路入见，曰："何夫子之娱[39]也？"

孔子曰："来，吾语女。我讳[40]穷久矣，而不免，命也；求通久矣，而不得，时也。当尧、舜而天下无穷人，非知得也；当桀、纣而天下无通人，非知失也，时势适然；夫水行不避蛟龙者，渔父之勇也；陆行不避兕[41]虎者，猎夫之勇也；白刃交于前，视死若生者，烈士之勇也；知穷之有命，知通之有时，临大难而不惧者，圣人之勇也。由，处矣！吾命有所制矣！"

无几何，将甲者进，辞曰："以为阳虎[42]也，故围之；今非也，请辞而退。"

公孙龙与魏牟

公孙龙[43]问于魏牟[44]曰："龙少学先王之道，长而明仁义之行；合同异，离坚白；然不然，可不可；困百家之知，穷众口之辩：吾自以为至达已。今吾闻庄子之言，茫然异之。不知论之不及与？知之弗若与？今吾无所开吾喙[45]，敢问其方。"

公子牟隐机大息，仰天而笑曰："子独不闻夫坎井之蛙乎？谓东海之鳖曰：'吾乐与！出跳梁乎井干之上，入休乎缺甃之崖[46]。赴水则接腋持颐[47]，蹶[48]泥则没足灭跗[49]。

还视虷[50]蟹与科斗[51]，莫吾能若也。且夫擅一壑之水，而跨跱坎井之乐，此亦至矣。夫子奚不时来入观乎？'东海之鳖左足未入，而右膝已絷[52]矣。于是逡巡而却，告之海曰：'夫千里之远，不足以举其大；千仞之高，不足以极其深。禹之时，十年九潦，而水弗为加益；汤之时，八年七旱，而崖不为加损。夫不为顷久推移，不以多少进退者，此亦东海之大乐也。'于是坎井之蛙闻之，适适然惊，规规然自失也。且夫知不知是非之竟，而犹欲观于庄子之言，是犹使蚊负山，商蚷[53]驰河也，必不胜任矣。且夫知不知论极妙之言，而自适一时之利者，是非坎井之蛙与？且彼方跐[54]黄泉而登大皇，无南无北，奭然四解，沦于不测；无东无西，始于玄冥，反于大通。子乃规规然而求之以察，索之以辩，是直用管窥天，用锥指地也，不亦小乎？子往矣！且子独不闻夫寿陵余子之学于邯郸与？未得国能，又失其故行矣，直匍匐而归耳。今子不去，将忘子之故，失子之业。"

公孙龙口呿[55]而不合，舌举而不下，乃逸[56]而走。

庄子钓于濮水

庄子钓于濮水。楚王使大夫二人往先[57]焉，曰："愿以境内累矣！[58]"

庄子持竿不顾[59]，曰："吾闻楚有神龟，死已三千岁矣。王以巾笥[60]而藏之庙堂之上。此龟者，宁其死为留骨而贵乎？宁其生而曳[61]尾于涂[62]中乎？"

二大夫曰："宁生而曳尾涂中。"

庄子曰："往矣！吾将曳尾于涂中。"

庄子与惠子

惠子相梁[63]，庄子往见之。或[64]谓惠子曰："庄子来，欲代子相。"于是惠子恐，搜于国中三日三夜。

庄子往见之，曰："南方有鸟，其名为鹓鶵[65]，子知之乎？夫鹓鶵发于南海而飞于北海，非梧桐不止，非练实不食，非醴泉不饮。于是鸱[66]得腐鼠，鹓鶵过之，仰而视之曰：'吓！'今子欲以子之梁国而吓我邪？"

濠梁之辩

庄子与惠子游于濠[67]梁[68]之上。

庄子曰："鯈鱼[69]出游从容，是鱼之乐也。"

惠子曰："子非鱼，安知鱼之乐？"

庄子曰："子非我，安知我不知鱼之乐？"

惠子曰："我非子，固不知子矣；子固非鱼也，子之不知鱼之乐，全[70]矣！"

庄子曰："请循其本。子曰'汝安知鱼乐'云者，既已知吾知之而问我。我知之濠上也。"

注释

[1] 时：按时令。

[2] 旋：转，改变。

[3] 伯夷：商朝孤竹君之子，与弟叔齐争让王位，被认为节义高尚之士。

[4] 吾长见笑于大方之家：长，永远。大方之家，有学问的人。

[5] 虚：同"墟"，居住的地方。

[6] 曲士：孤陋寡闻的人。

[7] 大理：大道。

[8] 虚：流空。

[9] 自多：自夸。

[10] 方存乎见少：方，正。存，察，看到。见（xiàn），显得。

[11] 不似礨（lěi）空之在大泽乎：礨，石块。礨空，蚁穴，小孔穴。大泽，大湖泊。

[12] 知量：知道物量。

[13] "故遥"二句：闷，昧，暗。不闷，不昏暗，即"明白"。掇（duō），伸手可拾，表示近。跂，通"企"，求。不跂，不可企求。

[14] 垺（fú），大之殷也：垺，同"郛"，郭，城墙。殷，盛大。

[15] 期：凭借。

[16] 不期：不可能。

[17] 辟异：傲慢怪僻。

[18] "道人"三句：道人，得道的人。不闻，不求名声。至德，品德极高的人。不得，不自显其德。大人，伟大的人。无己，忘我。

[19] 差：差别。

[20] 功分（fēn）：功利的性分。

[21] 则趣操睹：操，主观标准。睹，可见。

[22] 白公：白公胜，楚平王孙，他的父亲太子建因受陷害而流亡国外，生白公胜。后来白公胜回国，为了争夺政权发动武装政变，事败身亡。

[23] 丽：通"欐"，屋栋。

[24] 师：推崇。

[25] 趣：求取。

[26] 无拘而志：无，勿。而，你。

[27] 谢：代谢，衰落。施：移，转。

[28] 繇（yóu）繇乎若祭之有社：繇繇乎，坦然自得的样子。社，土地神。

[29] 翼：庇爱，偏护。

[30] 不位：不固定。位，守住，固定。

[31] 消：消亡。息：生长。

[32] 夔（kuí）：古代中国神话传说中的一条腿的怪物。《山海经·大荒经》记载：

东海中有流波山,入海七千里。其上有兽,状如牛,苍身而无角,一足,出入水则必风雨,其光如日月,其声如雷,其名曰夔。

[33] 蚿(xián):古书上的虫名,即马陆。一种节肢动物,像蜈蚣,较小,无毒。

[34] 趻踔(chěnchuō):跳跃。

[35] 无如:没有办法。

[36] 鰌(qiū):践踏。

[37] 匝:周,圈。

[38] 辍(chuò):停止。

[39] 娱:乐。

[40] 讳:担忧。

[41] 兕(sì):犀牛。

[42] 阳虎:姬姓,阳氏,名虎,春秋后期鲁国人,季孙氏(季平子、季桓子)家臣。

[43] 公孙龙:字子秉,赵国邯郸(今河北邯郸)人。战国时期名家学派的代表人物。公孙龙能言善辩,曾经做过平原君的门客,其主要著作为《公孙龙子》。

[44] 魏牟:战国时魏国人,又叫魏公子牟,因封于中山,所以也叫中山公子牟。早年曾与公孙龙交好,后开始信奉庄子的理论。

[45] 喙(huì):嘴。

[46] 缺甃之崖:甃(zhòu),砌井壁用的砖石。崖,井壁。缺甃之崖指破损的井壁。

[47] 颐:下巴。

[48] 蹶(jué):踩。

[49] 跗(fū):脚背。

[50] 虷(hán):蚊子的幼虫。

[51] 科斗:即蝌蚪。

[52] 絷(zhí):绊住。

[53] 商蚷(shāngjù):马陆虫,一种多足虫。

[54] 跐(cǐ):踩。

[55] 呿(qū):张开。

[56] 逸:逃。

[57] 先:先去传达楚王的旨意。

[58] 愿以境内累矣:累,拖累,麻烦。这里的意思是请庄子到楚国做官。

[59] 不顾:不理睬。

[60] 巾笥(sì):笥,竹箱子。意思是用布包起来放到竹箱子里。

[61] 曳(yè):拖着。

[62] 涂:泥巴。

[63] 惠子相梁:惠子,即惠施,战国时期的政治家。相梁,做梁国的国相,这里梁

国即魏国。

［64］或：有人，某个人。

［65］鹓鶵（yuānchú）：中国神话传说中与鸾凤同类的鸟，传说中的瑞鸟，用以比喻贤才或高贵的人。

［66］鸱（chī）：这里指猫头鹰一类的鸟。

［67］濠：水名，在安徽凤阳。

［68］梁：桥。

［69］鲦（tiáo）鱼：一种淡水鱼，银白色，约十几厘米，又名白鲦。

［70］全：完全，确定是。

赏析

庄子的哲学思想是对老子哲学思想的继承和发扬，带有一定的朴素唯物主义性质。他的哲学观念主要可以归纳为万物齐一、相对相生、逍遥自在、返璞归真这四个方面。

《秋水》一文实际上就是在围绕庄子的主要哲学观点展开论述。此文并不晦涩，篇名取自全文开篇的两个字。全文由七个故事构成，每个故事没有联系，独立叙事，但都反映的是庄子的哲学观。七个故事分别是：河伯与北海若、夔蚿蛇风、孔子过匡、公孙龙与魏牟、庄子钓于濮水、庄子与惠子、濠梁之辩。

文中最主要的一个故事，也是篇幅最长的一个，就是"河伯与北海若"。庄子在这部分巧妙地采用问答式——河伯发问，北海若回答——来生动诠释人应该怎样去认识世界。这部分可分为七个片段去理解。开篇"秋水时至"至"不似尔向之自多于水乎"是第一个片断，写河神的小却自以为大，对比海神的大却自以为小，说明了认识事物的相对性观点。至"又何以知天地之足以穷至大之域"是第二个片断，以确知事物和判定其大小极其不易，说明认知常受事物自身的不定性和事物总体的无穷性所影响。至"约分之至也"是第三个片断，紧承前一对话，进一步说明认知事物之不易，常常是"言"不能"论"，"意"不能"察"。至"小大之家"是第四个片断，从事物的相对性出发，更深一步地指出大小贵贱都不是绝对的，因而最终是不应加以辨知的。至"夫固将自化"是第五个片断，从"万物一齐""道无终始"的观点出发，指出人们认知外物必将无所作为，只能等待它们的"自化"。至"反要而语极"是第六个片断，透过为什么要看重"道"的谈话，指出懂得了"道"就能通晓事理，就能认识事物的变化规律。至"是谓反其真"是第七个片断，即河神与海神谈话的最后一部分，提出了返归本真的主张，即不以人为毁灭天然，把"自化"的观点又推进了一步。

评价

其文汪洋辟阖，仪态万方，晚周诸子之作，莫能先也。（鲁迅）

习题

1. 选择题

(1) 庄子的哲学思想不包括（　　）。
A. 内圣外王　　　B. 民贵君轻　　　C. 逍遥自在　　　D. 万物齐一

(2) 下列哪个成语在《秋水》一文中没有体现？（　　）
A. 管中窥豹　　　B. 贻笑大方　　　C. 邯郸学步　　　D. 望洋兴叹

(3) 在"庄子与惠子"这则小故事中，庄子用鹓鶵这种鸟来比喻（　　）。
A. 惠施　　　　　B. 庄子本人　　　C. 梁惠王　　　　D. 魏牟

2. 讨论题

匡的百姓为什么要围攻孔子？你怎么看待孔子的态度？

3. 思考题

你认为庄子的逍遥自在观对于今天的人有什么意义？

4. 写作题

请根据你对秋水中小故事的理解，把"河伯与北海若""孔子过匡""庄子与惠子"这三个故事中的任意一个改写成一篇小说。

 链接

https：//www.aisixiang.com/data/106781.html
论庄子的文学观念

子张问仁于孔子。孔子曰:"能行五者于天下为仁矣。""请问之。"曰:"恭、宽、信、敏、惠。恭则不侮,宽则得众,信则人任焉,敏则有功,惠则足以使人。"

——《论语》

儒行解

《孔子家语》

 **题解**

《孔子家语》又名《孔氏家语》,或简称《家语》,是一部记录孔子及孔门弟子思想言行的著作。今传本《孔子家语》共十卷四十四篇,三国时魏国学者王肃给该书做了注,书后还附有《后序》。《后序》实际上分为两部分,前半部分内容以汉代学者孔安国(孔子十世孙)的语气所写,一般称之为《孔安国序》,后半部分内容为孔安国之后的人所写,故称之为《后孔安国序》。

《孔子家语》详细记录了孔子与其弟子门生的问对诘答和言谈行事,是研究孔子生平及其思想的重要参考资料,也是我们认识历史上真实的孔子面目的重要依据。本书对研究孔子的哲学思想、政治思想、伦理思想和教育思想,有着巨大的理论价值。同时,由于该书保存了不少古书中的有关记载,对考证上古遗文,校勘先秦典籍,也有着重要的文献价值。书中的内容大都具有较强的叙事性,也就是说,大多是有关孔子的逸闻趣事,所以此书又具有较高的文学性。书中的许多故事和孔子的许多充满哲理的语言,对今天的我们仍具有深刻的启发意义。

孔子在卫[1],冉求言于季孙曰:"国有圣人而不能用,欲以求治,是犹却步而欲求及前人,不可得已。今孔子在卫,卫将用之。已有才而以资邻国,难以言智也,请以重币[2]迎之。"季孙以告哀公,公从之。

孔子既至,舍哀公馆焉。公自阼阶[3],孔子宾阶,升堂立侍。

公曰:"夫子之服,其儒服与?"

孔子对曰:"丘少居鲁,衣逢掖之衣[4]。长居宋,冠章甫之冠。丘闻之,君子之学也博,其服以乡,丘未知其为儒服也。"

公曰:"敢问儒行?"

孔子曰:"略言之,则不能终其物;悉数之,则留仆[5]未可以对。"

哀公命席,孔子侍坐,曰:"儒有席上之珍以待聘,夙夜强学以待问,怀忠信以待举,力行以待取。其自立有如此者。"

"儒有衣冠中,动作慎,其大让如慢,小让如伪。大则如威,小则如愧。难进而易退,粥粥若无能也。其容貌有如此者。"

"儒有居处齐难[6],其起坐恭敬,言必诚信,行必忠正。道涂不争险易之利,冬夏不争阴阳之和。爱其死以有待也,养其身以有为也。其备预有如此者。"

"儒有不宝金玉而忠信以为宝,不祈土地而仁义以为土地,不求多积而多文以为富。难得而易禄也,易禄而难畜[7]也。非时不见,不亦难得乎?非义不合,不亦难畜乎?先劳而后禄,不亦易禄乎?其近人情有如此者。"

"儒有委之以财货而不贪,淹之以乐好而不淫,劫之以众而不惧,阻之以兵而不慑。见利不亏其义,见死不更其守。鸷虫攫搏不程其勇[8],引重鼎不程其力。往者不悔,来者不豫。过言不再,流言不极[9]。不断其威,不习其谋,其特立有如此者。"

"儒有可亲而不可劫,可近而不可迫,可杀而不可辱。其居处不过,其饮食不溽,其过失可微辩而不可面数也。其刚毅有如此者。"

"儒有忠信以为甲胄,礼义以为干橹[10],戴仁而行,抱义而处,虽有暴政,不更其所。其自立有如此者。"

"儒有一亩之宫,环堵之室[11],荜门圭窬,蓬户瓮牖[12]。易衣而出,并日而食。上答之,不敢以疑;上不答之,不敢以谄。其为士有如此者。"

"儒有今人以居,古人以稽[13];今世行之,后世以为楷。若不逢世,上所不受,下所不推,诡谄之民有比党而危之者,身可危也,其志不可夺也。虽危起居,犹竟信其志,乃不忘百姓之病也。其忧思有如此者。"

"儒有博学而不穷,笃行而不倦,幽居而不淫,上通而不困。礼必以和,优游[14]以法,慕贤而容众,毁方而瓦合。其宽裕有如此者。"

"儒有内称不避亲,外举不避怨。程功积事[15],不求厚禄。推贤达能,不望其报。君得其志,民赖其德。苟利国家,不求富贵。其举贤援能有如此者。"

"儒有澡身浴德,陈言而伏。静言而正之,而上下不知也。默而翘之[16],又不急为也。不临深而为高,不加少而为多。世治不轻,世乱不沮[17]。同己不与,异己不非。其特立独行有如此者。"

"儒有上不臣天子,下不事诸侯,慎静尚宽,底厉廉隅。强毅[18]以与人,博学以知服。虽以分国,视之如锱铢[19],弗肯臣仕。其规为有如此者。"

"儒有合志同方,营道同术。并立则乐,相下不厌。久别则闻流言不信,义同而进,不同而退。其交有如此者。"

"夫温良者仁之本也,慎敬者仁之地也,宽裕者仁之作也,逊接者仁之能也,礼节者仁之貌也,言谈者仁之文也,歌乐者仁之和也,分散者仁之施也。儒皆兼此而有之,犹且不敢言仁也。其尊让有如此者。"

"儒有不陨获于贫贱,不充诎[20]于富贵,不溷(hùn)君王,不累长上,不闵有司,故曰儒。今人之名儒也妄,常以儒相诟疾。"

哀公既得闻此言也，言加信，行加敬，曰："终殁吾世，弗敢复以儒为戏矣！"

注释

［1］卫：春秋时国名。周武王弟康叔封地。治所在今河北南部、河南北部一带。

［2］重币：丰厚的礼物，指贵重的玉、帛、马匹等物品。

［3］阼（zuò）阶：东阶。古代以阼为主人之位。

［4］逢掖之衣：宽袖之衣，古代儒者所服。旧注："深衣之褒大也。"

［5］留仆：使太仆长时间侍奉，以致疲倦。指时间长。

［6］齐难：庄重严肃。旧注："齐庄可畏难也。"

［7］难畜：难以留住。畜，容留。

［8］鸷（zhì）虫攫（jué）搏不程其勇：鸷虫，猛鸟猛兽。攫搏，指鸟兽之抓取、搏击。程，显示。

［9］流言不极：对流言不追根问底。极，极点，极限。旧注："流言相毁，不穷极也。"

［10］干橹：盾。小盾为干，大盾为橹。

［11］环堵之室：旧注："方丈曰堵，一堵言其小者也。"

［12］蓬户瓮牖（yǒu）：用蓬草编门，以破瓮之口做窗户。

［13］稽：旧注："稽，同。"

［14］优游：平和自在。旧注："和也。"

［15］程功积事：度量功绩，积累事实。

［16］默而翘之：默默地翘首等待。

［17］不沮：不沮丧。

［18］强毅：刚强坚毅。

［19］锱（zī）铢：古代重量单位，六铢为一锱，四锱为一两。比喻微小的东西。旧注："视之轻如锱铢，十絫（léi）为铢，八两为锱。"

［20］充诎（qū）：自满而失去节制。旧注："充诎，骄吝也。一说踊跃参扰之貌。"

赏析

鲁哀公的父亲鲁定公在位时，鲁国"三桓"（季孙、叔孙、孟孙三家）的势力如日中天，鲁定公为了压制"三桓"，于是重用孔子治国。但是，这种政治格局没能维持多久就以孔子流亡国外而收场。到了鲁哀公时，鲁国公室更加无力与"三桓"抗衡，只能处处受制于"三桓"。公元前484年，在孔子弟子冉有的努力下，孔子最终得以回到鲁国，这一年孔子已经六十八岁了，也是鲁哀公执政的第十一个年头。鲁哀公对孔子很尊敬也很佩服，对于孔子的归国，他是非常高兴的，所以希望能得到孔子的帮助来改变公室衰弱的局面。但孔子之所以能归国，是因为他答应季孙氏不再参政，所以此刻的孔子是心有余而力不足，只能作为鲁哀公的学术顾问，为这个在"三桓"面前卑微到无以复加的国君讲讲治国为政的理论。

《儒行解》一文记录的正是鲁哀公聆听孔子教诲的一幕。这次孔子跟鲁哀公讲的是"何为儒？"

早期的"儒"指的是冠婚丧祭时司仪的祭官，到了孔子所处的春秋时代，"儒"已经是知识阶层的代称了。而且在孔子的理论里，"儒"更是有了更深层次的含义。在孔子看来，知识分子也要分"君子"和"小人"，真正的"儒士"应该是以匡扶天下为理想的实干家，为人光明磊落，正直无私，这种人被孔子定义为"君子"，而与之相对的则是"小人"。孔子为政也好，教学也好，无不把成为"君子之儒"作为衡量人才的标准，因此自孔子之后，"儒"就成了一个具有复合含义的词，而以孔子的思想为代表的学派就被称为儒家学派。

在本篇文章中，孔子跟鲁哀公谈论"何为儒"，实际上也就是在谈"何为君子"。儒家"君子"理论的核心是一个人必须具备"仁义礼智信"这五种基本品德，这在儒家的很多经典，如《论语》《中庸》《大学》等中都有详细的阐述，在这篇《儒行解》中，讲得更加透彻和具体。通过给国君答疑，孔子勾画出了一个完整且完美的个人品行图鉴。凡是能具备孔子所说的这些特征的人，在孔子看来就一定能成为对天下有用的人才。而鲁哀公听完孔子的讲述，也顿时对儒门肃然起敬。

从现代人的角度来看，孔子所做的"儒行解"并不是迂腐的古旧之言，虽然孔子言语中那种完美的君子在现实生活中几乎不可能存在，可是不存在并不意味着不可以去接近。不管从治家治国的角度，还是从为人处世的角度，孔子勾画出的君子形象都值得我们现代人去思考，去实践。我们固然不可能做到绝对的人性完美无瑕，但我们可以把君子作为一个社会公民的典范去接近，试想这个社会人人都讲究仁义，尊礼守信，懂法明智，那整个社会自然也会跟着安定和谐。

评价

《诗》有之："高山仰止，景行行止。"虽不能至，然心乡往之。余读孔氏书，想见其为人。适鲁，观仲尼庙堂车服礼器，诸生以时习礼其家，余低回留之不能去云。天下君王至于贤人众矣，当时则荣，没则已焉。孔子布衣，传十余世，学者宗之。自天子王侯，中国言六艺者折中于夫子，可谓至圣矣！（司马迁：《史记·孔子世家》）

 **习题**

1. 选择题

(1)《孔子家语》的主要内容是（　　）。

A. 记录孔子的家事　　　　　　　　B. 记录孔子对他子女的教导

C. 孔子及其弟子的思想言行　　　　D. 记录孔子的思想言行

(2) 三国时期给《孔子家语》作注的学者是（　　）。

A. 王肃　　　　B. 诸葛亮　　　　C. 孔融　　　　D. 扬雄

(3)"难得而易禄，易禄而难畜"意思是（　　）。

A. 功名利禄容易得到却难以留住

B. 得钱财容易，存钱却难

C. 功名易得却难以跟同僚相处

D. 儒者难以得到却容易供养，容易供养却难以留住

2. 讨论题

"儒有博学而不穷，笃行而不倦，幽居而不淫，上通而不困。"这句话是什么意思？

3. 思考题

你怎样理解"儒有合志同方"这一段，谈谈你的看法。

4. 写作题

本文是孔子对"儒士"的解读，孔子的这种"儒士"说，在你看来对我们现在的年轻人有什么启示？请把你的看法写成一篇《儒行之我见》。

 链接

https：//www.gushiwen.org/GuShiWen_1bf6ee2b9d.aspx

《儒行解》释读

第二章 知行合一行天下

 导读

1992年1月18日,邓小平同志视察南方的专列抵达武昌火车站,时任湖北省委书记的关广富陪邓小平在月台散步。邓小平同志在谈话中说:"空谈误国,实干兴邦,不要再进行所谓的争论了。"正是这一最响亮、最浑厚、最雄壮的声音,把全体中国人民从姓"资"姓"社"的无谓争论中彻底唤醒,使中国的改革开放事业走上了新的征程。2012年11月29日,在党的十八大刚刚闭幕之际,习近平总书记带领中央政治局常委全体同志,借参观《复兴之路》展览之机发表了新一届领导班子的施政宣言,再次谈到"空谈误国,实干兴邦"这一具有特殊意义的重要论断。可见在当今的中国,要求得国家的长久发展,杜绝空谈、埋头实干是极其重要的。

早在先秦时代,《尚书》中就有"非知之艰,行之惟艰"的句子,《左传》中也有"非知之实难,将在行之"的句子。在这里,"知"指认知或良知,"行"指行为、行动。到了宋代,朱熹提出了"论先后,知为先;论轻重,行为重"的理论,他认为人必须要先将先贤圣哲所教导的为人处世的理论进行深刻的认识,然后才能去"修身齐家治国平天下"。可如何去检验理论知识到底什么时候才能学得扎实?怎样才是学得扎实了呢?朱熹没有给出明确的答案。朱熹的这种理论在元、明两代都是官方教导人才的核心原则。到了明代中后期,随着社会的变革,这种明显的知行分割的观念已经无法指导当时的知识分子去准确地认知世界了,于是明代学者陈献章首先开始质疑这种观点,他指出:"圣贤垂世立教之所寓者,书也。用不用者,心也。"这就是说,知而不行,阅读再多的圣贤书也是白读。同时,他还提出了"道通于物"的观点,既指无形的"道"需要通过有形的"物"表现出来,又指人们的思维认识需要通过实干践行才能表现出来。继陈献章之后,湛若水、王守仁将"道通于物"的理论进行了进一步的发扬,各自提出了"知行合一"之说。尤其是王守仁的观点更深入人心,他指出"真知即所以为行,不行不足谓之知""知是行之始,行是知之成",又强调"圣学只是一个功夫,知行不可分作两事"。

至此,"知行合一"算是有了一个定论,即理论与行动不能割裂,它们是对立和统一的关系,它们互相影响、互相促进,光有"知"是空谈,而无"知"的"行"是蛮干。因此,我们只有将自身的内在认知与外部的行为实践相结合,用所学的知识理论去指导行为实践,用行为实践的结果来检验所学的知识理论,这样才能让我们习得真知,才能让我们展开实干,才能让我们在"知行合一"中畅行天下,实现理想。

我之出而仕也,为天下,非为君也;为万民,非为一姓也。天下之治乱,不在一姓之兴亡,而在万民之忧乐。

——黄宗羲

文成王阳明先生守仁

黄宗羲

题解

黄宗羲(1610—1695),浙江余姚人,字太冲,一字德冰,号南雷,学者称"梨洲先生"。明末清初经学家、史学家、思想家、地理学家、天文历算学家、教育家。黄宗羲提出"天下为主,君为客"的思想。他说,"天下之治乱,不在一姓之兴亡,而在万民之忧乐",主张以"天下之法"取代皇帝的"一家之法",从而限制君权,保证人民的基本权利。黄宗羲的政治主张抨击了封建君主专制制度,有极其重要的意义,对其后的反专制斗争起到了积极的推动作用。黄宗羲与顾炎武、王夫之并称为"明末清初三大思想家",与顾炎武、方以智、王夫之、朱舜水并称为"明末清初五大家",与陕西李颙、直隶容城孙奇逢并称为"海内三大鸿儒",亦有"中国思想启蒙之父"之誉。本文是黄宗羲所写专著《明儒学案》中的一篇,文章简述了明代著名政治家、思想家、哲学家和教育家王守仁的一生,并着重阐述了他的"心学"思想。

王守仁,字伯安,学者称为阳明先生,余姚人也。父华,成化辛丑[1]进士第一人,仕[2]至南京吏部尚书。先生娠十四月而生[3],祖母岑夫人梦神人送儿自云中至,因命名为云。五岁,不能言,有异僧过之曰:"可惜道破。"始改今名。豪迈不羁,十五岁,纵观塞外,经月始返[4]。十八岁,过广信[5],谒娄一斋[6],慨然以圣人可学而至。登弘治己未[7]进士第,授刑部主事,改兵部。逆瑾[8]矫旨逮南京科道官,先生抗疏[9]救之,下诏狱[10],廷杖[11]四十,谪[12]贵州龙场[13]驿丞。瑾遣人迹[14]而加害,先生托投水脱去[15],得至龙场。瑾诛,知庐陵县[16],历吏部主事、员外郎、郎中,升南京太仆寺少卿、鸿胪寺卿。时虔、闽不靖[17],兵部尚书王琼特举先生以左佥都御史巡抚南、赣[18]。未几,遂平漳南、横水、桶冈、大帽、浰头诸寇。己卯六月,奉敕勘处福建叛军[19]。至丰城而闻宸濠[20]反,遂返吉安,起兵讨之。宸濠方围安庆,先生破南昌,濠返兵自救,遇之于樵舍,三战,俘濠。武宗率师亲征,群小[21]张忠、许泰欲纵濠鄱湖,待武宗接战而后奏凯。先生不听,乘夜过玉山,集浙江三司,以濠付太监张永。张永者,为武宗亲信,群小之所惮[22]也。命兼江西巡抚。又明年,升南京兵部尚书,封新建伯。嘉靖壬午,丁冢宰忧[23]。

丁亥，原官兼左都御史，起征思、田[24]。思、田平，以归师袭八寨、断藤峡，破之[25]。先生幼梦谒马伏波庙，题诗于壁。至是，道出祠下，恍如梦中。时先生已病，疏请告。至南安，门人周积侍疾，问遗言，先生曰："此心光明，亦复何言？"顷之而逝，七年戊子十一月二十九日也，年五十七。

　　先生之学，始泛滥于词章，继而遍读考亭之书[26]，循序格物，顾物理吾心终判为二，无所得入。于是出入于佛、老[27]者久之。及至居夷处困[28]，动心忍性，因念圣人处此更有何道？忽悟格物致知之旨，圣人之道，吾性自足，不假外求。其学凡三变而始得其门。自此以后，尽去枝叶，一意本原，以默坐澄心为学的。有未发之中，始能有发而中节之和，视听言动，大率以收敛为主，发散是不得已。江右以后，专提"致良知"三字，默不假坐，心不待澄，不习不虑，出之自有天则。盖良知即是未发之中，此知之前更无未发；良知即是中节之和，此知之后更无已发。此知自能收敛，不须更主于收敛；此知自能发散，不须更期于发散。收敛者，感之体，静而动也；发散者，寂之用，动而静也。知之真切笃实处即是行，行之明觉精察处即是知，无有二也。居越以后，所操益熟，所得益化，时时知是知非，时时无是无非，开口即得本心，更无假借凑泊，如赤日当空而万象毕照。是学成之后又有此三变也。先生悯宋儒之后学者，以知识为知，谓"人心之所有者不过明觉，而理为天地万物之所公共，故必穷尽天地万物之理，然后吾心之明觉与之浑合而无间"。说是无内外，其实全靠外来闻见以填补其灵明者也。先生以圣人之学，心学也。心即理也，故于致知格物之训，不得不言"致吾心良知之天理于事事物物，则事事物物皆得其理"。夫以知识为知，则轻浮而不实，故必以力行为功夫。良知感应神速，无有等待，本心之明即知，不欺本心之明即行也，不得不言"知行合一"。此其立言之大旨，不出于是，而或者以释氏本心之说，颇近于心学，不知儒释界限只一理字。释氏于天地万物之理，一切置之度外，更不复讲，而止守此明觉；世儒则不恃此明觉，而求理于天地万物之间，所为绝异。然其归理于天地万物，归明觉于吾心，则一也。向外寻理，终是无源之水，无根之木，总使得合，本体上已费转手，故沿门乞火与合眼见暗[29]，相去不远。先生点出心之所以为心，不在明觉而在天理，金镜[30]已坠而复收，遂使儒释[31]疆界渺若山河，此有目者所共睹也。试以孔、孟之言证之。致吾良知于事物，事物皆得其理，非所谓人能弘道乎？若在事物，则是道能弘人矣。告子之外义，岂灭义而不顾乎？亦于事物之间求其义而合之，正如世儒之所谓穷理也，孟子胡以不许之，而四端必归之心哉！嗟乎，糠秕眯目[32]，四方易位，而后先生可疑也。隆庆初，赠新建侯，谥文成。万历中，诏从祀孔庙，称"先儒王子"。

注释

　　[1] 成化辛丑：成化为明宪宗朱见深在位时使用过的年号，成化辛丑年即成化十七年，公元1481年。

[2] 仕：做官。

[3] 先生娠十四月而生：指王守仁的母亲怀胎十四个月才生下王守仁。

[4] 经月始返：过了一个月才返回。

[5] 广信：古代县名，位于今广西苍梧县至广东封开县范围。

[6] 娄一斋：娄谅，字克贞，别号一斋，江西广信上饶人，明代著名理学家。

[7] 弘治己未：弘治为明孝宗朱祐樘在位时使用过的年号，弘治己未年即弘治十二年，公元 1499 年。

[8] 瑾：司礼监掌印大太监刘瑾。明武宗任用的宦官。刘瑾在任时飞扬跋扈，迫害大臣。

[9] 疏：大臣给皇帝写的反映情况的文书。这里是说王守仁上疏揭发刘瑾迫害南京科道官的真相，希望皇帝不要听信刘瑾的谗言。

[10] 诏狱：由皇帝直接掌管的监狱，意为此监狱的罪犯都是由皇帝亲自下诏书定罪的。

[11] 廷杖：明代针对大臣的一种刑罚。

[12] 谪：贬官。

[13] 龙场：贵州省贵阳市修文县龙场镇，古名龙场驿。

[14] 迹：追踪，追赶。

[15] 先生托投水脱去：指王阳明当时被刘瑾派的人追杀，只能借助投河自杀的假象逃走。托，借助，假托。脱，逃脱。

[16] 知庐陵县：做了庐陵县的知县。

[17] 时虔、闽不靖：当时江西和福建政局不稳定。虔指江西，闽指福建。

[18] 巡抚南、赣：巡抚，官名，出任南赣巡抚，全称为"巡抚南赣汀韶等处地方提督军务"，明朝明孝宗弘治十年（1497）开始设此官，驻赣州（治今江西赣州市），下辖江西的南安、赣州，广东的韶州、南雄，湖广的郴州，福建的汀州。

[19] 奉敕勘处福建叛军：奉皇帝命令去征讨福建的叛军。

[20] 宸濠：即朱宸濠，明太祖朱元璋六世孙，宁王朱权第四代继承人，朱权是朱元璋的第十七子。

[21] 群小：这里是形容张忠、许泰这些人都是奸佞小人。

[22] 惮：畏惧。

[23] 丁冢宰忧：指王阳明父亲病逝，他回家乡为父亲奔丧守孝。

[24] 起征思、田：指王守仁赴广西思恩县、田州县两地方平息叛乱。

[25] 以归师袭八寨、断藤峡，破之：指王守仁平息了思恩和田州的叛乱后，又直接带兵平定了贵州八寨和断藤峡两地的叛军。

[26] 考亭：指南宋朱熹创办的考亭书院。这里是指王守仁研读了朱熹的著作，去探究其中的学问。

[27] 佛、老：指佛学和道家哲学。

[28] 居夷处困：指王守仁被贬官到龙场时所经历的一段艰难时光。

[29] 沿门乞火与合眼见暗：这是在形容向外寻理不能得到真理。

[30] 金镜：比喻显明的正道。

[31] 儒释：儒指儒家，释指佛家。

[32] 糠秕眯目：糠秕指谷壳，眯目指蒙住眼睛。谷壳落入人的眼睛里，让人眼痛流泪看不清楚。比喻很小的事物造成了巨大的危害。

赏析

　　明朝前期，朝廷大力提倡的是以宋代学者朱熹的儒学理论为主导的"程朱理学"。但是随着历史的发展，到了明朝中后期，社会的各种矛盾日益突出，资本主义萌芽出现以及市民阶层开始崛起，这些都直接导致"程朱理学"已经无法适应当时的社会发展需要。在"程朱理学"的桎梏之下，知识分子们追求政治自由和思想创新的理想难以实现，于是打破"程朱理学"的垄断势在必行。王守仁的应时而生正是这一历史潮流之下的必然产物。王守仁所开创的"阳明心学"，在明朝中后期逐渐取代了"程朱理学"成为儒学的主流，并产生了许多分支学派。黄宗羲的《明儒学案》正是以王守仁"阳明心学"的发展演变为脉络，系统记录了明代学术发展的过程，完整展现了明代学术体系的全貌，精准阐述了明代学术思想的精髓。因此，《明儒学案》被认为是我国古代第一部完整的学术史著作，开创了史学上学案体史书的体裁，是一部极具价值的古代学术专著。

　　王守仁的"心学"理论在儒学体系中享有很高的声望，正是"阳明心学"的出现才让明代中后期进入发展死胡同的儒学得到了新生。但王守仁本身并不是一个只知道做学问的老学究，相反，他是一个思想灵活、求真务实的实干家。在黄宗羲的这篇记录王守仁生平的文章中，我们可以发现，王守仁能成为"心学"大师，与其人生经历分不开。他天性正直，无论为人为官还是读书做学问都一丝不苟，认真细致。在明朝中后期，这样清正的人注定会在政治中受到打击和迫害。王守仁的仕途几番沉浮，从京城到贵州，从贵州又到江南，这其中的艰辛和痛苦自不必说，最危险的时候甚至连性命都几乎不保，可谓是有家不能回，有亲不敢认，有国不能报，有官不敢做。可人生越是失败，王守仁就越是不放弃；命运越是捉摸不定，王守仁就越是要思考到底。他饱读诗书，也历经宦海，他看透人情，也深明大义。正是这样的人生经历，造就了一个文武双全的王守仁，造就了一个"知行合一"的王阳明。晚年的王阳明功成身退，将自己的人生经验与儒学修为相结合，总结归纳出了自己认识世界和改造世界的"心学"，并把这门学问传授给愿意向他讨教的任何人。

第一部分 哲学思想篇

 评价

两肩正气,一代伟人,具拨乱反正之才,展救世安民之略,功高不赏,朕甚悯焉!因念勋贤,重申盟誓。(明穆宗朱载坖)

 习题

1. 选择题

(1)《明儒学案》的编写类型是(　　)。

A. 编年体　　　　B. 纪传体　　　　C. 学案体　　　　D. 纪年体

(2) 王守仁因为什么事件而被皇帝关入诏狱?(　　)

A. 参奏宦官刘瑾　　B. 弹劾严嵩　　C. 研习心学　　D. 参与宁王叛乱

(3) 下列哪起叛乱不是王守仁平定的?(　　)

A. 宁王朱宸濠叛乱　　　　　　　B. 福建叛乱

C. 断藤峡叛乱　　　　　　　　　D. 刘瑾谋反

2. 讨论题

读完本文之后,你觉得王守仁的一生可以分为哪几个阶段?

3. 思考题

文中提到了王守仁"居夷处困,动心忍性",你认为该怎么理解这其中的"动心忍性"?

4. 写作题

历史上记录王守仁生平的文章,除了黄宗羲的这篇还有很多。请你再多去了解一些王守仁的生平和他的学说,然后把你自己对王守仁的理解写成一篇《我眼中的王守仁》。

链接

https：//so.gushiwen.org/guwen/bookv_46653FD803893E4FC805DF4CA89EC9DE.aspx
《文成王阳明先生守仁》释读

无善无恶心之体，有善有恶意之动，知善知恶是良知，为善去恶是格物。

——王阳明

徐爱录（节选）

《传习录》

 题解

"传习"源自《论语》中的"传不习乎"。《传习录》是阐述王阳明所创"阳明心学"的哲学著作，是由王阳明的门人弟子对其语录和信件进行整理后编撰而成的。

王守仁（1472—1529），别号阳明，浙江余姚人。明代著名的思想家、哲学家、书法家兼军事家、教育家。王守仁历任刑部主事、贵州龙场驿丞、庐陵知县、右佥都御史、南赣巡抚、两广总督等职，晚年官至南京兵部尚书、都察院左都御史。明武宗时，王守仁因平定宁王朱宸濠之乱等军功而封新建伯，明穆宗时追赠侯爵。王守仁除了在政治上有所建树外，更是在哲学上完善并发扬了儒学中的"心学"，开创了"阳明心学"学派，成为一代宗师。

爱[1]因未会[2]先生知行合一之训，与宗贤、惟贤[3]往复[4]辩论，未能决[5]，以问于先生。

先生曰："试举[6]看？"

爱曰："如今人尽有知得父当孝、兄当弟[7]者，却不能孝、不能弟，便是知与行分明是两件。"

先生曰："此已被私欲隔断，不是知行的本体了。未有知而不行者。知而不行，只是未知圣贤教人知行，正是要复那本体，不是着你只恁的便罢[8]。故《大学》[9]指个[10]真知行与人看，说'如好好色，'[11]'如恶恶臭，'[12]。见好色属知，好好色属行，只见那好色时，已自好[13]了，不是见了后，又立个心去好。闻恶臭属知，恶恶臭属行，只闻那恶臭时，已自恶[14]了，不是闻了后，别立个心去恶。如鼻塞人，虽见恶臭在前，鼻中不曾闻得，便亦不甚恶，亦只是不曾知臭。就如称某人知孝，某人知弟，必是其人已曾行孝行弟，方可称他知孝知弟，不成只是晓得说些孝弟的话，便可称为知孝弟。又如知痛，必已自痛了，方知痛。知寒，必已自寒了。知饥，必已自饥了。知行如何分得开？此便是知行的本体，不曾有私意隔断的。圣人教人，必要是如此，方可谓之知。不然，只是不曾知。此却是何等紧切着实的工夫！如今苦苦定要说知行做两个，是甚么意？某[15]要说做一个，是什么意？若不知立言宗旨，只管说一个两个，亦有甚用？"

爱曰:"古人说知行做两个,亦是要人见个分晓。一行[16]做知的功夫,一行做行的功夫,即功夫始有下落。"

先生曰"此却失了古人宗旨也。某尝说知是行的主意,行是知的功夫;知是行之始,行是知之成[17]。若会得时,只说一个知,已自有行在,只说一个行,已自有知在。古人所以既说一个知,又说一个行者[18],只为世间有一种人,懵懵懂懂的任意去做,全不解思惟省察[19],也只是个冥行妄作[20],所以必说个知,方才行得是[21]。又有一种人,茫茫荡荡[22],悬空去思索[23],全不肯着实躬行[24],也只是个揣摸影响[25],所以必说一个行,方才知得真[26]。此是古人不得已,补偏救弊的说话[27]。若见得这个意时,即一言而足[28]。今人却就将知行分作两件去做,以为必先知了,然后能行,我如今且去讲习讨论做知的工夫[29],待知得真了,方去做行的工夫,故遂终身不行[30],亦遂终身不知。此不是小病痛,其来已非一日矣。某今说个知行合一,正是对病的药,又不是某凿空杜撰[31],知行本体,原是如此。今若知得宗旨时,即说两个亦不妨,亦只是一个。若不会宗旨,便说一个,亦济得甚事?只是闲说话。"[32]

注释

[1] 爱:徐爱(1487—1518),明代哲学家、官员,字曰仁,号横山,浙江省余姚马堰人,为王守仁最早的入室弟子之一,据说也是王守仁的妹夫(一说娶其妹王守让)。明正德三年(1508)进士及第。曾任祁州知州,南京兵部员外郎,南京工部郎中等职务。

[2] 会:明白,懂得。

[3] 宗贤、惟贤:王守仁的学生。

[4] 往复:反复。

[5] 决:下定论。

[6] 举:举例。

[7] 弟:即孝悌的悌,指兄弟友爱和睦,兄长尽到关爱和教育弟弟的责任,弟弟尊重兄长。

[8] 不是着你只恁的便罢:不是让你只那样做就算了。恁(nèn)的,那样(做)。此句意思是说古代的先贤教人知行合一,不是让人为了虚名和私欲做做样子就算了。

[9]《大学》:即"四书"中的《大学》。

[10] 指个:指出,提出。

[11] 好好色:好(hào)好(hǎo)色,喜爱美好的事物。

[12] 恶恶臭:恶(wù)恶(è)臭,讨厌极其臭的气味。

[13] 自好:自己喜爱。

[14] 自恶:自己厌恶。

[15] 某:代词,我。

[16] 一行：行（xíng），方面。一行……一行……，即一方面怎样怎样，另一方面又怎样怎样。

[17] 成：结果。

[18] 又说一个行者：这里断句应为"又说一个行/者"，者在这里意思为"……的原因"，即古人把知行分开看待的原因是……

[19] 全不解思惟省察：完全不知道思考推敲。

[20] 也只是个冥行妄作：仅仅只是肆意妄为。

[21] 所以必说个知，方才行得是：所以必须先搞清楚了"知"，才能"行"得正确。

[22] 茫茫荡荡：本义为旷远的样子，这里引申为泛泛而谈，没有抓住重心。

[23] 悬空去思索：凭空臆想，不切实际。

[24] 全不肯着实躬行：根本不愿意踏踏实实地去付诸实践。

[25] 揣摸影响：指空想。揣摸，即揣摩，这里指凭空想象。影响，指臆想、空想。

[26] 知得真：知晓得真切。可以理解为找到真谛、真理。

[27] 此是古人不得已，补偏救弊的说话：所以说，（你说的古人认为知行分开来讲是要人有对这两个事物有所区分），这正是古人为了弥补自己言论里的不足和偏误而不得已的说辞。

[28] 若见得这个意时，即一言而足：如果你明白了我上面说的这个意思了，那么知行合一这个问题只需一句话就能讲明白了。

[29] 工夫：即功夫，指方法。

[30] 不行：这里意思是不能付诸实践。

[31] 凿空杜撰：凭空捏造，瞎说。

[32] 若不会宗旨，便说一个，亦济得甚事？只是闲说话：如果没能领会这其中的真意，就算口口声声说自己能"知行合一"了，又有什么作用呢？只是敷衍别人的闲聊而已。

赏析

　　一提起"心学"，我们往往会联想到唯心主义，认为其与唯物主义相对，里面尽是不值得去讨论和探究的东西。其实不然。从马克思主义哲学的角度来看，对于任何事物我们都要辩证对待。"心学"里面的确有唯心主义，但是其中也有值得我们去思考的部分，对于其中忽视物质现实、过度强调意识决定物质的理论，我们自然要从批判的角度去认知，但是对于其中强调"知行合一"和学以致用的部分，则可以辩证地加以吸收。

　　中国的传统哲学很注重对理论与经验的探讨，中国的传统文化也是很看重实际经验积累的。早期的儒学其实很注重理论联系实际，到了宋代中后期，以儒学为代表的哲学理论逐渐开始纯理论化，尤其是"程朱理学"将儒学的重点推向理学后，明代的儒学已经僵化到完全不能跟上社会发展的需要了。随着经济的发展，市民阶层的崛起，更多的思想需求涌现出来，农工商阶层希望能更多地摆脱封建道德体系的束缚，士人阶层则希望能在当时复杂的社会中给自己找到一个更准确的定位。思想的活跃让明代的知识分子们对外界的探究变得更主动了，更不愿意去被动接受先人传下来的理论，从世界的本源，到国家的治理，从自然的规律，到人性的本质，他们都想弄个清楚，所以这个时候的哲学迫切需要搭建起一个从方法通向实践的桥梁。于是王阳明的"心学"正好填补了这个空白。

其实"心学"不能算是王阳明的独创，作为儒学的一个学派，最早可追溯到孟子。南宋哲学家陆九渊对"心学"进行了拓展，到了明代早期，"心学"的代表是当时的著名哲学家、文学家和教育家陈献章。陈献章的弟子湛若水对王阳明有一定的影响，他跟王阳明是同时代的人，他所创立的"甘泉学派"也是"心学"的一脉，时人将湛若水和王阳明的学问并称为"王湛之学"。但不可否认的是，王阳明在传播和发展"心学"方面所产生的影响更大。

根据王阳明的人生经历来看，其受到过道家和佛家的影响，因此，他灵活地将儒道释三家中的哲学思想进行了带有实用色彩的融合。在这样灵活而开放的思辨态度下，王阳明继承陆九渊强调"心即是理"的思想，反对程颐、朱熹追求"至理"的"格物致知"方法。他认为事理无穷无尽，不能盲目地去探究，要搞清楚为何而探究，更要搞清楚探究了能起什么作用，因此他提倡"格物"是为了"致良知"，必须结合自己的实际从内心中去寻找"理"。"理"化生宇宙天地万物，但"理"全在人"心"，因此，要根据自己的实际需要去利用外部条件认识世界、改造世界，即将"理"与"心"结合去"格物"。所以王阳明特别强调正确处理"知"与"行"的关系，强调要"知"，更要"行"，"知"中有"行"，"行"中有"知"，二者互为表里，不可分离。"知"必然要表现为"行"，"不行"则不能算真"知"，"知行合一"是检验一个人是不是学到了真本事的标准。

本文正是王阳明对"知行合一"的完整解释。针对弟子徐爱的疑问，他通过实际举例来系统而生动地解释"知行合一"。由于是对当时师生谈话的现场记录，并不是议论文章，所以这些解释都带有口语色彩，非常接地气。从这一点我们也可以看出，王阳明并不是一个满口之乎者也的迂腐学究，他的言行举止就是对"知行合一"最好的诠释。

评价

读此可知王学梗概。欲知其详，宜读《王文成公全书》。因阳明以"知行合一"为教，要合观学问事功，方能看出其全部人格，而其事功之经过，具见集中各文，故阳明集之重要，过于朱、陆诸集。（梁启超：《国学入门书要目及其读法》）

 习题

1. 选择题

（1）王阳明认为古人有时候不得已将知和行分开来说，主要是为了补偏救弊，从而去教导这世上的哪两类人？（　　）

　　A. 妄为者和空想者　　　　　　B. 妄为者和蛮干者
　　C. 空想者和伪善者　　　　　　D. 伪善者和无知者

（2）本文开篇，王阳明让徐爱举例子来发问，徐爱举的例子是（　　）。

　　A. 好好色　　　B. 不孝悌　　　C. 伪忠义　　　D. 恶恶臭

（3）与王阳明齐名的"心学"代表人物是（　　）。

　　A. 湛若水　　　B. 徐爱　　　C. 黄宗羲　　　D. 陆九渊

2. 讨论题

你认为应该怎样去辩证地看待"阳明心学"？

3. 思考题

请你结合自己的专业实际，谈谈对"知行合一"的看法。

4. 写作题

本篇只是《传习录》的节选，其内容也较为简单，但其内涵却是在探讨"知与行"的实际意义。请你在读完本篇之后，写一篇读后感。

 链接

https：//so.gushiwen.org/guwen/book_46653FD803893E4F6E121B9E36DF2AAE.aspx
《传习录》释读

世有伯乐,然后有千里马。千里马常有,而伯乐不常有。故虽有名马,只辱于奴隶人之手,骈死于槽枥之间,不以千里称也。

——韩愈

送孟东野序

韩愈

 题解

在古文中,序作为文学类别有两种含义,一是写在某些文章之前的具有推介性和概括性的导言,一是临别之时送别方赠给离去方的临别赠言。本文正是韩愈送给他的好友孟东野的一篇临别赠言。

唐德宗贞元十八年(802),已经 51 岁的孟东野即将赴任溧阳县尉,对于孟东野来说,这实在是有违自己的理想。想想自己饱读诗书,立志匡扶天下,几经周折却只得到一个区区县尉的官职,东野倍感失望,心灰意冷,若不是母亲劝他去上任,他可能根本不会理睬这件事。挚友韩愈深知东野之心,于是送别东野之时,写了一篇序聊表寸心。古往今来的临别赠言要么追忆往昔、伤逝感怀,要么诉说不舍、叮咛保重,然而韩愈这篇临别赠言却一扫临别那种惋惜分离之苦,用有限的文字洋洋洒洒地为好友展现了一副从上古到唐代千百年的"不平则鸣"风物卷,在劝自己好友宽心上任之时,也将天之正道送给了好友,希望他能就此释然,放下心中的包袱,勇敢向前。

大凡物不得其平则鸣。草木之无声,风挠[1]之鸣。水之无声,风荡[2]之鸣。其跃也,或激之;其趋也,或梗之;其沸也,或炙之[3]。金石之无声,或击之鸣。人之于言也亦然。有不得已者而后言,其歌也有思,其哭也有怀[4]。凡出乎口而为声者,其皆有弗平者乎!

乐也者,郁于中而泄于外者也,择其善鸣者而假之鸣[5]。金、石、丝、竹、匏、土、革、木八者[6],物之善鸣者也。维天之于时[7]也亦然,择其善鸣者而假之鸣。是故,以鸟鸣春,以雷鸣夏,以虫鸣秋,以风鸣冬。四时之相推夺[8],其必有不得其平者乎!其于人也亦然。人声之精者为言,文辞之于言,又其精也,尤择其善鸣者而假之鸣。

其在唐、虞,咎陶、禹[9],其善鸣者也,而假以鸣。夔弗能以文辞鸣,又自假于《韶》以鸣[10]。夏之时,五子以其歌鸣[11]。伊尹[12]鸣殷,周公[13]鸣周。凡载于《诗》《书》六艺[14],皆鸣之善者也。周之衰,孔子[15]之徒鸣之,其声大而远。传曰:"天将以夫子为木铎[16]。"其弗信矣乎!其末也,庄周以其荒唐之辞鸣[17]。楚,大国也,其亡也,以屈原[18]鸣。臧孙辰、孟轲、荀卿[19]，以道鸣者也。杨朱、墨翟、管夷吾、晏婴、老聃、申不害、韩非、慎到、田骈、邹衍、尸佼、孙武、张仪、苏秦[20]之属，皆以其术鸣。秦之兴，李斯[21]鸣之。汉之时，司马迁、相如、扬雄[22]，最其善鸣者也。其下魏、晋氏[23]，鸣者不及于古，然亦未尝绝也。就其善者，其声清以浮，其节数以急，其辞淫以哀，其志弛以肆[24]。其为言也，乱杂而无章。将天丑其德莫之顾邪[25]？何为乎不鸣其善鸣者也？

唐之有天下，陈子昂、苏源明、元结、李白、杜甫、李观[26]，皆以其所能鸣。其存而在下者，孟郊东野始以其诗鸣。其高出魏、晋，不懈而及于古，其他浸淫[27]乎汉氏矣。从吾游者，李翱、张籍其尤也[28]。三子者之鸣信善矣。抑不知天将和其声而使鸣国家之盛邪？抑将穷饿其身，思愁其心肠，而使自鸣其不幸邪？三子者之命，则悬乎天矣。其在上也，奚以喜？其在下也，奚以[29]悲？

东野之役于江南也，有若不释然者[30]，故吾道其命于天者以解之。

注释

[1] 挠：摇动。

[2] 荡：振动，振荡。

[3] 跃：飞溅。激：在此意为阻遏。趋：快走，此指水流迅速。梗：堵塞。炙：烧。

[4] 思：思虑。怀：感伤。

[5] 乐：音乐。郁：郁结，蓄积。假：借助。

[6] 金、石、丝、竹、匏、土、革、木八者：我国古代制作乐器的八种材料，一般用来指代各种乐器。金，指钟。石，指磬。丝，指琴、瑟。竹，指箫、笛。匏（páo），指笙、竽。土，指埙。革，指鼗（táo）、鼓。木，指柷、敔（yǔ）。

[7] 时：季节。

[8] 推夺：推移、交替。

[9] 唐：帝尧的国号。虞：帝舜的国号。咎陶（jiùyáo）：又作"皋陶（gāoyáo）""咎繇（yáo）"，舜的臣子，掌管司法，制定法律。禹：原为舜臣，后来成为夏代第一个国王。

[10] 夔（kuí）：舜时乐官。《韶》：相传为舜时乐曲名，由夔制作。

[11] 五子：夏王太康的五个弟弟，作《五子之歌》。太康昏庸失国，五子作歌陈述大禹的警诫。

[12] 伊尹：商代的贤相，作《伊训》《太甲》等文。

[13] 周公：即姬旦，周武王弟，成王之叔，作《大诰》《多士》《无逸》等，相传制定了《周礼》《仪礼》。

[14] 《诗》：《诗经》。《书》：《尚书》。六艺：指《诗经》《尚书》《易》《礼》《乐》

《春秋》六经。

[15] 孔子：儒家创始人，他的弟子将他的言论集为《论语》一书。

[16] 木铎（duó）：一种铃铛。

[17] 庄周：战国时哲学家、思想家，道家代表人物，著《庄子》。荒：广大。唐：空阔。

[18] 屈原：战国时楚人，我国古代著名诗人，著有《离骚》《九歌》《九章》等诗篇。

[19] 臧孙辰：春秋时鲁国人，其言论见《国语》《左传》。孟轲：战国时人，儒家代表人物，其言行见《孟子》。荀卿：战国时人，其言行见《荀子》。

[20] 杨朱：战国时期思想家。墨翟（dí）：战国时期人，墨家学派创始人，其言行见《墨子》。管夷吾：春秋时期政治家，其言论见《管子》。晏婴：春秋时期齐国大夫，其言行见《晏子春秋》。老聃：即李耳，春秋时期人，道家学派创始人，著有《道德经》。韩非：战国末期人，法家著名代表人物，著有《韩非子》。慎到：战国时期人，作有《慎子》，已佚。田骈：战国时期人，著有《田子》，已佚。邹衍：又作驺衍，战国末期人，阴阳家，著有《终始》《大圣》。尸佼：战国时期人，著有《尸子》。孙武：春秋时期著名军事家，著有《孙子》。张仪、苏秦：战国时期纵横家。

[21] 李斯：战国末期人，曾任秦国丞相，著有《谏逐客书》《论督责书》，见于《史记》。

[22] 司马迁：西汉时期人，著名史学家、文学家，著有《史记》。相如：即司马相如，西汉著名辞赋家。扬雄：西汉著名儒学家兼辞赋家，著有《太玄》《法言》等。

[23] 魏、晋氏：魏、晋两朝。

[24] 节：音节、节拍。数：频繁、细密。弛：松懈。肆：放肆。

[25] 无章：没有法度。丑：厌恶，形容词用如动词。

[26] 陈子昂等：均为唐代著名诗人。

[27] 浸淫：渗透，接近。

[28] 从吾游者：指跟作者学习的人。尤：特出，杰出。

[29] 奚以：何以。

[30] 役：服役，此指"供职"。释然：舒畅、开心。

赏析

孟郊和韩愈这两个家世背景、仕途前程完全不同的人能成为至交好友，既是偶然更是必然。唐德宗贞元八年（792），已经42岁的孟郊在长安参加科举考试，没有任何悬念，孟郊落第，就在他感叹时运不济之时，结识了当时早已在文坛蜚声鹊起的韩愈。两人都对当时唐帝国没落的时局惋惜哀叹，都对当时腐败的朝政深恶痛绝，都向往着激浊扬清，拨乱反正，恢复帝国往昔的荣耀，拯救黎民于水火之中。于是共同的理想让两个本不会有交集的人在命运的十字路口相会了。韩愈比孟郊小十岁，他非常欣赏孟郊务实而深刻的诗风，更钦佩孟郊正直的人品。贞元八年之后，孟郊屡考不中，韩愈反而官越做越大，越做越出名。孟郊直到51岁才算正式得到了政府的派遣去溧阳做县尉，韩愈深知孟郊内心的不甘，于是用一篇临别赠言来宽慰老友。谁也不会想到这篇简单而朴实的《送孟东野序》竟在后世被奉为千古奇文，这段同样朴实的友谊也被后世所赞誉。

在这篇《送孟东野序》中，作者韩愈采用了比兴的手法，从自然事物因外力而发出具有自己特色的鸣叫为起点，将其拓展到自上古到唐代千百年来的风流名士上，用这些风流名士以文学来抒发情怀、用才华来追求理想的事迹来阐述"不平则鸣"的道理，既肯定了孟郊的诗品、人品，又期望孟郊能认识到凡事只要无愧于心，自然就没有遗憾了。同时，韩愈也借机表达了对历代当权者压抑、摧残人才的强烈不满。

纵观全文，紧紧扣住一个"鸣"字进行论述，其中"鸣"字出现了38次，句法变换29回，声调顿挫之处更是层出不穷。虽然全文结构简单，文辞朴实无华，却如黄河之水一般浩浩汤汤，波澜壮阔。文章起承转合自然流畅，读起来跌宕起伏，铿锵有力，无怪乎会被后世推崇备至。

可惜，孟郊或许读懂了老友的临别赠言，却没法跳出自己性格造成的悲剧命运。孟郊赴任溧阳县尉后，以消极怠工来抗议朝廷对他的派遣，结果愈加穷困。贞元二十年（804），54岁的孟郊辞官不做，但迫于生计，赋闲两年的他只得投奔河南尹郑馀庆，任协律郎这样的闲职。然而没过多久，孟郊的儿子病死，八年后，看尽了人间悲情的孟东野暴病而亡，终年64岁。

评价

拉杂散漫，不作起，不作落，不作主，不作宾，只用一"鸣"字跳跃到底，如龙之变化屈伸于天，更不能以逐鳞逐爪观之。（金圣叹：《才子必读》卷十一）

习题

1. 选择题

（1）本篇中的"序"指的是（　　）。

A. 文章摘要　　　　B. 开篇导读　　　　C. 文章概述　　　　D. 临别赠言

（2）文中认为"鸣者不及于古"的时代是（　　）。

A. 魏晋时代　　　　B. 秦代　　　　　　C. 汉代　　　　　　D. 周朝

（3）下列哪位不是从周代到秦代的"善鸣者"？（　　）

A. 荀卿　　　　　　B. 李斯　　　　　　C. 司马迁　　　　　D. 孙武

2. 讨论题

(1)"唐宋八大家"分别指的是谁？为什么把他们称为"八大家"？

(2)在第四段中，韩愈对哪个朝代的文人之"鸣"表示不屑，他是怎么说的？为什么这么说？

3. 思考题

读了本文之后，你认为该如何去理解文中的"不平则鸣"？

4. 写作题

《送孟东野序》一文是作者与好友临别时送给好友的赠言，全文都在谈论他那个时代的人生观和理想观。同学们刚刚告别高中课堂，来到了更为广阔的大学，人生开启了一扇新的大门。而之前一起在校园里朝夕相处的小伙伴们都天各一方了，你是否在与他们依依惜别之时也有很多关于人生和理想的话跟他们说过呢？请你也写一篇《送高中好友序》（可用古文，也可用白话文）来送给你的同窗挚友以做纪念。

 **链接**

https：//so. gushiwen. org/search. aspx? value =％E9％80％81％E5％AD％9F％E4％B8％9C％E9％87％8E％E5％BA％8F

《送孟东野序》释读

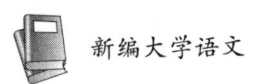

第三章 以人为本勤政事

 导读

早在三千年前的西周,我国就有了"以人为本"的先进理念。春秋时期齐国名相管仲就指出:"夫霸王之所始也,以人为本。本理则国固,本乱则国危。"《诗经·大雅·抑》有这样的名句:"质尔人民,谨尔侯度,用戒不虞。"与《诗经》齐名的《尚书》则说:"民为邦本,本固邦宁。"孟子则强调"民为贵,君为轻"。《孟子·尽心下》又说:"诸侯之宝三,土地、人民、政事。"西汉贾谊《新书·大政上》中说:"闻之于政也,民无不为本也。国以为本,君以为本,吏以为本。"而唐太宗李世民则认为,"国以民为本","水(民)可载舟,亦可覆舟"。我们可以看出,在中国古代,更强调的是"以民为本"。

到了当代,党的十六届三中全会提出坚持"以人为本",指出人是发展的根本目的,也是发展的根本动力。坚持以人为本,同我们党全心全意为人民服务的根本宗旨和代表中国最广大人民的根本利益的要求,是一脉相承的。人类生活的世界是由自然、人、社会三个部分构成的,以人为本的新发展观,从根本上说就是要寻求人与自然、人与社会、人与人之间关系的总体性和谐发展。这首先要求我们尊重自然规律,实现人和自然的和谐发展;其次我们要处理好人与社会的关系,解决经济发展和社会进步中出现的一系列新问题和新挑战,尽快形成经济与社会协调发展的新格局;最后也是最为根本的是我们要处理好人与人之间的关系,建立公正合理的社会制度。以上三个和谐发展是一个不可分割的整体,三者相辅相成,互相促进。

以人为本是马克思主义关于人的思想的本质体现,以人为本是中国传统文化中具有积极意义的可贵说法;以人为本发展经济是不断满足和丰富群众物质生活的基础和前提;以人为本发展经济是将仁义道德放在物质利益之上;以人为本是要充分发挥广大群众的创造性和体现广大人民群众的根本利益。以上三点应该说是我们党当今提出的以人为本与古代以民为本的区别。"坚持以人为本,树立全面、协调、可持续的发展观,促进经济社会和人的全面发展",这一新论断,深刻阐明了中国共产党人新发展观的本质特征,是对马克思主义人的全面发展理论的继承、丰富和发展。

新时代社会主要矛盾已转化为"人民日益增长的美好生活需要和不平衡不充分的发展之间的矛盾","让改革发展成果惠及更多群众,让人民生活更加幸福美满"……当今的中国更彻底地坚持着"以人为本",也因此在建设社会主义现代化强国的道路上向前迈进了一大步。

尧以是传之舜，舜以是传之禹，禹以是传之汤，汤以是传之文、武、周公，文、武、周公传之孔子，孔子传之孟轲，轲之死，不得其传焉。

——韩愈

尽心章句下（节选）

《孟子》

 **题解**

孟子（约前372—前289），姬姓孟氏，名轲，字子舆。战国时期著名哲学家、思想家、政治家、教育家，儒家学派的代表人物之一，地位仅次于孔子，与孔子并称"孔孟"。孟子宣扬"仁政"，最早提出"民贵君轻"的思想，他继承和发展了孔子的德治思想，发展为仁政学说，成为其政治思想的核心。本篇是《孟子》全书的最后一篇，内容很丰富，其中有一些著名的章节和名言警句。全篇原文共38章，本书选10章。

一

孟子曰："春秋无义战。彼善于此，则有之矣。征者，上伐下也，敌国[1]不相征也。"

二

孟子曰："尽信书，则不如无书。吾于《武成》[2]，取二三策[3]而已矣。仁人无敌于天下，以至仁伐至不仁，而何其血之流杵[4]也？"

三

孟子曰："梓匠轮舆能与人规矩，不能使人巧。"

四

孟子曰："民为贵，社稷[5]次之，君为轻。是故得乎丘[6]民而为天子，得乎天子为诸侯，得乎诸侯为大夫。诸侯危社稷，则变置。牺牲[7]既成，粢盛既洁[8]，祭祀以时，然而旱干水溢，则变置社稷。

五

孟子曰："贤者以其昭昭，使人昭昭；今以其昏昏，使人昭昭。"

六

孟子谓高子[9]曰："山径之蹊[10]，间介然[11]用之而成路；为间[12]不用，则茅塞之矣。今茅塞子之心矣。"

七

齐饥。陈臻曰："国人皆以夫子将复为发棠[13]，殆不可复。"

孟子曰："是为冯妇也。晋人有冯妇者，善搏虎，卒为善士。则之野，有众逐虎。虎负嵎[15]，莫之敢撄[16]。望见冯妇，趋而迎之。冯妇攘臂下车。众皆悦之，其为士者笑之。"

八

孟子曰："诸侯之宝三：土地、人民、政事。宝珠玉者，殃必及身。"

九

士未可以言而言，是以言餂[17]之也；可以言而不言，是以不言餂之也。是皆穿逾之类也。

十

孟子曰："养心莫善于寡欲。其为人也寡欲，虽有不存焉者，寡矣；其为人也多欲，虽有存焉者，寡矣。"

注释

[1] 敌国：指地位相等的国家。"敌"在这里不是"敌对"的意思。

[2]《武成》：《尚书》的篇名。现存《武成》篇是伪古文。

[3] 策：竹简。古代用竹简书写，一策相当于我们今天说的一页。

[4] 杵（chǔ）：舂米或捶衣的木棒。

[5] 社稷：社，土神。稷，谷神。古代帝王或诸侯建国时，都要立坛祭祀"社""稷"，所以，"社稷"又作为国家的代称。

[6] 丘：众。

[7] 牺牲：供祭祀用的牛、羊、猪等祭品。

[8] 粢（zī）盛既洁：盛在祭器内的祭品已洁净了。粢，古代供祭祀的谷物。

[9] 高子：齐国人，孟子的学生。

[10] 山径之蹊：泛指很窄的山间小路。径，山路。蹊，人行处。

[11] 介然：本指意志专一而不旁骛，这里是经常不断的意思。

[12] 为间：即"有间"，短时，为时不久。

[13] 复为发棠：重新劝齐王打开棠地的粮仓赈济灾民。发，打开仓廪以赈灾。棠，地名，在今山东即墨南。过去齐国灾荒时，孟子曾劝过齐君开棠地粮仓赈济灾民，所以有此说。

[14] 冯妇：人名，姓冯，名妇。

[15] 嵎（yú）：山势弯曲险阻处。

[16] 撄（yīng）：迫近。

[17] 餂（tiǎn）：探取，获取。

赏析

作为儒家经典"四书"之一的《孟子》，提出了"民为贵，社稷次之，君为轻"的民本主义思想，这对我国历代的治国理政思想都产生了深远影响，对当代"以人为本"的和谐发展观亦具有重大启发意义。

《孟子》一书中的诸多其他思想亦对当代人学习生活、为人处世也都有着较好的指导意义。"尽信书，则不如无书"，告诉我们应用辩证质疑的态度去看待各种书籍。"贤者以其昭昭，使人昭昭；今以其昏昏，使人昭昭"，则警告我们要先弄清实际情况再教导别人，不可以讹传讹，误导他人。"士未可以言而言，是以言餂之也；可以言而不言，是以不言餂之也"，则启示我们不是所有的时候沉默都是金，一个人因根据现实情况果断地发言或者不发言。"养心莫善于寡欲"与"俭以养德，静以修身"殊途同归，都告诫我们欲望简单、生活简单才能提高自身的修养。

评价

孟子著书七篇……有风人之托物，二雅之正言，可谓直而不倨，曲而不屈，命世亚圣之大才者也。（赵岐）

习题

1. 填空题

（1）儒家经典"四书"指的是_____，_____，_____，_____。

（2）孟子的民本主义思想认为："_____为贵，_____次之，_____为轻。"

2. 讨论题

孟子曰："养心莫善于寡欲。其为人也寡欲，虽有不存焉者，寡矣；其为人也多欲，虽有存焉者，寡矣。"你赞成他的观点吗？结合当前的社会现实谈谈你对此句话的看法。

3. 思考题

（1）你如何看待"士未可以言而言，是以言餂之也；可以言而不言，是以不言餂之也"？

（2）孟子擅长说理，请举例说明选文哪些地方体现了这一特点。

链接

https：//www.gushiwen.org/guwen/mengzi.aspx

孟子

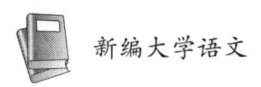

道生一，一生二，二生三，三生万物。

——老子

种树郭橐驼传

柳宗元

 题解

柳宗元（773—819），字子厚，河东解（今山西运城西）人，世称"柳河东"。唐代文学家、哲学家。贞元九年（793）进士。他积极投入"永贞革新"，成为王叔文革新集团的重要人物，官至礼部员外郎。革新很快失败，他被贬为永州司马，十年后又远贬柳州刺史。元和十四年（819）客死柳州，后世又称其为柳柳州。柳宗元与韩愈一起倡导古文运动，同被列入"唐宋八大家"，并称"韩柳"。其散文峭拔矫健，说理透彻；山水游记多有寄托，尤为有名；寓言笔锋犀利，诗风清峭幽远。柳宗元死后，刘禹锡把他的诗文整理编辑成《柳河东集》。《种树郭橐驼传》是柳宗元所写的一篇兼具寓言和政论色彩的传记散文。

郭橐驼[1]，不知始[2]何名。病偻[3]，隆然[4]伏行，有类[5]橐驼者，故乡人号之[6]"驼"。驼闻之，曰："甚善。名我固当[7]。"因[8]舍其名，亦自谓橐驼云。

其乡曰丰乐乡，在长安[9]西。驼业[10]种树，凡长安豪富人为观游[11]及卖果者，皆争迎取养[12]。视驼所种树，或移徙，无不活，且硕茂，早实以蕃[13]。他植者虽窥伺效慕，莫能如也。

有问之，对曰："橐驼非能使木寿且孳也，能顺木之天，以致其性焉尔。凡植木之性，其本欲舒，其培欲平，其土欲故，其筑欲密。既然已，勿动勿虑，去不复顾[14]。其莳也若子[15]，其置也若弃，则其天者全而其性得矣。故吾不害其长而已，非有能硕茂之也；不抑耗其实而已，非有能早而蕃之也。他植者则不然，根拳[16]而土易[17]，其培之也，若不过焉则不及。苟有能反是者，则又爱之太恩，忧之太勤，旦视而暮抚，已去而复顾，甚者爪其肤以验[18]其生枯，摇其本以观其疏密，而木之性日以离[19]矣。虽曰爱之，其实害之；虽曰忧之，其实仇之，故不我若[20]也。吾又何能为哉！"

问者曰："以子之道，移之官理，可乎？"驼曰："我知种树而已，官理，非吾业也。然吾居乡，见长人者[21]好烦其令[22]，若甚怜[23]焉，而卒以祸[24]。旦暮吏来而呼曰：'官命促尔耕，勖尔植[25]，督尔获，早缫而绪，早织而缕，字而幼孩，遂而鸡豚[26]。'鸣鼓而聚之，击木而召之。吾小人辍飧饔以劳吏者[27]，且不得暇，又何以蕃吾生而安吾性耶？

故病且怠。若是，则与吾业者其亦有类乎？"

问者曰："嘻，不亦善夫！吾问养树，得养人[28]术。"传[29]其事以为官戒。

注释

[1] 橐（tuó）驼：骆驼。这里指驼背。

[2] 始：最初。

[3] 病偻（lǚ）：患了脊背弯曲的病。

[4] 隆然：脊背突起而弯腰行走。

[5] 有类：有些像。

[6] 号之：给他起个外号。号，起外号。

[7] 名我固当：这样称呼我确实恰当。名，称呼，名词作动词，意动用法。固，确实。当，恰当。

[8] 因：于是。

[9] 长安：今西安市，唐王朝首都。

[10] 业：以……为业，名词作动词。

[11] 为观游：经营园林游览。为，从事，经营。

[12] 争迎取养：争着迎接雇用（郭橐驼）。取养，雇用。

[13] 早实：早结果实。实，结果实，名词作动词。以：而且，连词，作用同"而"。蕃：多。

[14] 去：离开。顾：回头看。

[15] 其：如果，连词。莳（shì）：栽种。若子：像对待子女一样精心。

[16] 根拳：树根拳曲。

[17] 土易：更换新土。

[18] 爪其肤：掐破树皮。爪，掐，作动词用。以：表目的，连词，用来。验：检验，观察。

[19] 日以离：一天天地失去。以，连词，连接状语和动词，不译。

[20] 不我若：不若我，比不上我。否定句中代词作宾语时一般要置于动词前。若，及，赶得上，动词。

[21] 长（zhǎng）人者：为人之长者，指当官治民的地方官。大县的长官称"令"，小县的长官称"长"。

[22] 烦其令：不断发号施令。烦，使繁多。

[23] 若甚怜：好像很爱（百姓）。

[24] 卒以祸：以祸卒，以祸（民）结束。卒，结束。

[25] 勖（xù）：勉励。植：栽种。

[26] 遂而鸡豚（tún）：喂养好你们的鸡和猪。遂，顺利地成长。豚，猪。

[27] 辍飧（sūn）饔（yōng）：不吃饭。辍，停止。飧，晚饭。饔，早饭。以，来，连词。

[28] 养人：养民，唐人避唐太宗李世民名讳，改"民"为"人"。

[29] 传：作传。此处名词用作动词。

赏析

《种树郭橐驼传》从题目表面上看是一篇人物传记，但其思想主旨却并非简单地介绍郭橐驼的生平经历。本文的创作背景是在唐代安史之乱后，生灵涂炭，老百姓处在水深火热当中。这时的社会只有顺其自然、休养生息才能逐步恢复。如果这时统治者不顾现实、不体恤民情而强加政令，那就违背了社会规律而让老百姓进一步苦不堪言；而如果以体恤百姓为名频频视察，广大老百姓又不得不千方百计应酬官吏，其结果都只能增加普通民众的负担。只有无为而治、尊重规律才能促进社会的恢复与发展，才能让老百姓过上正常的生活。本文旨在借郭橐驼之口，从种树的经验延伸到为官治民的道理，希望统治者能按照老庄学派的思想来与民休息，顺其自然地来治理社会。

从结构上看，文章先写郭橐驼名字的由来、其种树的专长和种树的经验，接着由种树的经验自然而然导出为官治民的道理。前半部分郭橐驼的事例为后半部分治民之理做了较好的铺垫，这种写法也较好地体现了寓言体杂文的特色。一、二段介绍传记主人公的姓名及形象特征，看似与全文主旨关联不大，但却生动有趣，也使得文章在严肃中寄寓了活泼。

评价

尝谓大家之文，多以意胜，而意又要善达。其所以善达者，非以词纠缠敷衍之谓也，盖一意耳。或借粗以明精，如此文养树云云是也；或借彼以证此，如以他植者来陪衬是也；或去浅取深，如"既然已"，及"苟有能反是者"与"甚者"云云是也；或反与正相足，如中间"其本欲舒"数句正说，而后又用"非有能"以反缴是也。至一段中或先用虚提，中用申说，后用实缴；或两段中一正一反一逆一顺错间相生；或一篇中前虚后实，前宾后主，前提后应。变化伸缩，则题意自达，不犯纠缠敷衍之病矣。处处朴老简峭，在《柳集》中应推为第一。（朱宗洛：《古文一隅》）

习题

1. 填空题

（1）唐宋八大家是指唐宋时期在_____领域最有成就的八位作家，他们分别是唐朝的_____和_____，宋朝的苏洵、苏辙、_____、欧阳修、_____和曾巩。

（2）本文以"传"命名，实际上是一篇_____体散文，由郭橐驼种树引申到官吏治民。

2. 讨论题

郭橐驼种树本质上遵循了什么样的思想，你如何看待运用这种思想来为官理政？

3. 思考题

（1）郭橐驼种树的道理和官吏治民有哪些共同之处？

（2）本文体现了寓言杂文的哪些写作特色？

链接

http：//old. pep. com. cn/czyw/jszx/grzj/zyszj/xjp/wxjx/201008/t20100825_ 732811. htm
《种树郭橐驼传》赏析

一尘不染，两袖清风，视名利安危淡似狮泉河水。二离桑梓，独恋雪域，置民族团结重如冈底斯山。

——题记

领导干部的楷模——孔繁森[1]

何平　朱幼棣　陈雁　陈维伟

孔繁森（1944—1994），男，中共党员，山东聊城人。1979 年第一次赴西藏工作，担任岗巴县委副书记。1988 年第二次调藏工作，担任拉萨市副市长。1992 年底，孔繁森第二次调藏工作期满，西藏自治区党委决定任命他为阿里地委书记。阿里是西藏最偏僻和平均海拔最高的地区，为了寻找带领群众脱贫致富的路子，孔繁森在不见人烟的地区深入调查研究。拉萨市墨竹工卡等县发生地震，他又收养了三个地震中的孤儿，后期又献血换钱给孩子添补营养。1994 年 11 月 29 日，孔繁森在去新疆塔城考察边贸途中，因车祸殉职，年仅 50 岁。《领导干部的楷模——孔繁森》是一篇长篇通讯稿，该文记述了孔繁森无私奉献的伟大一生，荣获第六届中国新闻奖特别奖。

也许，岁月能改变山河，但历史将不断证明，有一种精神永远不会失落。崇高、忠诚和无私，将超越时空，成为人类永恒的追求。

也许，时间会冲淡记忆，但人们绝不会忘记，20 世纪 90 年代，有这样一位共产党员，他的理想，他的信念，他的人格，他的情操，使千万人的心灵为之震撼。

他，就是原中共阿里地委书记孔繁森。他把自己的一腔热血洒在西藏高原。两次进藏，历时十载。在党的召唤面前，在人生的选择中，他的精神境界一次次得到升华。

1993 年 4 月 4 日，孔繁森告别拉萨赴阿里上任。越野车载着他，向西疾驶而去。车窗外，油画般的高原景色一幕幕掠过：清澈的拉萨河，奔腾的雅鲁藏布江，高耸的雪山，明镜般的湖水……孔繁森热爱西藏的山山水水，但此时却顾不上欣赏这高原美景。伸向远方的莽莽苍苍的路，多么像人生之路。回顾过去的路，思谋未来的路，他的心早已飞向了阿里。

孔繁森先后两次进藏，这时已在高原工作 6 年。按说，他现在应该东进返乡。然而，他却接受了一项更艰巨的任务，驱车向西，奔赴自然条件更恶劣的地区，挑起阿里地委书记的重担。

号称"世界屋脊"的西藏高原，高寒缺氧，气候恶劣，而阿里又是西藏最艰苦的地区。那里平均海拔4 500米，空气中的含氧量不足海平面的一半，最低气温零下40多摄氏度。民主改革前，野蛮的封建农奴制严重束缚了当地生产力的发展，藏族群众的生产与生活长期处于原始状态。民主改革后特别是党的十一届三中全会以来，阿里发生了巨大变化，但由于历史和自然的原因，当地的经济发展仍比其他地区缓慢，群众生活仍比较贫困。那里更需要像孔繁森这样年富力强的优秀干部。自治区领导同志征求孔繁森的意见时，他坚决而干脆地回答："我是党的干部，服从组织安排。"

像这样的工作调动，孔繁森经历过多次。每一次，他都把党和人民的需要作为自己的唯一选择。

在西藏最初工作的3年，孔繁森深深爱上了这片壮丽、神奇的高原，深深爱上了这里的藏族人民。同时，他也深深感受到当地群众要求改变贫穷面貌的迫切愿望。回到山东后，他曾表示："我这条命，是藏族老百姓给捡回来的。如果有机会，我愿再次踏上那片令人终生难忘的土地，去工作，去奋斗！"

光阴似箭。1988年，工作几经调动的孔繁森已担任聊城地区行署副专员。这时，又一次严峻的考验摆在他面前。这一年，山东省在选派进藏干部时，认为孔繁森政治上成熟，又有在西藏工作的经验，便准备让他带队。组织上问他有什么困难，他还是那句话："我是党的干部，服从组织安排。"其实，孔繁森心里很清楚，家里确有不少困难：自己的身体状况不如从前了；年近九旬的老母，生活已不能自理；三个孩子尚未成年，需要有人照看；妻子动过几次大手术，体弱多病。自己一走，全家的生活重担又要压在妻子一人肩上。他不会忘记第一次进藏时家里的情景，里里外外都是妻子操劳。有一次，她去刨地瓜，五岁的儿子没人照看，掉进地窖里爬不上来……孔繁森觉得对不起妻子，对不起孩子。

无情未必真豪杰。为了党的事业，孔繁森把对家乡、对亲人的爱深深地埋在心底，把博大无私的爱献给了祖国和人民。

1988年，孔繁森第二次进藏后任拉萨市副市长，分管文教、卫生和民政工作。任职期间，他跑遍了全市8个县区的所有公办学校和一半以上乡办、村办小学，为发展少数民族教育事业殚精竭虑。1991年，一次车祸把他摔成了严重的脑震荡，颅骨骨折，高烧昏迷。住院治疗期间，一天，他得知一所学校发生了问题时，便不顾高烧未退、眼睛充血，骑着自行车赶到学校现场处理。在他和全市教育工作者的共同努力下，拉萨的适龄儿童入学率从45%提高到80%。这一次，听说孔繁森要延长在藏时间到阿里工作，有的同志劝他：你是山东的干部，已经先后两次进藏，该吃的苦也吃了。凭你的政绩和能力，回去一定可以干得更好、进步得更快。听了这话，孔繁森的神情顿时严肃起来："怎么能说我是山东的干部呢？我们共产党员无论在哪里工作都是党的干部。越是边远贫穷的地方，越需要我们为之去拼搏、奋斗、付出，否则，就有愧于党，有愧于群众。"

从拉萨到阿里地委、行署所在地狮泉河镇，将近2 000公里坎坷不平的路程。孔繁森离开拉萨两天后，进入阿里地区措勤县境。藏北大草原那雄浑、壮美的景色展现在他面前：远方，绵延起伏的雪山在蓝天的映衬下格外壮丽，广袤无垠的草原一直伸展到遥远的天际。近旁，一座座用石块垒成的玛尼堆披挂着祈祷吉祥的五彩经幡，一堆堆高寒地带特有的红柳丛在阳光下像火一样耀眼。天空，时而白云朵朵，时而乌云密布；原野，时而大雪纷飞，时而风沙弥漫……

孔繁森是一个感情丰富、兴趣广泛的人，喜爱读书、写诗和摄影。眼前这一切，使他激动不已。为了祖国西南边陲这神圣的土地，多少先辈曾在这里奋斗拼搏、流血牺牲。如今，党把自己派到这里，这是多么光荣而又艰巨的使命。一种崇高的责任感和神圣的使命感在他心中油然而生。

进入阿里地界，孔繁森的调查研究也开始了。当天夜里，他风尘仆仆地到达措勤县委所在地。第二天上午，他不顾旅途劳累，召集县委、县政府的干部开会，听取汇报，并结合贯彻党的十四大会议精神，商讨如何发挥当地优势，探索适应社会主义市场经济体制的发展途径。随后，他又去看望和慰问驻当地的武警部队官兵。

经过对沿途措勤、改则和革吉三个县的实地调查，孔繁森透过这些地方贫困落后的现状，看到了当地蕴藏的巨大优势，即：丰富的畜产品和矿产品资源。他兴奋地对同行的同志说："随着社会主义市场经济体制的建立，我国的经济必将进入一个新的快速发展时期，对原材料的需求将进一步增长。这对有着丰富资源的阿里来说，无疑是一个极好的发展契机。我们一定要抓住这个有利时机，加快阿里经济发展的步伐。"

为了寻找阿里的发展优势，全地区106个乡，他跑了98个，雪域高原上留下了他的深深足迹。风雪中，他把自己的毛衣脱给一位藏族老阿妈……

4月25日，孔繁森主持召开地委、行署联席会议。他给大家布置的第一项工作就是：解放思想，转变观念，在原有基础上进一步寻找阿里发展的优势，从困难中寻找光明的前途。会后，孔繁森和地委、行署其他领导成员分头带队到基层调查研究。

到阿里赴任前，孔繁森已把自治区的各有关部门跑了个遍，将阿里地区的自然概况和历年来经济统计数字都抄在笔记本上。为了进一步摸清阿里的情况，他一个县、一个区、一个乡地跑。从措勤到札达，从普兰到日土，实地考察，求计问策，寻找带领群众脱贫致富的路子。在阿里不到两年的时间里，从南方的边境口岸到藏北大草原，从班公湖到喜马拉雅山谷地，全地区106个乡，他跑了98个，行程8万多公里。

阿里地广人稀，面积30.5万平方公里，相当于两个山东省，而人口只有6万多。有时，开着越野车在空旷的荒野上奔波一天也看不到一户人家、一顶帐篷。饿了，他们就吃口风干的牛羊肉；渴了，就喝口山上流下来的雪水。旅途虽然艰苦，但孔繁森却风趣地对随行的同志说："高原上的水绝对没有污染，是世界上最优质的矿泉水，等开发出来得用美元来买呢！"他那乐观的情绪，常常感染着周围的同志。

有经验的人都知道，在高原生活，一场严重的感冒有时也会夺去一个人的生命。而孔繁森恰恰一到阿里就感冒了，咳嗽不止。为了不耽误工作，他就大剂量地服药。病情重了，就一边输液，一边工作。一个多月下来，体重减轻了14公斤。由于过度劳累，他的直肠纤维瘤复发,鲜血浸透内裤,可他一直瞒着别人。等大家都入睡后,他才把内裤换下,悄悄洗干净。

在广泛深入调查研究的基础上,阿里经济发展的思路在孔繁森的脑海中渐渐清晰起来。在地委、行署联席会议上,孔繁森列举了阿里发展的六大优势:畜产品优势、矿产品优势、旅游优势、边贸优势、政策优势、人口少的优势。

"率领群众致富,是我们的天职。每一个党员干部,都应当与人民同甘苦、共命运。这样,我们党才有威信,国家才有希望。阿里虽说偏僻落后,但发展潜力也很大。关键是要带领群众真抓实干。我有信心和全地区人民同舟共济、艰苦创业,共同建设一个文明、富裕的新阿里。"孔繁森激情满怀的讲话,使在场的干部热血沸腾。

艰难困苦,对于弱者来说是可怕的,而对于坚强的共产党人来说,则往往是一种无声的召唤。沧海横流,方显英雄本色。

1994年初,正当孔繁森带领全地区人民为实现阿里发展的宏伟蓝图而奋斗时,一场罕见的特大暴风雪席卷了阿里高原。漫天大雪,吞没了农田、牧场和村庄。凛冽的寒风,把各县受灾的消息传到狮泉河。

"立即行动起来!到灾区去,到群众中去,组织抗灾,恢复生产,重建家园。"在孔繁森的带领下,地委、行署迅速组织了十多个工作组分赴各灾区。厚厚的积雪封死了道路,他们就用铁锹挖,用汽车碾。大家只有一个信念:尽快把党和政府的关怀送到灾区。

在革吉县和改则县,孔繁森目睹了暴风雪给牧民造成的严重危害:大片大片的牧草被冰雪覆盖,成群成群的牲畜因冻饿而死,许多群众陷入缺衣少粮的困境。

孔繁森的心在颤抖!

他挨家挨户地走访灾民,分发救济粮和救济款。风雪中,他高声地鼓励大家:"有党和政府在,再大的灾害也压不垮我们。我们一定能帮助大家渡过难关!"

2月26日,孔繁森来到受灾最严重的革吉县亚热区曲仓乡。这里海拔5 800米,是阿里最高的一个牧业点。乡党委书记嘎玛钦尧愁眉不展地说:"大雪连续下了一个星期,最深的地方没到膝盖。全乡有8人被冻伤,牲畜大部分死亡。"

孔繁森心情沉重地把全乡每户牧民的损失情况一一记在笔记本上,然后用坚定的语气对嘎玛钦尧说:"现在的首要任务是保护人。先保人,再保畜,一定要把群众的情绪稳住,团结起来同灾害作斗争,尽量把损失减少到最低限度。"

雪花在凛冽的寒风中狂飞乱舞。一会儿工夫,大家都变成了雪人。人们穿着大衣,还是感到阵阵发冷。脸、手和脚都被冻得失去了知觉。孔繁森看到一位藏族老阿妈把外衣脱给了在风雪中哀嚎的小羊羔,自己却在零下20多摄氏度的严寒中冻得瑟瑟发抖,他的眼睛湿润了。他用手捂住脸,强忍着不让泪水流出来,猛地转身回到越野车上脱下自己的一套毛衣毛裤,递给那位老阿妈。老阿妈伸出已经冻僵的双手,接过那还带着体温的毛衣,嘴唇颤抖着久久说不出一句话。

顶风冒雪,孔繁森背着他每次下乡都随身携带的小药箱,走村串户,慰问受灾群众,给被冻伤的牧民们看病。他早年在部队医院当过兵，粗通医术。来西藏工作后，为了解决当地缺医少药的困难，他做了大量工作。每次下乡前，他都要买上几百块钱的药，为农牧民看病治病。一次，有位70多岁的藏族老人肺病发作，浓痰堵塞了咽喉，危在旦夕。当时，没有其他医疗器械可用，孔繁森就将听诊器的胶管伸进老人嘴里，又对着胶管将痰一口一口地吸出来，然后又为老人打针服药，直到转危为安。

雪越下越大，风越刮越紧。长时间的高山反应，持续不断的超负荷工作，使孔繁森本来就带病的身体更加虚弱。他感到眼前阵阵发黑，身上不住地冒虚汗，但还是坚持着给冻伤的牧民一一做了检查。尔后，又把解决曲仓乡受灾牧民的搬迁、转场和买牛的资金及口粮、油料等问题一一研究落实，直忙到凌晨2点多钟，才躺下休息。

经过两个月的艰苦奋战，阿里地区的各族干部群众在地委和行署的领导下，终于战胜了雪灾，全地区没有冻死、饿死一个人。但这场雪灾毕竟也给阿里造成了严重的经济损失。雪灾和连续几年的旱灾、风灾，使孔繁森深深感到：光靠救济不能从根本上消除自然灾害的威胁，只有尽快建立起抗灾防灾基地，才能使群众具有抵御自然灾害的能力。他在地委、行署联席会议上提出了这一想法，得到大家一致赞同。

阿里的灾情引起有关负责同志的重视，破例为阿里解决了一大笔救灾款和项目资金。资金落实后，孔繁森的心情却久久不能平静。他知道，西藏和平解放40多年来，中央对西藏的财政补贴和基本建设投资累计达200多亿元。这次西藏工作会议上，又确定了总投资23.8亿元的62个援藏项目。他感到肩上的担子更重了：中央对西藏这样关心和支持，如果自己做不好工作，怎能对得起党，对得起藏族群众？

返回阿里后，孔繁森向地委和行署干部迅速传达了中央第三次西藏工作会议和自治区党委四届六次全会的精神。他说："中央关心西藏，全国人民支援西藏，我们怎么办？"他和地委、行署一班人提出，要以"新的精神面貌，新的思维方式，新的工作思路，新的行动姿态，抓住机遇，加快发展，努力开创阿里工作新局面"。

在孔繁森等地委、行署一班人的带领下，阿里的经济有了较快发展。1994年，全地区国民生产总值超过1.8亿元，比1993年增长37.5%；国民收入超过1.1亿元，比上年增长6.87%。一幅全面振兴阿里经济的宏伟蓝图，正在这雪域高原上成为现实：

——2000千瓦的朗久地热电厂重新发电，高原的夜晚不再漆黑，明亮的灯光同天上的星星交相辉映；

——年产值可达上亿元的山羊绒梳绒厂和鱼骨粉加工厂、硼矿脱水厂、水泥厂等相继在空旷的荒原上拔地而起，隆隆的机器轰鸣声打破了千年的沉寂；

——随着普兰、什布奇口岸的开通，至边境强拉山口公路的竣工，阿里高原向世界进一步敞开了开放的大门……

三个藏族孤儿，900毫升鲜血。他向人民奉献的是比血还浓的炽热情感，是博大、深沉和无私的爱。

摆在记者面前的，是解放军西藏军区总医院血库一张献血证明，上面写着：兹有孔繁森同志于 1993 年曾先后三次来我库自愿献血 900 毫升，已按医院规定付给献血营养费 900 元整。

在这张献血证明的背后，是一个催人泪下的故事。

1992 年，拉萨市墨竹工卡等县发生地震。当时在拉萨任副市长的孔繁森立即赶赴灾区。在羊日岗乡的地震废墟上，三个失去父母、无家可归的藏族孤儿曲尼、曲印和贡桑哭喊着扑到他的怀里。孔繁森抚慰着三个孩子：党，就是你们的亲人。一定会让你们有饭吃，有衣穿，有房子住，还要送你们上学。他嘱咐当地干部务必要安置好这三个孩子。孔繁森紧张地忙于救灾，也一直牵挂着三个孩子。不久，他再次来到羊日岗乡，决定亲自承担起抚养这三个孤儿的责任。

一个人孤身在外，又要工作，又要带孩子，辛苦和劳累可想而知。晚上，工作了一天的孔繁森回到家，先要给孩子们做好饭菜，然后再教他们读书认字。夜里，就和孩子们挤在同一张床上。那时，曲尼 12 岁，曲印 7 岁，贡桑只有 5 岁，睡觉时经常把尿撒在床上，他就不厌其烦地换洗床单。节假日，只要有空，他总要带孩子们去商店、逛公园，给他们买衣物，陪他们玩，就像对待他自己的亲生儿女一样。

一天深夜，曲印突然肚子疼得"唉哟，唉哟"叫个不停。孔繁森从睡梦中被吵醒，他爬起来给曲印吃了药，可还是不行。孔繁森着急了，背起孩子直奔医院，整整忙了一夜，直到第二天早上才疲惫不堪地回来。

看到孔繁森一人抚养三个孩子负担太重，拉萨市市长洛桑顿珠领走了曲尼。生活条件变了，曲印和贡桑吃东西也开始挑剔起来。孔繁森觉察到孩子的这一细微变化，就对办公室的小崔说：

"我想请你把孩子们带回羊日岗乡去看一看。"

"他们的父母都不在了，看个啥呀？"小崔不解地问。

"让孩子们走一走家乡的土路，看一看家乡的山水，再过几天家乡父老乡亲的生活。"说着，孔繁森把曲印和贡桑喊了过来，他抚摸着兄妹俩的头语重心长地说："记住，永远别忘了自己的家乡，将来长大了，好好建设自己的家乡。"兄妹俩回家乡生活了 5 天，回来后好像长大了许多。

尽管孔繁森自己的家庭负担比较重，但每次下乡，他总要把钱分给那些生活贫困的藏族群众，往往刚过半个月，工资就花得所剩无几，有时连交伙食费的钱都不够了。收养孤儿后，经济上更加拮据。过去他一个人，生活上能凑合就凑合，可他不能让孩子们受委屈。

1993 年春的一天，孔繁森悄悄来到西藏军区总医院血库，要求献血。护士看着他那已经斑白的鬓角，婉言劝道："您这么大年纪了，不适合献血。"

孔繁森连忙恳求道："我家里孩子多，负担重，急需要钱。请帮个忙吧！"

护士见孔繁森如此恳切，只好同意他的请求。

殷红的鲜血，从孔繁森的体内缓缓流进针管。这是一位共产党员的鲜血，是从一位日夜操劳的领导干部的血管里流出来的血!

孔繁森生活极其节俭,经常吃的是白饭就榨菜,工作一忙,开水泡馒头和方便面也是常有的事。他穿的许多内衣打着补丁,连块香皂都舍不得买。每次去拉萨回阿里,他总要买上一些价格低廉的生活日用品,因为有地区差价,这样可以省点钱。孔繁森对自己,就是这样节俭、吝啬,而对他人、对藏族同胞,却是那么慷慨大方。在西藏工作的近10年时间,他几乎没有往家里寄过钱,省下的工资,大部分花在藏族群众身上。为此,他曾多次流露出对家人的内疚之情。但为了帮助那些有困难的藏族同胞,他只好委屈自己的家人。

孔繁森是清贫的,同时也是富有的。他拥有人世间最美好的心灵,最丰富的情感,最高尚的精神境界。

令人痛惜的意外事情发生了。

1994年11月29日,孔繁森在去新疆塔城考察边贸的途中,在一场车祸中不幸殉职,时年50岁。噩耗传到阿里,传到拉萨,传到山东,人们简直不敢相信。

"出师未捷身先死,长使英雄泪满襟。"

人们在料理孔繁森的后事时,看到两件令人心碎的遗物:一是他仅有的钱款——8.6元;一是他的"绝笔"——去世前4天写的关于发展阿里经济的12条建议。

这就是孔繁森留下的遗产,这就是一个共产党员的高尚情怀!

雪山含悲,江河呜咽。

许多人站在孔繁森的遗像前泣不成声,泪如雨下。数不清的哈达敬献在他的灵前,堆得像洁白的雪山。

就像那许许多多把自己的青春、热血和生命都献给了西藏高原的先辈那样,党和人民的好儿子孔繁森,也把他那高大的身躯融入这片壮丽、神奇的土地,在无数人的心中树起一座不朽的丰碑。

注释

[1] 本文节选自《人民日报》1995年4月7日通讯稿,略有删改。

赏析

本文是一篇长篇通讯稿,荣获第六届中国新闻奖特别奖,它以感人的事实、深刻的内涵、精美的语言,塑造了一个时代的典型。全文主要从人物的品格、能力、工作和生活环境及工作业绩和工作作风等方面为我们展示了孔繁森同志崇高、忠诚、无私的一生。

全文采用倒叙的手法展开。先描写孔繁森二赴西藏任期满后又赴阿里上任的情形,再按时间顺序写他首赴西藏时爱上西藏这片土地、二赴西藏时家中的状况及二次到藏后开展的工作；在拉萨担任副市长期间大力扶持当地教育工作的展开，在地震中收养三个孤儿，调任阿里后深入无人区调研考察当地的矿产资源，并千方百计为当地招商引资。最后再写孔繁森不幸遭遇车祸。全文虽有上万字，但层次清晰、脉络分明，读来丝毫不让人觉得凌乱。

在客观陈述孔繁森生平事迹的基础上，本文亦运用了抒情、对比、细节描写等多种文学手法来表达作者对主人公无限崇敬哀思的情感。孔繁森首赴西藏时，家中有病母弱妻幼子，妻子外出刨地瓜时儿子掉进了地窖，忠孝不能两全的事迹读来感人至深；为了抚养地震中收养的三个孩子，本来已将大部分工资捐给困难群众的孔繁森，选择卖血来赚取营养费，读来更让人潸然泪下。除此之外，他还在极寒天气里把自己的大衣脱下来给一位衣衫单薄的大娘，这位大娘为了保护自己的羔羊不受冻而把自己的外衣套在了羊身上……此类事情，不胜枚举，读来让人不觉心头为之一震，感动、景仰、敬慕之情油然而生。

全文情景交融，语言优美。"藏北大草原那雄浑、壮美的景色展现在他面前：远方，绵延起伏的雪山在蓝天的映衬下格外壮丽，广袤无垠的草原一直伸展到遥远的天际。近旁，一座座用石块垒成的玛尼堆披挂着祈祷吉祥的五彩经幡，一堆堆高寒地带特有的红柳丛在阳光下像火一样耀眼。天空，时而白云朵朵，时而乌云密布；原野，时而大雪纷飞，时而风沙弥漫……"这些描写给人如诗般的美感。

评价

《领导干部的楷模——孔繁森》立足典型事实客观提炼真实美，采用人性化视角立体展现形象美，用心表达自然流露情感美。（杨旦）

习题

1. 填空题

（1）通读全文，你觉得孔繁森是一个怎样的人？（用选文中的词语来概括）_____

（2）选文中有"岁月能改变山河""时间会冲淡记忆"的句子，这两句话对表现孔繁森的精神有什么作用？_____

2. 讨论题

"一尘不染，两袖清风，视名利安危淡似狮泉河水；二离桑梓，独恋雪域，置民族团结重如冈底斯山。"说说你对这副挽联的理解。

3. 思考题

（1）选文写的"两件令人心碎的遗物"，能让人看出孔繁森有什么品行？

（2）文中的景物描写起到了什么作用？

链接

http：//www.wenming.cn/xxph/zyxz/201304/t20130408_1163647.shtml
点击孔繁森精神

第四章　改革创新铸伟业

 导读

改革创新是中华民族历来具有的富于进取的思想品格，早在古代我们就有四大发明（造纸术、印刷术、指南针、火药）、万里长城、京杭大运河等伟大创造闻名于世。在近现代，中国的社会主义和资本主义的道路之争，亦是中华民族能否真正实现改革创新的问题。中国最终走上了社会主义道路，这本身就是中国历史发展中的改革创新。在当代，自2004年中共中央、国务院发出的《关于进一步加强和改进大学生思想政治教育的意见》首次把改革创新作为时代精神的核心，改革创新便逐步成为社会主义核心价值体系的基本内容。

改革创新要做到自主性、首创性和先进性。自主性是指自主创新，是战胜自我和超越自我；首创性是指改革创新应具有"第一次"的特征，尽管它必然要学习借鉴别人，但其成果却必然不与任何已有成果雷同；先进性是指真正的改革创新必然顺乎文明之潮流，体现时代之脉动，展示历史之未来。改革创新的精神推动着我国社会方方面面的进步，它使我们的党最终成为立党为公、执政为民、求真务实、改革创新、艰苦奋斗、清正廉洁、富有活力、团结和谐的马克思主义执政党；它让中国的经济发展取得了举世瞩目的伟大成就，并形成了一整套较为完善的适合中国国情的经济发展模式；它使老百姓开始全方位参与到社会主义和谐社会的建设中，极大地推动了文明的进程和社会的进步。

周人杰在2019年12月20日《人民日报》的社论中指出：朝着高质量发展方向的改革与创新，本质上要求我们不断解放思想，切实把党对经济工作集中统一领导的制度优势，转化为稳增长、促改革、调结构、惠民生、防风险、保稳定的治理效能。需要强调的是，改革创新须臾离不开风险意识，该守的底线必须要守住、守牢，决不能发生系统性风险，决不能犯颠覆性错误。在打好三大攻坚战的征程中，只要时刻保持对潜在风险的警惕性和紧迫感，防微杜渐、主动出手，自我加压、刀刃向内，用大概率思维应对小概率事件，我们就一定能通过创新驱动和改革开放这两个轮子，继续创造人民群众认可、经得起历史检验的发展成绩，推动中国经济高质量发展，确保全面建成小康社会和"十三五"规划圆满收官。

当前，我国各行各业的创新不仅不胜枚举，而且很多创新都领先于世界水平：移动电子支付、高铁技术、超级计算机、核能发电技术……我们都走在世界前列。"改革创新"早已成为中国现代化建设的强大精神力量，有力地推动着中华民族的伟大复兴。

> 君子学以聚之，问以辩之，宽以居之，仁以行之。
>
> ——《易经》

易经（节选）

题解

《易经》包括《连山》《归藏》《周易》三部易书，其中《连山》和《归藏》已经失传，现存于世的只有《周易》，相传其为周文王姬昌所作。《易经》是阐述天地世间万象变化的古老经典，是博大精深的辩证哲理之书，被誉为"诸经之首""大道之源"，是中华传统文化的总纲领，蕴涵着朴素深刻的自然法则及和谐辩证的思想，是中华民族五千年智慧的结晶。《易经》从整体的角度去认识和把握世界，把人与自然看作一个互相感应的有机整体，即"天人合一"。《易经》的内容涉及哲学、政治、生活、文学、艺术、科学等诸多领域，是群经之首，儒家、道家共同的经典。据传孔子对《易经》进行了解释，形成后来的《易传》。选文来自其中的《象传》，名句如"内健而外顺""内柔而外刚"告诉我们做人应柔韧刚强，而"天地不交而万物不通也，上下不交而天下无邦也"则最早警示我们应敬畏自然、尊重自然。

泰[1]

泰，小往大来，吉，亨。则是天地交而万物通也，上下交而其志同也。内阳而外阴，内健而外顺，内君子而外小人，君子道长，小人道消也。

否

否之匪人[2]，不利君子贞，大往小来。则是天地不交而万物不通也，上下不交而天下无邦也。内阴而外阳，内柔而外刚，内小人而外君子。小人道长，君子道消也。

同人[3]

同人，柔得位得中，而应乎乾，曰同人。同人曰："同人于野，亨。利涉大川。"乾行也。文明以健，中正而应，君子正也。唯君子为能通天下之志[4]。

大畜

大畜，刚健笃实辉光，日新其德[5]，刚上而尚贤。能止健，大正也。不家食吉[6]，养贤也。利涉大川，应乎天也。

注释

[1] 泰：卦名。《经典释文》中有："泰：如字，大通也。"下同。

[2] 否之匪人：否闭之世，非是人道交通之时。
[3] 同人：指和同于人。
[4] 君子为能通天下之志：能以正道通达天下之志。
[5] 刚健笃实辉光，日新其德：以其刚健笃实之故，能辉耀光荣，日日增新其德。
[6] 不家食吉：不使贤者在家自食而获吉。

赏析

《易经》是一部中国古代哲学书籍，是建立在阴阳二元论基础上对事物运行规律加以论证和描述的书籍，其对于天地万物进行性状归类，并试图对事物的未来发展做出预测。

言简意赅、寓意深刻是《易经》的特点，其中的"天行健，君子以自强不息；地势坤，君子以厚德载物"几乎已成为所有中国人的人生格言。选文部分亦用简洁的文字给我们讲述了深刻的道理。"君子道长，小人道消""小人道长，君子道消"，告诉我们事物的正反两方面相依相存，此长彼消；而"刚健笃实辉光，日新其德，刚上而尚贤"则与"吾日三省吾身"具有异曲同工之妙，二者都要求我们每日反思自己的不足，每日追求新的进步。

虽然因为历史久远，《易经》中的语言已不是非常好懂，但应该说，《易经》中的很多言论到今天已经深深融入中国人的血液，其很多道理在当今社会依然有很强的指导价值。

评价

谈到世界人类唯一的智慧宝典，首推中国的《易经》，在科学方面，我们所得出的定律常常是短命的，或被后来的事实所推翻，唯独中国的《易经》亘古常新，相距六千年之久，依然具有价值，而与最新的原子物理学颇多相同的地方。（荣格）

习题

1. 填空题

（1）天地交而万物通也，＿＿＿＿＿＿＿＿。内阳而外阴，＿＿＿＿＿＿＿＿，内君子而外小人，君子道长，＿＿＿＿＿＿＿＿也。

（2）＿＿＿＿＿＿＿＿，＿＿＿＿＿＿＿＿，君子正也。唯君子为能通天下之志。

2. 讨论题

谈谈你对"君子道长，小人道消"和"小人道长，君子道消"的看法。

3. 思考题

（1）"刚健笃实辉光，日新其德，刚上而尚贤"是什么意思，对今天的人们有什么借鉴意义？

（2）每一部经典作品都有自己的语言风格，如《诗经》的"哀而不伤，乐而不淫"，如《论语》的"雍容和顺，纡徐含蓄"……那么你觉得《易经》的语言具有怎样的风格呢？

链接

http：//www.shicimingju.com/book/zhouyi.html
周易

一年之计，莫如树谷；十年之计，莫如树木；终身之计，莫如树人。

——管仲

述而（节选）

《论语》

孔子（前551—前479），名丘，字仲尼，春秋末期鲁国陬邑（今山东曲阜）人，中国古代思想家、教育家，儒家学派创始人。孔子思想的核心是"仁"，提倡"仁者爱人"和"忠恕"之道，并将"仁"纳入"礼"的范畴，认为没有"仁"，就谈不上"礼"。儒家思想对中国传统文化有着深远的影响，全世界的诸多有识之士也重视并钻研儒家文化。儒家思想的经典著作《论语》一书共二十篇，记录了孔子及其弟子的言行，全书以语录形式编成，不仅记录了孔子的政治思想，也展现了其卓越的教书育人理念。

一

子曰："默而识[1]之，学而不厌，诲[2]人不倦，何有于我哉[3]？"

二

子曰："德之不修，学之不讲，闻义不能徙[4]，不善不能改，是吾忧也。"

三

子曰："不愤[5]不启，不悱[6]不发。举一隅[7]不以三隅反，则不复也。"

四

子谓颜渊曰："用之则行，舍之则藏，惟我与尔有是夫！"子路曰："子行三军[8]，则谁与？"子曰："暴虎[9]冯河[10]，死而无悔者，吾不与也。必也临事而惧，好谋而成者也。"

五

子曰："富而可求也；虽执鞭之士[11]，吾亦为之。如不可求，从吾所好。"

六

子曰："饭疏食[12]饮水，曲肱[13]而枕之，乐亦在其中矣。不义而富且贵，于我如浮云。"

七

子曰："我非生而知之者，好古，敏以求之者也。"

八

子曰："圣人，吾不得而见之矣；得见君子者，斯可矣。"子曰："善人，吾不得而见之矣；得见有恒者，斯可矣。亡而为有，虚而为盈，约而为泰，难乎有恒矣。"

九

子曰："君子坦荡荡，小人长戚戚[14]。"

注释

[1] 识（zhì）：记住的意思。

[2] 诲：教诲。

[3] 何有于我哉：这些事我做到了哪些呢？

[4] 徙（xǐ）：迁移。此处指靠近、做到。

[5] 愤：苦思冥想而仍然领会不了的样子。

[6] 悱（fěi）：想说又不能明确说出来的样子。

[7] 隅（yú）：角落。

[8] 三军：是当时大国的军队，每军约一万二千五百人。

[9] 暴虎：空拳赤手与老虎进行搏斗。

[10] 冯河：无船而徒步过河。

[11] 执鞭之士：古代为天子、诸侯和官员出入时手执皮鞭开路的人。意思指地位低下的职事。

[12] 饭疏食：饭，这里是"吃"的意思，作动词。疏食即粗粮。

[13] 曲肱（gōng）：肱，胳膊，由肩至肘的部位。曲肱，即弯着胳膊。

[14] 长戚戚：经常忧愁、烦恼的样子。

赏析

《论语》虽然是语录体，但其中很多篇章形象生动，人物的思想常常通过表情、行为及言语自然地呈现出来。孔子是《论语》描述的中心，选文部分的"默而识之，学而不厌，诲人不倦"展现了孔子求学的坚韧和育人的耐心。"不愤不启，不悱不发。举一隅不以三隅反，不复也"展现了孔子超前的启发式教学方法。"富而可求也；虽执鞭之士，吾亦为之。如不可求，从吾所好"和"饭疏食饮水，曲肱而枕之，乐亦在其中矣。不义而富且贵，于我如浮云"展现了孔子重义轻利、是非分明的财富观。"暴虎冯河，死而无悔者，吾不与也。必也临事而惧，好谋而成者也"展现了孔子对有勇无谋的摒弃及对慎重智慧的推崇。"我非生而知之者，好古，敏以求之者也"则展现了孔子孜孜不倦的求学态度……仅仅通过选文，孔子好学、宽容、耐心、智慧、仁厚的形象便跃然纸上。正因如此，使得这本语录体的著作亦具有较强的艺术性。

《论语》的语言简练，用意深远，有一种雍容和顺、纡徐含蓄的风格。同时，其语言浅近易懂，接近口语。

 评价

论语者，五经之𫐓辖，六艺之喉衿也。（赵岐）

 习题

1. 填空题

（1）孔子是_____家学派的创始人，他的思想的核心是_____。

（2）《论语》的"论"的意思是_____，它记载了孔子及其弟子的言行，是一部_____体散文集。

2. 讨论题

你如何看待孔子用人"必也临事而惧，好谋而成者也"。

3. 思考题

（1）根据孔子的思想，你觉得应该怎样启发学生？

（2）选文记载了孔子的诸多言语，通过这些言语，你觉得孔子具有哪些性格特征？

 链接

https：//www.gushiwen.org/guwen/lunyu.aspx

论语

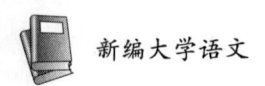

任何一项职业都不能像从事农耕和田园生活这样刺激人们对和平怀有浓厚和强烈的兴趣,而且它们还能使人充满着勇敢精神,愿为保卫自己的家园而战斗;同时还能消除蜕变为不义和贪婪行为的过度放纵。

——普卢塔克《希腊罗马名人传》

陈奂生上城

高晓声

 题解

高晓声(1928—1999)的创作多取材于苏南农村,他擅长描写农村生活,善于在普通农民的日常生活中发现并揭示具有重大意义的社会问题,探索我国农民坎坷曲折的命运与心路历程的变化。陈奂生系列小说(包括《"漏斗户"主》《陈奂生上城》《陈奂生转业》《陈奂生包产》《陈奂生战术》《种田大户》《陈奂生出国》等)反映农民陈奂生的人生历程。"上城"为其生活带来转机,"包产"使他找到归宿,"出国"则标志着他走向成熟。从这个人物的"人生三部曲"中,我们可以看出我国农村在经济体制改革中所发生的深刻变化和广大农民艰难行进的身影。《陈奂生上城》的故事发生在改革开放初期,农村经济政策的调整给广大农民带来实实在在的好处,农民的现实生活已得到了极大的改善并终于迈出了走向新生活的第一步,但物质生活的改善还未带来精神领域的提升,上城的陈奂生身上发生了一系列令人感叹唏嘘的故事。

一

"漏斗户主"陈奂生,今日悠悠上城来。

一次寒潮刚过,天气已经好转,轻风微微吹,太阳暖烘烘,陈奂生肚里吃得饱,身上穿得新,手里提着一个装满东西的干干净净的旅行包,也许是气力大,也许是包儿轻,简直像拎了束灯草,晃荡晃荡,全不放在心上。他个儿又高、腿儿又长,上城三十里,经不起他几晃荡;往常挑了重担都不乘车,今天等于是空身,自更不用说,何况太阳还高,到城嫌早,他尽量放慢脚步,一路如游春看风光。

他到城里去干啥?他到城里去做买卖。稻子收好了,麦垄种完了,公粮余粮卖掉了,口粮柴草分到了,乘这个空当,出门活动活动,赚几个活钱买零碎。自由市场开放了,他又不投机倒把,卖一点农副产品,冠冕堂皇。

他去卖什么?卖油绳[1]。自家的面粉,自家的油,自己动手做成的。今天做好今天卖,格啦嘣脆,又香又酥,比店里的新鲜,比店里的好吃,这旅行包里装的尽是它;还用小塑料袋包装好，有五根一袋的，有十根一袋的，又好看，又干净。一共六斤，卖完了，稳赚三元钱。

赚了钱打算干什么？打算买一顶簇新的、呱呱叫的帽子。说真话，从三岁以后，四十五年来，没买过帽子。解放前是穷，买不起；解放后是正当青年，用不着；"文化大革命"以来，肚子吃不饱，顾不上穿戴，虽说年纪到把，也怕脑后风了。正在无可奈何，幸亏有人送了他一顶"漏斗户主"帽，也就只得戴上，横竖不要钱。七八年决分以后，帽子不翼而飞，当时只觉得头上轻松，竟不曾想到冷。今年好像变娇了，上两趟寒流来，就缩头缩颈，伤风打喷嚏，日子不好过，非买一顶帽子不行。好在这也不是大事情，现在活路大，这几个钱，上一趟城就赚到了。

陈奂生真是无忧无虑，他的精神面貌和去年大不相同了。他是过惯苦日子的，现在开始好起来，又相信会越来越好，他还不满意么？他满意透了。他身上有了肉，脸上有了笑；有时候半夜里醒过来，想到囤里有米、橱里有衣，总算像家人家了，就兴致勃勃睡不着，禁不住要把老婆推醒了陪他聊天讲闲话。

提到讲话，就触到了陈奂生的短处，对着老婆，他还常能说说，对着别人，往往默默无言。他并非不想说，实在是无可说。别人能说东道西，扯三拉四，他非常羡慕。他不知道别人怎么会碰到那么多新鲜事儿，怎么会想得出那么多特别的主意，怎么会具备那么多离奇的经历，怎么会记牢那么多怪异的故事，又怎么会讲得那么动听。他毫无办法，简直犯了死症毛病，他从来不会打听什么，上一趟街，回来只会说"今天街上人多"或"人少"、"猪行里有猪"、"青菜贱得卖不掉"之类的话。他的经历又和村上大多数人一样，既不特别，又是别人一目了然的，讲起来无非是"小时候娘常打我的屁股，爹倒不凶""也算上了四年学，早忘光了""三九年大旱，断了河底，大家提鱼吃""四九年改朝换代，共产党打败了国民党"。"成亲以后，养了一个儿子、一个小女"……索然无味，等于不说。他又看不懂书；看戏听故事，又记不牢。看了《三打白骨精》，老婆要他讲，他也只会说："孙行者最凶，都是他打死的。"老婆不满足，又问白骨精是谁，他就说："是妖怪变的。"还是儿子巧，声明"白骨精不是妖怪变的，是白骨精变成的妖怪"，才算没有错到底。他又想不出新鲜花样来，比如种田，只会讲"种麦要用锄头捣碎泥块"。"莳秧—蔸莳六棵"……谁也不要听。再如这卖油绳的行当，也根本不是他发明的，好些人已经做过一阵了，怎样用料？怎样加工？怎样包装？什么价钱？多少利润？什么地方、什么时间买客多、销路好？都是向大家学来的经验。如果他再向大家夸耀，岂不成了笑话！甚至刻薄些的人还会吊他的背筋："嗳！连'漏斗户主'也有油、粮卖油绳了，还当新闻哩！"还是不开口也罢。

如今，为了这点，他总觉得比别人矮一头。黄昏空闲时，人们聚拢来聊天，他总只听不说，别人讲话也总不朝他看，因为知道他不会答话，所以就像等于没有他这个人。他只好自卑，他只有羡慕。他不知道世界上有"精神生活"这一个名词，但是生活好转以后，他渴望过精神生活。哪里有听的，他爱去听，哪里有演的，他爱去看，没听没看，他就觉得没趣。有一次大家闲谈，一个问题专家出了个题目："在本大队你最佩服哪一个？"他忍不住也答了腔，说："陆龙飞最狠。"人家问："一个说书的，狠什么？"他说："就为他能说书，我佩服他一张嘴。"引得众人哈哈大笑。

于是，他又惭愧了，觉得自己总是不会说，又被人家笑，还是不说为好。他总想，要是能碰到一件大家都不曾经过的事情，讲给大家听听就好了，就神气了。

二

当然，陈奂生的这个念头，无关大局，往往蹲在离脑门三四寸的地方，不大跳出来，只是在尴尬时冒一冒尖，让自己存个希望罢了。比如现在上城卖油绳，想着的就只是新帽子。

尽管放慢脚步，走到县城的时候，还只下午六点不到。他不忙做生意，先就着茶摊，出一分钱买了杯热茶，啃了随身带着当晚餐的几块僵饼，填饱了肚子，然后向火车站走去。一路游街看店，遇上百货公司，就弯进去侦察有没有他想买的帽子，要多少价钱。三爿店查下来，他找到了满意的一种。这时候突然一拍屁股，想到没有带钱。原先只想卖了油绳赚了利润再买帽子，没想到油绳未卖之前商店就要打烊；那么，等到赚了钱，这帽子就得明天才能买了。可自己根本不会在城里住夜，一无亲，二无眷，从来是连夜回去的，这一趟分明就买不成，还得光着头冻几天。

受了这点挫折，心情不挺愉快，一路走来，便觉得头上凉飕飕，更加懊恼起来。到火车站时，已过八点了。时间还早，但既然来了，也就选了一块地方，敞开包裹，亮出商品，摆出摊子来。这时车站上人数不少，但陈奂生知道难得会有顾客，因为这些都是吃饱了晚饭来候车的，不会买他的油绳，除非小孩嘴馋吵不过，大人才会买。只有火车上下车的旅客到了，生意才会忙起来。他知道九点四十分、十点半，各有一班车到站，这油绳到那时候才能卖掉，因为时近半夜，店摊收歇，能买到吃的地方不多，旅客又饿了，自然争着买。如果十点半卖不掉，十一点二十分还有一班车，不过太晏了，陈奂生宁可剩点回去也不想等，免得一夜不得睡，须知跑回去也是三十里啊。

果然不错，这些经验很灵，十点半以后，陈奂生的油绳就已经卖光了。下车的旅客一拥而上，七手八脚，伸手来拿，把陈奂生搞得昏头昏脑，卖完一算账，竟少了三角钱，因为头昏，怕算错了，再认真算了一遍，还是缺三角，看来是哪个贪小利拿了油绳未付款。他叹了一口气，自认晦气。本来他也晓得，人家买他的油绳，是不能向公家报销的，那要吃而不肯私人掏腰包的，就会要一点魔术，所以他总是特别当心，可还是丢失了，真是双拳不敌四手，两眼难顾八方。只好认了吧，横竖三块钱赚头，还是有的。

他又叹了口气，想动身凯旋回府。谁知一站起来，双腿发软，两膝打颤，竟是浑身无力。他不觉大吃一惊，莫非生病了吗？刚才做生意，精神紧张，不曾觉得，现在心定下来，才感浑身不适，原先喉咙嘶哑，以为是讨价还价喊哑的，现在连口腔上腭都像冒烟，鼻气火热；一摸额头，果然滚烫，一阵阵冷风吹得头皮好不难受。他毫无办法，只想先找杯热茶解渴。那时茶摊已无，想起车站上有个茶水供应地方，便硬撑着移步过去。到了那里，打开龙头，热水倒有，只是找不到茶杯。原来现在讲究卫生，旅客大都自带茶缸，车站上落得省劲，就把杯子节约掉了。陈奂生也顾不得卫生不卫生，双手捧起龙头里流下的水就喝。那水倒也有点烫，但陈奂生此时手上的热度也高，还忍得住，喝了几口，算是好过一点。但想到回家，竟是千难万难；平常时候，那三十里路，好像经不起脚板一颠，现在看来，真如隔了十万八千里，实难登程。他只得找个位置坐下，耐性受痛，觉得此番遭遇，完全错在忘记了带钱先买帽子，才受凉发病。一着走错，满盘皆输；弄得上不上下不下，进不得退不得，卡在这儿，真叫尴尬。万一严重起来，此地举目无亲，耽误就医吃药，岂不要送掉老命？可又一想，他陈奂生是个堂堂男子汉，一生干净，问心无愧，死了也口眼不闭；活在世上多种几年田，有益无害，完全应该提供宽裕的时间，没有任何匆忙的必要。想到这里，陈奂生高兴起来，他嘴巴干燥，笑不出声，只是两个嘴角，向左右同时咧开，露出一个微笑。那扶在椅上的右手，轻轻提了起来，像听到了美妙的乐曲似的，在右腿上赏心地拍了一拍，松松地吐出口气，便一头横躺在椅子上卧倒了。

三

一觉醒来，天光已经大亮，陈奂生肢体瘫软，头脑不清，眼皮发沉，喉咙痒痒地咳了几声；他懒得睁眼，翻了一个身便又想睡。谁知此身一翻，竟浑身颤了几顿，一颗心像被线穿着吊了几吊，牵肚挂肠。他用手一摸，身下贼软；连忙一个翻身，低头望去，证实自己猜得一点不错，是睡在一张棕绷大床上。陈奂生吃了一惊，连忙平躺端正，闭起眼睛，要弄清楚怎么会到这里来的。他好像有点印象，一时又糊涂难记，只得细细琢磨，好不容易才想出了县委吴书记和他的汽车，一下子理出头绪，把一串细关节脉都拉了出来。

原来陈奂生这一年真交了好运，逢到急难，总有救星。他发高烧昏睡不久，候车室门口就开来一部吉普车，载来了县委书记吴楚。他是要乘十二点一刻那班车到省里去参加明天的会议。到火车站时，刚只十一点四十分，吴楚也就不忙，在候车室徒步起来，那司机一向要等吴楚进了站台才走，免得他临时有事找不到人，这次也照例陪着。因为是半夜，候车室旅客不多，吴楚转过半圈，就发现了睡着的陈奂生。吴楚不禁笑了起来，他今秋在陈奂生的生产队里蹲了两个月，一眼就认出他来，心想这老实肯干的忠厚人，怎么在这儿睡着了？若要乘车，岂不误事。便走去推醒他；推了一推，又发现那屁股底下，垫着个瘪包，心想坏了，莫非东西被偷了？就着紧推他，竟也不醒。这吴楚原和农民玩惯了的，一时调皮起来，就去捏他的鼻子；一摸到皮肤热辣辣，才晓得他病倒了，连忙把他扶起，总算把他弄醒了。

这些事情，陈奂生当然不晓得。现在能想起来的，是自己看到吴书记之后，就一把抓牢，听到吴书记问他。"你生病了吗？"他点点头。吴书记问他："你怎么到这里来的？"他就去摸了摸旅行包。吴书记问他："包里的东西呢？"他就笑了一笑。当时他说了什么？究竟有没有说？他都不记得了；只记得吴书记好像已经完全明白了他的意思，便和驾驶员一同扶他上了车，车子开了一段路，叫开了一家门（机关门诊室），扶他下车进去，见到了一个穿白衣服的人，晓得是医生了。那医生替他诊断片刻，向吴书记笑着说了几句话

（重感冒，不要紧），倒过半杯水，让他吃了几片药，又包了一点放在他口袋里，也不曾索钱，便代替吴书记把他扶上了车，还关照说："我这儿没有床，住招待所吧，安排清静一点的地方睡一夜就好了。"车子又开动，又听吴书记说："还有十三分钟了，先送我上车站，再送他上招待所，给他一个单独房间，就说是我的朋友……"

陈奂生想到这里，听见自己的心扑扑跳得比打钟还响，合上的眼皮，流出晶莹的泪珠，在眼角膛里停留片刻，便一条线挂下来了。这个吴书记真是大好人，竟看得起他陈奂生，把他当朋友，一旦有难，能挺身而出，拔刀相助，救了他一条性命，实在难得。

陈奂生想，他和吴楚之间，其实也谈不上交情，不过认识罢了。要说有什么私人交往，平生只有一次。记得秋天吴楚在大队蹲点，有一天突然闯到他家来吃了一顿便饭，听那话音，像是特地来体验体验"漏斗户"的生活改善到什么程度的。还带来了一斤块块糖，给孩子们吃。细算起来，等于两顿半饭钱。那还算什么交情呢！说来说去，是吴书记做了官不曾忘记老百姓。

陈奂生想罢，心头暖烘烘，眼泪热辣辣，在被面上拭了拭，便睁开来细细打量这住的地方，却又吃了一惊。原来这房里的一切，都新堂堂、亮澄澄，平顶（天花板）白得耀眼，四周的墙，用青漆漆了一人高，再往上就刷刷白，地板暗红闪光，照出人影子来；紫檀色五斗橱，嫩黄色写字台，更有两张出奇的矮凳，比太师椅还大，里外包着皮，也叫不出它的名字来。再看床上，垫的是花床单，盖的是新被子，雪白的被底，崭新的绸面，呱呱叫三层新[2]。陈奂生不由自主地立刻在被窝里缩成一团，他知道自己身上（特别是脚）不大干净，生怕弄脏了被子……随即悄悄起身，悄悄穿好了衣服，不敢弄出一点声音来，好像做了偷儿，被人发现就会抓住似的。他下了床，把鞋子拎在手里，光着脚跑出去；又眷顾着那两张大皮椅，走近去摸一摸，轻轻捺了捺，知道里边有弹簧，却不敢坐，怕压瘪了弹不饱。然后才真的悄悄开门，走出去了。

到了走廊里，脚底已冻得冰冷，一瞧别人是穿了鞋走路的，知道不碍，也套上了鞋。心想吴书记照顾得太好了，这哪儿是我该住的地方！一向听说招待所的住宿费贵，我又没处报销，这样好的房间，不知要多少钱，闹不好，一夜天把顶帽子钱住掉了，才算不来呢。

他心里不安，赶忙要弄清楚。横竖他要走了，去付了钱吧。

他走到门口柜台处，朝里面正在看报的大姑娘说："同志，算账。"

"几号房间？"那大姑娘恋着报纸说，并未看他。

"几号不知道。我住在最东那一间。"

那姑娘连忙丢了报纸，朝他看看，甜甜地笑着说："是吴书记汽车送来的？你身体好了吗？"

"不要紧，我要回去了。"

"何必急，你和吴书记是老战友吗？你现在在哪里工作？……"大姑娘一面软款款地寻话说，一面就把开好的发票交给他。笑得甜极了。陈奂生看看她，真是绝色！

但是，接到发票，低头一看，陈奂生便像给火钳烫着了手。他认识那几个字，却不肯相信。"多少？"他忍不住问，浑身燥热起来。

"五元。"

"一夜天？"他冒汗了。

"是一夜五元。"

陈奂生的心，忐忑忐忑大跳。"我的天！"他想，"我还怕困掉一顶帽子，谁知竟要两顶！"

"你的病还没有好，还正在出汗呢！"大姑娘惊怪地说。

千不该，万不该，陈奂生竟说了一句这样的外行语："我是半夜里来的呀！"

大姑娘立刻看出他不是一个人物，她不笑了，话也不甜了，像菜刀剁着砧板似的笃笃响着说："不管你什么时候来，横竖到今午十二点为止，都收一天钱。"这还是客气的，没有嘲笑他，是看了吴书记的面子。

陈奂生看着那冷若冰霜的脸，知道自己说错了话，得罪了人，哪里还敢再开口，只得抖着手伸进袋里去摸钞票，然后细细数了三遍，数定了五元；交给大姑娘时，那外面一张人民币，已经半湿了，尽是汗。

这时大姑娘已在看报，见递来的钞票太零碎，更皱了眉头。但她还有点涵养，并不曾说什么，收进去了。

陈奂生出了大价钱，不曾讨得大姑娘欢喜，心里也有点忿忿然。本想一走了之，想到旅行包还丢在房间里，就又回过来。

推开房间，看看照出人影的地板，又站住犹豫："脱不脱鞋？"一转念，忿忿想道："出了五块钱呢！"再也不怕弄脏，大摇大摆走了进去，往弹簧太师椅上一坐："管它，坐瘪了不关我事，出了五元钱呢。"

他饿了，摸摸袋里还剩一块僵饼，拿出来啃了一口，看见了热水瓶，便去倒一杯开水和着饼吃。回头看刚才坐的皮凳，竟没有瘪，便故意立直身子，扑通坐下去……试了三次，也没有坏，才相信果然是好家伙。便安心坐着啃饼，觉得很舒服，头脑清爽，热度退尽了，分明是刚才出了一身大汗的功劳。他是个看得穿的人，这时就有了兴头，想道："这等于出晦气钱——譬如买药吃掉！"

啃完饼，想想又肉痛起来，究竟是五元钱哪！他昨晚上在百货店看中的帽子，实实在在是二元五一顶，为什么睡一夜要出两顶帽钱呢？连沈万山[3]都要住穷的；他一个农业社员，去年工分单价七角，因一夜做七天还要倒贴一角，这不是开了大玩笑！从昨半夜到现在，总共不过七八个钟头，几乎一个钟头要做一天工，贵死人！真是阴错阳差，他这副骨头能在那种床上躺尸吗！现在别的便宜占不着，大姑娘说可以住到十二点，那就再困吧，困到足十二点走，这也是捞着多少算多少。对，就是这个主意。

这陈奂生确是个向前看的人，认准了自然就干，但刚才出了汗，吃了东西，脸上嘴上，都不惬意，想找块毛巾洗脸，却没有。心一横，便把提花枕巾捞起来干擦了一阵，然后衣服也不脱,就盖上被头困了,这一次再也不怕弄脏了什么,他出了五元钱呢。——即使房间弄成了猪圈,也不值!

可是他睡不着,他想起了吴书记。这个好人,大概只想到关心他,不曾想到他这个人经不起这样高级的关心。不过人家忙着赶火车,哪能想得周全!千怪万怪,只怪自己不曾先买帽子,才伤了风,才走不动,才碰着吴书记,才住招待所,才把油绳的利润用光,连本钱也蚀掉一块多……那么,帽子还买不买呢?他一狠心:买,不买还要倒霉的!

想到油绳,又觉得肚皮饿了。那一块僵饼,本来就填不饱,可惜昨夜生意太好,油绳全卖光了,能剩几袋倒好;现在懊悔已晚,再在这床上困下去,会越来越饿,身上没有粮票,中饭到哪里去吃!到时候饿得走不动,难道再在这儿住一夜吗?他慌了,两脚一踹,把被头踢开,拎了旅行包。开门就走。此地虽好,不是久恋之所,虽然还剩得有二三个钟点,又带不走,忍痛放弃算了。

他出得门来,再无别的念头,直奔百货公司,把剩下来的油绳本钱,买了一顶帽子,立即戴在头上,飘然而去。

一路上看看野景,倒也容易走过;眼看离家不远,忽然想到这次出门,连本搭利,几乎全部搞光,马上要见老婆,交不出账,少不得又要受气,得想个主意对付她。怎么说呢?就说输掉了;不对,自己从不赌。就说吃掉了;不对,自己从不死吃。就说被扒掉了;不对,自己不当心,照样挨骂。就说做好事救济了别人;不对,自己都要别人救济。就说送给一个大姑娘了,不对,老婆要犯疑……那怎么办?

陈奂生自问自答,左思右想,总是不妥。忽然心里一亮,拍着大腿,高兴地叫道:"有了。"他想到此趟上城,有此一番动人的经历,这五块钱花得值透。他总算有点自豪的东西可以讲讲了。试问,全大队的干部、社员,有谁坐过吴书记的汽车?有谁住过五元钱一夜的高级房间?他可要讲给大家听听,看谁还能说他没有什么讲的!看谁还能说他没见过世面了!看谁还能瞧不起他!唔!……他精神陡增,顿时好像高大了许多。老婆已不在他眼里了;他有办法对付,只要一提到吴书记,说这五块钱还是吴书记看得起他,才让他用掉的,老婆保证服帖。哈,人总有得意的时候,他仅仅花了五块钱就买到了精神的满足,真是拾到了非常的便宜货,他愉快地划着快步,像一阵清风荡到了家门。

果然,从此以后,陈奂生的身份显著提高了,不但村上的人要听他讲,连大队干部对他的态度也友好得多,而且,上街的时候,背后也常有人指点着他告诉别人说:"他坐过吴书记的汽车。"或者"他住过五元钱一天的高级房间。"……公社农机厂的采购员有一次碰着他,也拍拍他的肩胛说:"我就没有那个运气,三天两头住招待所,也住不进那样的房间。"

从此,陈奂生一直很神气,做起事来,更比以前有劲得多了。

注释

[1] 油绳:一种油煎的面食,即麻花。

［2］三层新：被面、被里、被絮都是新的。
［3］沈万山：民间传说里的大富翁。

赏析

本篇《陈奂生上城》非常成功地塑造了典型环境中的"陈奂生"这个典型人物形象及其典型的性格。改革开放初期的陈奂生摆脱了贫困，实现了基本的温饱，他已经摘掉了"漏斗户主"的帽子，"屯里有米，橱里有衣"，抽空还可以进城卖农副产品。随着物质生活的改善，他开始有了精神上的追求，希望提高自己在人们心目中的地位，于是总想能"碰到一件大家都不曾经过的事情"。这事终于在他上城时"碰"上了：因偶感风寒而坐了县委吴书记的汽车，住上了招待所五元钱一夜的高级房间。在心痛和"报复"之余，他"忽然心里一亮"，觉得今后"总算有点自豪的东西可以讲讲了"，于是"精神陡增，顿时好像高大了许多"。作品描写的这一系列行为，完全符合刚刚解决了温饱问题、手里有一点点钱和刚刚打开眼界的农民形象。陈奂生淳朴实在，只想通过自己的诚实劳动来换取一点经济上的补充。然而质朴的陈奂生又是狭隘的，当他无奈地支付了五元钱的高昂住宿费后，便使出浑身解数进行报复，好让自己觉得这五元钱的每一分都花得物有所值，自己一点也没吃亏。最后他又用五块钱买到了精神满足来安慰自己并取得了心理上的平衡，如此的精神满足法实与阿Q的精神胜利法一脉相承。陈奂生无疑是那个时代农民的代表，他这种淳朴又狭隘的性格无疑是那个时代一批人而不仅仅是农民的特征，甚至时至今日，陈奂生也能代表某些生怕吃一点亏的人的形象。陈奂生这个人物形象生动、典型、栩栩如生，具有极高的艺术成就。

本文文笔简练幽默，格调寓庄于谐，在新时期文苑独树一帜，被视为农村题材反思小说、改革小说的代表之作。在读到陈奂生的这段奇遇时，我们真是啼笑皆非，笑中有泪，泪中带笑。正如作者本人所说："我写《陈奂生上城》，我的情绪轻快而又沉重，高兴而又慨叹。我轻快、我高兴的是，我们的情况改善了，我们前进了；我沉重、我慨叹的是，无论是陈奂生们或我自己，都还没有从因袭的重负中解脱出来。这篇小说，解剖了陈奂生也解剖了我自己，希望借此来提高陈奂生和我的认识水平、觉悟程度，求得长进。"这段肺腑之言，正是作品的题旨所在，反映了作者对陈奂生们的精神世界的严肃探索和对我国农民命运的深沉思考。

评价

《陈奂生上城》全面地显示出高晓声的才气，使他在描绘农村面貌和成功地塑造农民典型方面占有新时期文学史上第一流的位子。（阎纲）

 习题

1. 填空题

（1）陈奂生系列小说包括《"漏斗户"主》《_____》《_____》《_____》《陈奂生战术》《种田大户》《陈奂生出国》等，反映农民陈奂生的人生历程。

（2）《陈奂生上城》主要讲述了_____、_____和_____三个故事情节。

2. 讨论题

陈奂生这个艺术形象具有怎样的代表性？谈谈你对陈奂生们的性格特征的看法。

3. 思考题

（1）陈奂生有哪些性格特征？

（2）本小说采用了哪些表现手法来烘托主题？

 链接

http：//www.chinawriter.com.cn/n1/2019/0823/c427894-31312168.html

陈奂生的魅力

第二部分
立德树人篇

第五章　精忠报国勇自强

 导读

中国传统文化与中华民族精神相互联系、不可分割。民族精神并非孤立、片面地存在着，它与传统文化紧密相连，以中国传统文化为载体，渗透在我们民族的优秀文化的各个方面，并借助优秀文化的传播得以弘扬。中国传统文化是中华民族精神的依托，中华民族精神蕴藏于中国传统文化之中，培育中华民族精神是继承中国传统文化的重要方式。

中华民族是世界上最富有爱国主义光荣传统的伟大民族。千百年来，中华儿女就以自己的无限忠诚履行着对祖国的责任和义务，并在保卫祖国、建设祖国、报效祖国的伟大实践中体现自己的爱国情操，实现个人的人生价值。爱国主义精神始终激励着人们前赴后继，为民族的振兴和社会的进步不懈奋斗。爱国主义是我们国家发展和社会进步取之不尽用之不竭的强大精神力量，是全国各族人民共同的精神支柱。在中华民族5 000年的文明史中，各民族都涌现出不计其数的爱国仁人志士，他们为国家和民族的生死存亡做出了杰出的历史贡献，垂范后世，被传颂千古。陆游的"位卑未敢忘忧国"，岳飞的"精忠报国"，文天祥的"人生自古谁无死，留取丹心照汗青"，顾炎武的"天下兴亡，匹夫有责"，鲁迅的"我以我血荐轩辕"，这些爱国情操无不为一代代中华儿女所传颂，无不被一代代华夏儿女所发扬光大。

从"知其不可而为之"（孔子），"天行健，君子以自强不息"（《周易·乾》），到"十年饮冰，难凉热血"的梁启超，蕴涵其中的是一脉相承的积极进取精神，表现出强烈的社会责任感和历史使命感，并扩展为民族品格和民族精神。即使是早期神话故事如"夸父逐日""精卫填海"等也反映了先民们征服时间、空间阻隔的愿望，体现了中华民族自强不息的进取精神。而历史上坚忍不拔、宁死不屈的真实人物更是层出不穷，从悲剧英雄项羽到为其著书立传的司马迁，皆是如此。同时，当我们放眼世界，发现这种自强不息的精神品质同样也是其他国家和民族所赞扬和推崇的。有自幼盲聋却坚持阅读和写作并激励了无数人的海伦·凯勒，有全身瘫痪不能说话的著名物理学家史蒂芬·霍金，还有众所周知的耳聋的伟大音乐家贝多芬。这些人物的事迹以及他们的作品，让人们在困境中获得坚持下去的力量。

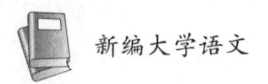

言人当立功、立事，尽力为国，不可念私。

——李善《六臣注文选》

白马篇[1]

曹植

 题解

曹植（192—232），字子建，沛国谯（今安徽省亳州市）人。三国曹魏著名文学家，建安文学代表人物。魏武帝曹操之子，魏文帝曹丕之弟，生前曾为陈王，去世后谥号"思"，因此又称陈思王。后人因他文学上的造诣而将他与曹操、曹丕合称为"三曹"，南朝宋文学家谢灵运更有"天下才有一石，曹子建独占八斗"的评价。王士祯尝论汉魏以来二千年间诗家堪称"仙才"者，曹植、李白、苏轼三人耳。《白马篇》具体的写作年代难以考证，但从题材和风格来看，当属曹植青年时代的作品。

白马饰金羁[2]，连翩[3]西北驰。借问谁家子，幽并[4]游侠儿。
少小去乡邑[5]，扬声沙漠垂[6]。宿昔秉[7]良弓，楛矢何参差[8]。
控弦[9]破左的，右发摧月支[10]。仰手接飞猱[11]，俯身散马蹄[12]。
狡捷[13]过猴猿，勇剽若豹螭[14]。边城多警急，虏骑数[15]迁移。
羽檄[16]从北来，厉马[17]登高堤。长驱蹈[18]匈奴，左顾凌鲜卑[19]。
弃身[20]锋刃端，性命安可怀[21]？父母且不顾，何言子与妻！
名编壮士籍[22]，不得中顾私[23]。捐躯赴[24]国难，视死忽如归！

注释

[1] 白马篇：又名"游侠篇"，是曹植创作的乐府新题，属《杂曲歌·齐瑟行》，以开头二字名篇。

[2] 金羁（jī）：金饰的马笼头。

[3] 连翩（piān）：连续不断，原指鸟飞的样子，这里用来形容白马奔驰的俊逸形象。

[4] 幽并：幽州和并州。在今河北、山西、陕西一带。

[5] 去乡邑：离开家乡。

[6] 扬声：扬名。垂：同"陲"，边境。

[7] 昔：早晚。秉：执、持。

[8] 楛（hù）矢：用楛木做成的箭。何：多么。参差（cēncī）：长短不齐的样子。
[9] 控弦：开弓。的：箭靶。
[10] 摧：毁坏。月支：箭靶的名称。左、右是互文见义。
[11] 接：接射。飞猱（náo）：飞奔的猿猴。猱，猿的一种，行动轻捷，攀缘树木，上下如飞。
[12] 散：射碎。马蹄：箭靶的名称。
[13] 狡捷：灵活敏捷。
[14] 勇剽（piāo）：勇敢剽悍。螭（chī）：传说中形状如龙的黄色猛兽。
[15] 虏骑（jì）：指匈奴、鲜卑的骑兵。数（shuò）迁移：指经常进兵入侵。数，经常。
[16] 羽檄（xí）：军事文书，插鸟羽以示紧急，必须迅速传递。
[17] 厉马：扬鞭策马。
[18] 长驱：向前奔驰不止。蹈：践踏。
[19] 顾：看。凌：压制。鲜卑：中国东北方的少数民族，东汉末成为北方强族。
[20] 弃身：舍身。
[21] 怀：爱惜。
[22] 籍：名册。
[23] 中顾私：心里想着个人的私事。中，内心。
[24] 捐躯：献身。赴：奔赴。

赏析

《白马篇》是乐府歌辞，又作《游侠篇》，因为这首诗的内容写的是边塞游侠的忠勇。诗中塑造了一个武艺精熟的爱国壮士形象，实际上也是作者自己的理想化身。诗中歌颂了他为国献身、视死如归的高尚品格，寄托了诗人为国建功立业的雄心壮志。

主人公的出场就极具美感，诗人不写游侠而写马，首句"白马饰金羁，连翩西北驰"，使用了"白马""金羁"这些具有色彩形象的词语，仿佛在读者眼前打开了一幅色彩浓烈的画卷。随着骏马驰骋由远及近，我们的主人公才正式亮相。紧接着诗人用设问的方式介绍了这白马上的少年的身份，并不吝笔墨地描绘了游侠的武艺高强，身手敏捷，勇武过人。然而诗人知道，仅仅是武功厉害算不上真正的"侠"，正如金庸小说里对侠的定义"侠之大者，为国为民"。因此游侠的一身本领正是要用在保家卫国的战场上，"捐躯赴国难，视死忽如归"，不仅抛家舍业，甚至连生死也置之度外，至此游侠的形象升华到一个新的境界。从司马迁笔下的劫富济贫、扶危济困的民间游侠（《游侠列传》），转变成为精忠报国、视死如归的英雄游侠。诗中的"慷慨"之气，是积极向上的精神，构成了诗歌的"骨气"，后人所推崇的"建安风骨"也正是这种精神。

曹植生在大动荡的时代，他自己就曾说"生于乱，长于军"。但同时他又是在有浓厚文学氛围的家庭里长大的，十岁便能诵读诗论辞赋数十万言。曹植与哥哥曹丕以及一班幕僚，如"建安七子"，常常聚会，互相赠答。而他们常用的文学形式就是五言诗，这是从乐府歌谣发展出来的新诗体，适应了新的时代风尚。由于五言诗来源于民间，相对比较通俗，曹植对其进行了提炼和加工，去芜存菁，代表了建安诗歌的最高水平。

评价

此寓意于幽并游侠，实自况也。子建《自试表》云：昔从武皇帝，南极赤岸，东临沧海，西望玉门，北出玄塞，伏见所以用兵之势，可谓神妙。而志在擒权馘亮，虽身分蜀境，首悬吴阙，犹生之年。篇中所云"捐躯赴难，视死如归"，亦子建素志，非泛述矣。（朱乾：《乐府正义》卷十二）

习题

1. 填空题

（1）作者曹植，字_____，后世又称_____，与_____、_____合称"三曹"。

（2）"控弦破左的，右发摧月支。仰手接飞猱，俯身散马蹄。"诗句中的"的""月支""马蹄"都指的是_____。

2. 讨论题

（1）诗中赞颂的这位征战沙场、为国杀敌的主人公为什么是游侠的身份，而不是一位将军或者士兵？

（2）曹植作为一位才华横溢的文学家而名垂史册，然而他的理想却是在政治上有所建树，那么你认为曹植会是一个优秀的政治家吗？

3. 思考题

王国维称"一代有一代之文学"，那么曹植诗歌中所体现出的"建安风骨"，与当时的时代背景有怎样的联系？

4. 写作题

请以诗歌中"游侠儿"的形象为基础，写一篇关于这位少年游侠的小故事，描绘一下你心目中的游侠形象。

链接

https：//www.docin.com/p-1209262493.html
建安时代英雄主义的赞歌——略谈曹植《白马篇》

第二部分　立德树人篇

生当作人杰，死亦为鬼雄。至今思项羽，不肯过江东。

——李清照

垓下之围

司马迁

题解

《项羽本纪》是《史记》中最著名的人物传记之一。这里所节选的垓下之围部分，是《史记》中最为精彩的文字之一。它通过叙写项羽一生中的最后经历——垓下被围、东城激战和乌江自刎，刻画了这个盖世英雄骁勇善战而又富于人情味的形象，展示了其复杂的内心世界。司马迁不以成败论英雄，在对项羽作盖棺定论时，既肯定了项羽起兵灭秦的重大历史功绩，又批评了他缺乏政治远见、专恃武力以经营天下的致命错误。全文笼罩着一种悲怆伤感的情调，极具打动人心的力量。

项王军壁[1]垓下[2]，兵少食尽，汉军及诸侯兵围之数重。夜闻汉军四面皆楚歌[3]，项王乃大惊曰："汉皆已得楚乎？是何楚人之多也！"项王则夜起，饮帐中。有美人名虞，常幸从[4]；骏马名骓[5]，常骑之。于是项王乃悲歌慷慨[6]，自为诗曰："力拔山兮气盖世，时不利兮骓不逝[7]；骓不逝兮可奈何，虞兮虞兮奈若何[8]！"歌数阕[9]，美人和之。项王泣数行下，左右皆泣，莫[10]能仰视。

于是项王乃上马骑[11]，麾下[12]壮士骑从者八百余人，直夜[13]溃围[14]南出，驰走。平明[15]，汉军乃觉之，令骑将灌婴以五千骑追之。项王渡淮，骑能属者[16]百余人耳。项王至阴陵[17]，迷失道，问一田父[18]，田父绐[19]曰："左。"左，乃陷大泽中，以故汉追及之。项王乃复引兵而东，至东城[20]，乃有二十八骑。汉骑追者数千人。项王自度[21]不得脱[22]，谓其骑曰："吾起兵至今八岁[23]矣，身[24]七十余战，所当者[25]破，所击者服，未尝败北，遂霸有天下。然今卒[26]困于此，此天之亡我，非战之罪也。今日固决死，愿为诸君快战[27]，必三胜之，为诸君溃围，斩将，刈[28]旗，令诸君知天亡我，非战之罪也。"乃分其骑以为四队，四向[29]。汉军围之数重。项王谓其骑曰："吾为公取彼一将。"令四面骑驰下，期[30]山东[31]为三处[32]。于是项王大呼驰下，汉军皆披靡[33]，遂斩汉一将。是时，赤泉[34]侯为骑将，追项王，项王瞋目而叱之，赤泉侯人马俱惊，辟易数里。与其骑会为三处。汉军不知项王所在，乃分军为三，复围之。项王乃驰，复斩汉一都尉，杀数十百人，复聚其骑，亡其两骑耳。乃谓其骑曰："何如？"骑皆伏曰："如大王言！"

于是项王乃欲东渡乌江。乌江亭长舣[35]船待，谓项王曰："江东虽小，地方千里[36]，

77

众数十万人，亦足王也。愿大王急渡。今独臣有船，汉军至，无以渡。"项王笑曰："天之亡我，我何渡为！且籍与江东子弟八千人渡江而西，今无一人还，纵江东父兄怜[37]而王我，我何面目见之？纵彼不言，籍独不愧于心乎？"乃谓亭长曰："吾知公长者。吾骑此马五岁，所当无敌，尝一日行千里，不忍杀之，以赐公。"乃令骑皆下马步行，持短兵接战。独籍所杀汉军数百人。项王身亦被[38]十余创，顾见汉骑司马吕马童，曰："若非吾故人乎？"马童面之，指王翳曰："此项王也。"项王乃曰："吾闻汉购我头千金，邑万户，吾为若德。"乃自刎而死。王翳取其头，余骑相蹂践争项王，相杀者数十人。最其后，郎中骑杨喜，骑司马吕马童，郎中吕胜、杨武各得其一体。五人共会其体，皆是，故分其地为五：封吕马童为中水侯，封王翳为杜衍侯，封杨喜为赤泉侯，封杨武为吴防侯，封吕胜为涅阳侯。

注释

[1] 壁：营垒；此处用作动词，即在……扎营。

[2] 垓下：地名，在今安徽灵璧东南。

[3] 四面皆楚歌：四面八方都响起用楚方言所唱的歌曲。喻指楚人多已降汉。

[4] 幸从：得到宠爱，跟随在项羽身边。

[5] 骓（zhuī）：毛色黑白相间的马。这里是以毛色为马命名。

[6] 慷慨：悲愤激昂。

[7] 逝：奔驰。

[8] 奈若何：将你怎么办。若，你。

[9] 数阕（què）：好几遍。乐曲终止叫阕。

[10] 莫：没有人。

[11] 骑（jì）：名词，一人一马为一骑。

[12] 麾下：部下。

[13] 直夜：当夜。直，介词，当……的时候。

[14] 溃围：突破重围。

[15] 平明：天亮时。

[16] 骑能属者：能跟从而来的骑兵。属，随从。

[17] 阴陵：秦时地名，在今安徽定远县西北。

[18] 田父：农夫。

[19] 绐（dài）：古同"诒"，欺骗、诈骗。

[20] 东城：秦时地名，在今安徽定远县东南。

[21] 度（duó）：揣测，估计。

[22] 脱：脱身。

[23] 岁：年。

[24] 身：亲身参加。

[25] 所当者：所遇到的敌方。

[26] 卒：最终。

[27] 快战：痛痛快快地打一仗。

[28] 刈（yì）：割，砍。

[29] 四向：向着四面。

[30] 期：约定。

[31] 山东：山的东面。

[32] 为三处：意谓分三处集合。

[33] 披靡：如草随风而倒，形容惊溃散乱的样子。

[34] 赤泉：地名，在今河南淅川西。

[35] 舣：使船靠岸。

[36] 地方千里：土地方圆千里。

[37] 怜：同情。

[38] 被：遭受。

赏析

　　《项羽本纪》是《史记》中最精彩的篇章之一，而《垓下之围》是《项羽本纪》中的最后一个部分，尤为出彩。司马迁通过几个典型环境中的典型事件，多层次、多角度地塑造了项羽的英雄形象，使其更加完整、更加立体，还原了一个生动复杂的人物。在"迷失道""自度不得脱"时，只是为了证明自己的失败"非战之罪"而与汉军决一死战；当项羽认识到大势已去无力回天之时，尽管放弃了对东山再起的追求，却坚持为个人的尊严和荣誉奋战到最后。这不是项羽作为败军之将的垂死挣扎，而是闪耀着生命力量的最后绝响。这也是为什么在世人心中，项羽虽败，仍是英雄。死战与自刎，坚持与放弃，项羽看似前后矛盾的选择，实质上是项羽贵族精神的体现。他的失败如此惨烈，如此悲壮，如此伟大。项羽身上所体现出的悲剧性和崇高感的美学意蕴，与古希腊史诗中的悲剧英雄阿喀琉斯异曲同工。

　　司马迁是讲故事的高手，擅长对情节的安排和选择，以及对叙事的节奏把握，张弛有度，欲扬先抑。当项羽被汉军重重围困，四面楚歌，生死命悬一线时，在这种极度压抑紧张的环境下，司马迁却生动地描绘了项羽与虞姬相伴，慷慨悲歌的情景，愈发强烈突显出英雄末路的悲壮之感。在其后的突围战以及最后的死战这种紧迫的扣人心弦的情节发展过程中，又穿插了两个片段，一个是问路于田父，一个是与乌江亭长的对话，也留下了一句千古名言"无颜见江东父老"，使情节有了戏剧性的张力。

评价

"羽之神勇,千古无二;太史公以神勇之笔,写神勇之人,亦千古无二。""后之作史者,谁有此笔力?"(李晚芳:《读史管见》卷一)

 习题

1. 填空题

(1) 本文节选自司马迁所著_____中的_____;这部史书被鲁迅誉为"_____,_____"。

(2) 本文主要描写了项羽英雄末路的三个场景,发生的地点分别是_____、_____、_____。

2. 讨论题

(1) 尽管楚汉之争最终是刘邦取得了胜利,但是后世往往更倾向于把项羽看作英雄,这是什么原因造成的?

(2) 有人认为项羽因"无颜见江东父老"而放弃东山再起的机会是一种懦弱的表现,你怎么看?

3. 思考题

(1) 本文主要描写了哪几个场面?这些场面各表现了项羽怎样的性格?

(2)《史记》被誉为"史家之绝唱,无韵之离骚",说明司马迁在真实记录历史的同时兼顾了文学性,尤其是对历史人物的描写。试分析作者都用了哪些写作手法来塑造人物形象。

 链接

http://www.guoxue.com/?p=30184

韩兆琦:怎样读《史记》

> 切莫垂头丧气,即使失去了一切,你还握有未来。
>
> ——奥斯卡·王尔德

假如给我三天光明

(美)海伦·凯勒 林海岑 译

海伦·凯勒(1880—1968),美国著名盲聋女作家,同时也是一位慈善家和社会活动家。在她一生的88年里有87年生活在黑暗之中,然而她没有向命运屈服,她以自强不息的顽强毅力,不仅从哈佛大学德克利夫学院毕业,而且终生致力于社会慈善事业,建起了一家家慈善机构,为残疾人造福。她被美国《时代》周刊评选为"美国百大英雄偶像",并荣获美国公民最高荣誉之一的"总统自由勋章"。海伦·凯勒一生虽然面对着巨大的障碍,但是她在他人的辅助下进行了大量的阅读和创作,掌握了五国语言,写了14部著作。本文是她最著名的一篇散文,写成于1933年。这部充满"正能量"的作品,发表之后带给人们极大的鼓舞和感动。

一

我们所有人都曾读过些动人心弦的故事,讲述主人翁们余时不多的有限生命,或是仅余一年,或是仅余一日。其中最能引我们入胜的,往往是如此一个疑问:这些已被录入死神裁决书的人们是如何度过他们最后的时日的?当然,我并非在说那些被严酷地限制着人身自由的犯人,这里我所要谈到的,是自由如我们这样,有着充分选择权的人们。

这样的故事让我们思考:如果有一天,相同的情境里带入了我们自己,我们在生命仅剩的片段中,该做些什么,想些什么?当我们回首过往,看见的又会是如何的幸福,如何的遗憾?

有时我会想,也许最好的生活方式便是将每一天当作自己的末日。用这样的态度去生活,生命的价值方可得以彰显。我们本应该纯良知恩、满怀激情地过好每一天,然而一日循着一日,一月接着一月,一年更似一年,这些品质往往被时间冲淡。当然也有人自得其乐于伊壁鸠鲁派[1]"人生得意须尽欢"的生活,但死亡的迫近往往能让大多数人惶惶恐恐不可终日。

在故事中,主人翁通常会在命悬一刻时得到幸运女神的垂青,但他的价值观也总是因此而改变——生命的意义与其永生的精神价值将在他心中升华凝结。我们常注意到,那些过去曾经,或是如今正活在死亡阴影之下的人们,他们每做一件小事,都充盈着甜蜜的动力。

然而，我们大多数人都将生命视作天经地义、理所应当。我们知道有一天我们必将溘然长逝，但我们觉得那一天是在遥远的未来！在我们年壮身强的日子里，死亡是不可想象的。我们也很少去思考它。时间无限地向前延展，我们做着这些那些琐琐碎碎的事，根本觉察不到我们对生活的冷漠。

恐怕当我们在利用自己的感官和能力之时，也是同样地懒惰。只有聋子才珍惜听觉，只有盲人才能够体会光明那无尽的美好。对于那些在成年之后才失去听觉或是视力的人们更是如此。那些从未在视觉和听觉方面感受过障碍的人们，往往很少充分利用自己这些天赐的珍贵能力。他们的眼睛和耳朵模糊地吸收着所见的事物和听到的声音，不集中注意力，也不心存感激。常言说，失去之后方知珍惜，久病卧床才知要强身健体，正是如此啊！

我常常会想，如果让一个刚刚成年的人盲上些日子，或是聋上些日子，这或许也是种恩赐。因为黑暗将使他更加珍惜光明，而一片死寂才更能让他体会到声音的可贵。

时不时地，我会询问我那些有正常视力的朋友们，问他们看见了什么。最近，一位挚友从林中散步归来，前来探访我，我便问她看到了什么。"没什么特别的呀。"她答道。其实对这样的回答我早已习惯，因为长时间以来，我已慢慢知道，视力正常的人看不见什么东西。

我问自己，以常人的视力享受了一个小时的林中漫步而没有发现任何值得看的事物，这怎么可能？我这个看不见东西的盲人，尚能通过触摸发觉到成百上千充满趣味的事物。我曾感受叶子精巧的对称，我也曾细抚白桦柔滑的皮肤和松树粗糙不平的表皮。春日里我渴望在树干上发现一簇嫩芽，因为那预示着久经寒冬的大自然正从长眠中醒来。我感受着花瓣们令人惊喜的天鹅绒般的触感，发觉它们特别的弧线，领略大自然的鬼斧神工。偶尔，当我将双手放在小树上的时候，还能幸运地感受到高歌的鸟儿身体那愉悦的颤抖。当清凉的小溪水从我指间流过，我更是满心欢喜。苍翠的松针或柔嫩的青草铺就的郁郁葱葱的地毯，比奢华美丽的波斯地毯还要让我倾心。对我而言，一年四季壮美的变换就是一出动人心弦、永不会落幕的戏剧，情节如小溪流的水一般，顺着我指尖缓缓流过。

有时我是如此渴望目睹这一切。仅凭触摸便能得到如此多的欢乐，若是能够亲眼看见，又将是多么地美好。然而视力正常的人们却什么也看不见，世界的五光十色、光怪陆离对他们来说只是理所应当的存在。也许人类的悲哀便在于此，拥有的东西不去珍惜，对于得不到的却永远渴望。在触得到光明的世界里，上天赋予的视力并非为很完美的生活锦上添花的手段，而只是一个便利，这真是太遗憾了。

如果我是大学校长，我一定会开设必修课"如何使用你的眼睛"。教授们应该教导学生如何唤醒自己因沉睡已久而变得迟钝的感官，来抓住那些曾经无声流逝而不被重视的美好，从而使自己的生活更加幸福。

二

或许,让我来想象一下——这会让我说得更清楚,假如给我光明,就短短三天吧,我最想看到的是什么。当我这样想象的时候,你或许也会跟着我一起想象,假如仅剩下三天光明,你将如何利用自己的眼睛。如果第三天的长夜结束之后,你将永远不能再看见日出,这宝贵的三天你又将如何度过?你最希望凝视的,将是什么呢?

当然,我最想看见的是在我多年黑暗的日子里变得弥足珍贵的东西。我想你也希望能够多看看对于自己来说最宝贵的事物,这样,你就可以将这些美好的记忆在接连而来的黑暗中永远保留下来。

如果奇迹真的让我获得了三天光明,而随后我的生活又将归于黑暗,我会将这宝贵的时间分为三份。

第一天,我要看看每一个善待我、陪伴我的人,感谢他们让我的生命变得有意义。首先,我想长时间凝视安妮·沙利文·梅西夫人——我可亲可爱的老师。在我的孩提时代,她来到我身边,为我打开了通向外面世界的门户。我不仅要看看她脸的轮廓,将它珍藏于记忆,还要细细研读她的面庞,在她脸上发现那份支持她克服困难教育我的动力——充满同情心的温柔与耐心。我要看她眼中流动的力量,正是这种力量使得她在艰难险阻面前依然坚定,以及她包容全人类的悲悯,这是我经常能感受得到的。

我无法透过"心灵之窗"——眼睛去洞察朋友们的内心世界,就只能使用指尖的触觉去"看"面庞的轮廓。我能觉察到喜怒哀乐与其他明显的情绪波动,我能通过感受朋友们的脸去认识他们。然而,我却无法通过他们的行为举止和观点言论了解他们的性格。不过我确信,借由视力观察他们对不同事物、不同观点做出的不同反应,抓住他们眉眼间稍纵即逝的表情,我就能获得对他们深层次的理解。

与我走得很近的朋友,我还是十分了解的,因为在年复一年的日子里,他们向我展示了他们的方方面面。然而与我不那么熟悉的朋友只能在我脑海中留下非常片面的印象,这些印象仅仅来自我们的握手动作,我用指尖在他们嘴唇上感受到的话语,或是他们在我掌心中比画出的只言片语。

而对于你,一个视力正常的人来说,仅仅通过观察人们表情的细节、肌肉的轻颤与手掌的挥动就能立刻了解他们最根本的品质,这是何其简单而又何其令人愉悦的事啊!可是,你曾用你的视力去了解你的朋友或是熟人的内心吗?你们大多数人通常都是随意地一瞥,留意到一张脸的表象特征并以貌取人,难道不是这样吗?

我们来举个例子,你能够准确描述出五位好朋友的脸吗?有些人可以,但很多人做不到。我曾做过这样的试验,询问一些男士他们可知道朝夕相处的妻子的眼睛是什么颜色,他们很多人都面露尴尬之色,承认他们不知道。顺带一提,妻子们也一直在抱怨自己的丈夫注意不到她们的新衣帽与家庭布置的变化。

有正常视力的人们早已习惯了周遭的日常琐事,对他们来说,能够入眼的唯有那些令人惊讶和非常吸引眼球的事情。不过即使在他们看着这些珍奇事物的时候,他们的眼睛也

充满了惰性。法庭记录证明,目击者提供的描述常常不甚准确。对于同一件事情,不同的目击者有不同的观察方式,有的人看见的东西比其他人多些,但能全面地观察到视野中所有事物的人却几乎没有。

啊,如果能得到三天光明,我将能看到多少美好的东西!

第一天将会是忙忙碌碌的一天。我要召唤来所有的好朋友,久久凝视他们的脸庞,将他们的美丽心灵在脸上的投影铭刻于心。我也会细细观察婴儿的小脸,来捕捉天真无邪、充满求知欲的美,那里还没有与生活抗争留下的痕迹。

我还要看看我的忠犬们充满信赖的眼神——严肃、谨慎的苏格兰犬达基和强壮、善解人意的丹麦大狗海尔格。它们温柔热情而又充满乐趣,给了我莫大的安慰。

在这繁忙的第一天,我还要观察我房间里细碎繁杂的小玩意。我要看我脚下的毯子温暖的色泽、壁挂的装饰画和那些不起眼的私用小物件们,它们将房间点缀成一个家。我的眼睛将敬重地落在书架上我曾经读过的盲文书上,不过,那些拥有视力的人们阅读的印刷书籍将更加吸引我。在我度过的漫漫长夜之中,正是这些我读过的书以及别人读给我听的书,为我的生命和精神之船指明了最好的航道,一如暗夜中闪耀的灯塔。

这是第一天的下午,我要去森林进行一次远足,用大自然的美丽景观来让我的眼睛陶醉。我要花几个小时如饥似渴地汲饮这些每日都展现在常人眼前的景色。远足归来途中,我会路过一处农庄,看一看在田间辛勤耕作的马儿(可能那儿只有一台拖拉机!)和面朝黄土、身心安然的人们。我也要祈祷能看到一场华美的日落。

日暮时分,我将感受到双重的快乐。大自然宣告了黑夜的来临,而人类的天才却在暗夜中造出光明,延伸了视觉。

在拥有视力的第一天,我一定会反复回味白天美好的记忆,兴奋得难以入睡。

三

在能够拥抱光明的第二天,我将伴着黎明的晨光起身,去看那暗夜转化为白昼的奇景。我将怀着敬畏的心情,去看太阳以自己的光辉唤醒沉睡大地的壮丽全景。

这一天,我将要浏览这三千世界的过去与现在。千万年的历史变幻至今,我想看看人类在这长河之中发展进步的奇观。如此多的东西,怎能将它们压缩在短短一天之内?当然是通过博物馆。我曾多次用手触摸过纽约自然历史博物馆的展品,但我一直渴望亲眼看看地球的简史和陈列在那里的地球上的居民——按照他们原有的生活环境描画的动物和人类;巨大的恐龙和乳齿象化石,早在人类出现并以他短小的身材和发达的头脑征服动物王国以前,它们是地球的主宰;动物进化以及人类劳动工具的实物展示,人类使用这些工具,在这个行星上为自己建造了安全牢固的家;还有自然史的其他无数方面。

我不知道有多少本文的读者看到过那个壮观的博物馆里所描绘的那些栩栩如生的动物形形色色的样子。当然,许多人没有这个机会,但是,我相信许多有机会的人没有利用好这个机会。那里确实是使用你眼睛的好地方。有视觉的你可以在那里度过许多受益匪浅的日子,然而我,借助于想象中的能看见的三天,仅能匆匆一瞥而过。

我的下一站将是大都会艺术博物馆[2]，因为正像自然史博物馆展示了世界的物质外观那样，大都会艺术博物馆展示了人类精神的无数方面。在整个人类史中，人类对于艺术表现的强烈欲望几乎像对待食物、藏身处，以及生育繁殖一样迫切。在这里，在大都会博物馆巨大的展厅里，埃及、希腊和罗马的精神在它们的艺术中表现出来，展现在我面前。我通过手清楚地知道了古代尼罗河国度诸神的雕塑。我感受了帕特农神庙的檐壁，感受了雅典冲锋战士的韵律美。阿波罗[3]、维纳斯[4]以及双翼胜利之神萨莫色雷斯都是我指尖的朋友。荷马[5]的那副粗糙有须的面容对我来说是极其亲切的，因为他也懂得黑暗。

我的手流连在罗马及之后的时代逼真的大理石雕塑上。我的手抚摸了米开朗琪罗[6]鼓舞人心的英勇的摩西石膏像，我感知到罗丹[7]的力量，我敬畏哥特人对于木刻的虔诚。对我来讲这些能够触摸的艺术品是极有意义的。然而，它们是供人观赏的，而不是供人触摸的，所以我只能猜测那种我看不见的美。我能欣赏希腊花瓶简谱的线条，但却看不到它的那些图案装饰。

因此，这一天，给我光明的第二天，我将通过艺术来探索人类的灵魂。我会看见那些我以前仅能摸到的东西。更妙的是，整个壮丽的绘画世界将向我敞开，从富有宁静宗教色彩的意大利早期艺术直至带有狂想风格的现代派艺术。我将悉心地观察拉斐尔[8]、达·芬奇[9]、提香[10]、伦勃朗[11]的油画。我要饱览韦罗内塞[12]的温暖色彩，研究埃尔·葛雷科[13]的奥秘，从柯罗[14]的绘画中重新认识大自然。啊，你们有正常视力的人们竟能欣赏到历代艺术中如此丰富的意涵和美！

在我对这个艺术圣殿的短暂游览中，我无法评论展开在我面前的那个伟大艺术世界，因为我只能得到一个肤浅的印象。艺术家们告诉我，要有深刻而真正的艺术鉴赏力，一个人必须训练眼睛。他必须通过经验学习判断线条、构图、形式和色彩的优劣。假如我有视觉，能从事如此让人着迷的研究，该是多么幸福啊！但是，我听说，对于许多有视力的人，艺术世界仍是个有待探索、有待照亮的黑暗世界。

要离开装着美的钥匙——这种美经常被忽略——的大都会艺术博物馆，我肯定会极度不情愿。但是，看得见的人们往往并不需要大都会艺术博物馆去寻找这把美的钥匙。在较小的博物馆中，甚或在小图书馆书架上的书本里，也能找到同样的钥匙。但是，在我假想的有视觉的有限时间里，我自然应当挑选一把能在最短时间内开启最大宝藏的钥匙。

拥有光明的第二晚，我要在剧院或电影院里度过。即使我现在也常常去剧场看各种类型的演出，但是，必须由一位同伴在我手上拼写出剧情。我多么想亲眼看看哈姆莱特迷人的风采，或者穿着伊丽莎白时代鲜艳服饰的精力充沛的福斯塔夫[15]！我多么想跟随优雅的哈姆莱特的每一个动作，注视精神饱满的福斯塔夫每一个神气活现的举止！因为我只能看一场戏，所以我将陷入为难之境，因为我想要看的戏剧有好几十出。你们有视觉，能看你们喜爱的任何东西。当你们观看一出戏剧、一部电影或者任何一个场面时，我不知道，你们究竟有多少人能对使你们享有色彩、优美和动作的视觉的奇迹有所认识，并心存感激呢？

在无法依靠手的触觉的情况下，我不能享受律动的美。虽然我知道一点节奏的欢快，因为我常常能在音乐震动地板时感觉到它的节拍，但我也只能模糊地想象一下巴甫洛娃[16]的优美。我能充分想象那有韵律的动作，它一定是世界上最令人悦目的景象。我用手指感受大理石雕像的线条时，就能够推断出几分。如果这种静态美都能那么可爱，看到的动态美一定更加令人激动。

我最珍贵的回忆之一，就是约瑟夫·杰斐逊让我在他又说又做地表演他所爱的瑞普·凡·温克尔[17]时去摸他的脸庞和双手。我因此能体会到一点点戏剧的世界，我永远不会忘记那一片刻的欢乐。但是，我多么希望能观看和倾听戏剧表演中对白和动作的相互作用啊！而你们看得见的人该能从中得到多少快乐啊！如果我能看到仅仅一场戏，我就会知道怎样在脑海中描绘出我用盲文字母读到或了解到近百部戏剧的情节。

所以，在我假想的拥有视力的第二晚，戏剧文学中的那些人物挤走了我的睡眠时间。

四

接下来一天的清晨，我将再次迎接黎明，渴望发现新的喜悦，因为我相信，对于那些真正会观察的人，每天的黎明永远都又是一个美的展现。

依据我假想的奇迹的期限，这将是我有视觉的第三天，也是最后一天。我将来不及遗憾和渴望，因为有太多的东西要去看。我把第一天奉献给了我有生命和无生命的朋友。第二天我去了解了人与自然的历史。今天，我将在当前的工作世界中度过，到为生活奔忙的人们活动的地方去。而哪儿能像在纽约一样找得到人们如此多的活动和状况呢？所以，城市成了我的目的地。

我从我的家，长岛的福里斯特希尔小而安静的郊区出发。这里环绕着绿色草地、树木和鲜花，有着整洁的小房子，到处是妇女儿童快乐的声音和活动，是城里为生活奔忙的人们安静的港湾。我驱车驶过横跨东河的钢制带状桥梁，对人脑的力量和独创性有了一个深刻的新认识。忙碌的船只在河中轧轧急驶——高速行驶的快艇，还有慢悠悠、喷着鼻息的拖船。如果我能长时间拥有视力，我会用许多时光来眺望这河中令人欢快的景象。

我向前远望，我的前面耸立着纽约奇异的高塔，这是一个仿佛从神话故事中走出来的城市，多么令人敬畏的景象啊！这些绚丽的尖塔，这些辽阔的石头与钢铁的堤岸，真像诸神为他们自己修建的建筑一般。这幅生动的画面是几百万人民每天生活的一部分。我不知道有多少人会回头多看它一眼？只怕寥寥无几。对这种壮丽的景色，他们视而不见，因为这一切对他们来说是太熟悉了。

我匆匆赶到那些庞大建筑物之一——帝国大厦的顶部，因为不久以前，我在那里凭借我秘书的眼睛"俯视"过这座城市，我渴望把我的想象同现实做一比较。我相信，展现在我面前的全景一定不会令我失望，因为对我来说，它是另一个世界的景色。

现在，我开始周游这座城市。首先，我站在一个繁华的街角，只看看人，试着凭借对他们的观察去了解他们的生活。看到他们的笑颜，我感到快乐；看到他们严肃的决定，我感到骄傲；看到他们的痛苦，我充满同情。

我沿着第五大道漫步。我没有将目光集中在某一点上,而只看看万花筒般热烈的色彩。我确信,那些在人群中穿梭的妇女的服装色彩一定是一幅永不会令我厌烦的华丽景象。然而如果我有视觉的话,我也许会像其他大多数妇女一样,对服装的式样和剪裁太过注重,而忽略了总体上的壮丽的色彩。而且,我还确信,我将成为一位根深蒂固的橱窗爱好者,因为观赏无数精美的陈列品一定是一种眼福。

从第五大道起,我开始环城游览——到公园大道去,到贫民窟去,到工厂去,到孩子们玩耍的公园去。我还将参观外国人居住区,进行一次不出门的海外旅行。我始终密切关注着幸福和悲惨的全部景象,以便能够深入调查,进一步了解人们是怎样工作和生活的。我的心充满了人和物的形象。我的眼睛决不轻易放过一件小事,密切关注它所看到的每一件事物。有些景象令人愉快,让心中充满幸福感;有些则是极其凄惨,令人怜悯。对于后者,我绝不闭上我的双眼,因为它们也是生活的一部分。在它们面前闭上眼睛,就等于关闭了心房,关闭了思想。

我能够看见的第三天即将结束了。也许有很多重要的事情需要我利用这剩下的几个小时去做。但是,在最后一个夜晚,我恐怕还会再次跑到剧院,看一场热闹而有趣的戏剧,好让我领略一下人类思想中的喜剧成分。

到了午夜,我摆脱失明的短暂片刻就要结束了,永久的黑夜将再次向我逼近。在那短短的三天,我自然不能看到我想要看到的一切。只有在黑暗再次向我袭来时,我才感到我还有很多东西没来得及去看。然而,我的内心充满了灿烂的回忆,因此我不会有时间去懊悔。此后,我每摸到一件物品,我的记忆都将鲜明地反映出那件物品是个什么样子。

我将怎样度过有视力的三天这个简短的描述,和假如你知道自己即将失明时为自己定下的规划也许不一致。不过我能肯定的是,如果你真的面临这样的命运,你的眼睛会看到之前你从未看见过的东西,为即将来临的漫长黑夜储存记忆。你会以从来没有过的方式使用你的眼睛。对你来说,你看见的每一样东西都会变得珍贵。你的眼睛会接触和接受每一样进入你视线的物体。这个时候,你才真正拥有了视力,一个美丽的新世界才会在你面前展现。

我,一个盲人,能够给有视力的人一个提醒——给将要充分利用视力这一天赐之物的人一个告诫:像明天就要失明那样去使用你的眼睛。同样的道理也适用于其他官能。倾听声音的美妙、小鸟的歌唱、管弦乐队强有力的旋律,仿佛明天你将失聪。触摸你想触摸的每一件东西,仿佛明天你会失去触觉。闻闻花香,津津有味地品尝每一小口食物,仿佛明天你将永远不再有嗅觉和味觉了。最大限度地用好每一个感官,享受世界通过大自然赋予你的几种接触方式给你带来的方方面面的快乐和美。但是在所有的感官之中,我相信视觉必定是最使人快乐的。

注释

[1] 古希腊唯物主义者和无神论哲学家伊壁鸠鲁(前341—前270)创立的哲学流派,

宣扬无神论，同时提倡寻求快乐和幸福。

［2］大都会艺术博物馆位于美国纽约，是全美最大的艺术博物馆，与英国伦敦的大英博物馆、法国巴黎的卢浮宫、俄罗斯圣彼得堡的艾尔米塔什博物馆一起并称为世界四大博物馆，收藏有三百多万件展品。

［3］阿波罗是希腊神话中的十二主神之一，主掌光明。

［4］维纳斯是古代罗马神话故事中的爱神和美神。

［5］荷马，古希腊盲诗人，代表作有《伊利亚特》和《奥德赛》。

［6］米开朗琪罗（1475—1564），意大利著名的雕塑家、建筑师、画家和诗人，文艺复兴三杰之一。

［7］罗丹（1840—1917），法国雕塑家，是西方雕塑史上划时代的人物。

［8］拉斐尔（1483—1520），意大利画家、建筑师，文艺复兴三杰之一。

［9］达·芬奇（1452—1519），意大利画家、雕塑家、数学家、音乐家等，文艺复兴三杰之一，代表画作有《蒙娜丽莎》《最后的晚餐》等。

［10］提香（约1488—1576），意大利杰出画家，西方油画之父。

［11］伦勃朗（1606—1669），荷兰历史上最伟大的画家。

［12］韦罗内塞（1528—1588），意大利画家，代表作有《加纳的婚礼》等。

［13］埃尔·葛雷科（1541—1641），西班牙历史上最杰出的画家之一。

［14］柯罗（1796—1875），法国风景画家。

［15］福斯塔夫是莎士比亚历史剧《亨利四世》中的人物，既吹牛撒谎又幽默乐观，既无道德观念又无坏心，是一个成功的喜剧形象。

［16］巴甫洛娃，20世纪初期芭蕾舞坛的一颗巨星。

［17］瑞普·凡·温克尔是美国作家华盛顿·欧文（1783—1859）同名短篇小说中的主人公。小说描述了瑞普·凡·温克尔为躲避唠叨的妻子，上山打猎，后因喝了仙酒之后一觉睡了二十年，醒来后物非人非的故事。

赏析

这篇散文描述的内容虽然是作者假想出来的，并不是真实的事件，但是其中流露出的情感却是真挚的。文中作者以一个盲人的视角，设想了自己在获得光明的三天之内如何去热切地感受生活、感受世界。那些在普通人眼里司空见惯的事物，对于一个失去光明的人来说，都是大自然的杰作或人类社会的奇迹。她对周遭世界的感知尤其细腻、敏感。虽然听不见看不见，但是她用心在感受。相反，许多看得见听得见的人每天都对自己所拥有的一切认为是理所当然的，不去珍惜，或是用各种各样冠冕堂皇的理由去忽视身边的美好。因此海伦·凯勒提醒人们：不要等到失去了才懂得珍惜。

海伦·凯勒在她虚构的三天里的经历，包含了人类生活中最重要的几个领域，同时体现出作者所具有的美好品质。第一天,她首先要与亲爱的朋友一起度过,她第一个想看到的是一直帮助她的老师,体现出海伦·凯勒具有一颗感恩的心。第二天,她打算在博物馆、剧院度过,流露出对知识和艺术的渴求。第三天,她要去充分感受生机勃勃的市井生活,充满了积极乐观的情绪。朋友、知识和乐观的精神,也正是这些宝贵的财富帮助生活中的海伦·凯勒战胜苦难,给了她前进的力量。

散文的语言流畅、富有诗意,文字如涓涓细流自然流淌,毫无保留地向读者敞开心扉,用她的全部热情去赞美自然和生命,使阅读的过程成为一次动人的心灵之旅。

评价

生命意识是使文学兴盛不衰、长久流传的一个重要因素。它赋予文学作品以鲜活的生命力,并常常唤起各个时代人们心中的共鸣。《假如给我三天光明》就是典型的充满着浓郁生命气息的经典作品,它深刻地体现了作者对从未见过、听过的世界的想象。海伦在对未知世界的幻想中感恩世界,并给人们内心带来光明。普通人不懂得珍惜自己这种先天的财富,而海伦希望自己能够让更多人及时醒悟。本文从对作者的原初生命意识和对作品的文化生命意识着手,从原初生命意识与文化生命意识的角度进行分析,力求探索作品蕴含的强大生命力,并感知作者内心对生命的热爱。(刘璐)

习题

1. 填空题

(1) 本文作者是_____国女作家_____。在她的童年时期曾经给她极大帮助的家庭女教师是_____。

(2) 作者在拥有光明的第二天夜晚,希望在_____度过;而在三天即将结束的最后一晚,她会选择去_____。

2. 讨论题

(1) 这篇散文给你最大的启示是什么?

(2) 从文中可以看出海伦·凯勒是一个怎样的人?

3. 思考题

(1) 海伦在文中多次提到了"有视力的人"对诸多"奇观"的忽略,如何理解其中所要表达的感情?

(2) 如何理解海伦在能见到光明的第三天,最后一眼要看的是喜剧?

4. 写作题

假设我们只剩下三天的视力,三天后将失去光明,那么你将如何安排这三天?请把你的想法写成一篇散文。

链接

http：//yuedu.163.com/source/c80fc46268204d779b16ec774aae9b0b_4
海伦凯勒传——薄慧丽

第六章 敬业奉献扬正气

 导读

在中国传统文化中,重视人之所以为人的特性和人的价值的思想观念有着广泛深远的影响。孟子认为"人之所以异于禽兽者几希",但人和动物的重要差异在于:人有道义之心而禽兽无道德意识,人格就在于存有道义之心;保持道义,就是保持自己的人格。孟子之后的荀子认为:"水火有气而无生,草木有生而无知,禽兽有知而无义;人有气、有生、有知,亦且有义,故最为天下贵也。"他明确地把道义看作人贵于万物的价值。战国时期孟子、荀子的这种说法,不仅得到以后中国大多数思想家的肯定,而且还得到了广大民众的认同。在民间,对那些不讲道义、为非作歹之徒最严厉的斥责之一便是"禽兽"或"禽兽不如",遭此斥责之人,必为斥责者所不容。相反,那些在任何情况下都能保持人格,为了道义的实现而不屈不挠之人会备受人们的推崇。大家知道,孔子有"志士仁人,无求生以害仁,有杀身以成仁"的名言;孟子也讲过,当生命和道义二者不可得兼时,"舍生而取义者也"。在他们看来,生命固然可贵,但比生命更为可贵的是道义;死亡固然可恶,但比死亡更为可恶的便是不义。丧失了道义的生不如死,为道义而死虽死犹荣。正是在这种"成仁""取义"精神的鼓舞下,中华民族的无数志士仁人为了国家和民族的利益,为了正义的实现进行不屈不挠的奋斗,甚至牺牲了自己的生命。文天祥在其著名的《正气歌》里就列举说:"时穷节乃见,一一垂丹青。在齐太史简,在晋董狐笔,在秦张良椎,在汉苏武节;为严将军头,为嵇侍中血,为张睢阳齿,为颜常山舌;或为辽东帽,清操厉冰雪;或为出师表,鬼神泣壮烈;或为渡江楫,慷慨吞胡羯;或为击贼笏,逆竖头破裂。"尽管这些人的事迹各有不同,但在文天祥看来,他们都充满着为国为民的浩然正气。

如果把传统文化中的"敬业"内涵从特定的历史背景中抽取出来,那么它与现代意义上"敬业"的内涵基本没有太大差异。"敬"是做人做事重要的道德原则,人作为社会活动的主体,必须以敬畏、忠诚之心对待包括自身在内的一切人或物;"业"在传统文化特别是儒家文化中,更多被当作是一种道德事业,即"德业"的思想,无论君臣的"大业"还是个人的"小业",都必须建立在"德"的基础上才能得到长远稳固的发展。因此,"敬业"无论在古代还是现代,都属于自身修养与职业道德的范畴,是所有生命实践活动的前提,强调的内涵都是尽职尽责、以诚待人、刻苦拼搏、敬业乐业。可以说,敬业的内涵从古到今是一脉相承的。

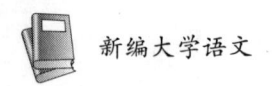

中国古时候有个文学家叫做司马迁的说过:"人固有一死,或重于泰山,或轻于鸿毛。"为人民利益而死,就比泰山还重;替法西斯卖力,替剥削人民和压迫人民的人去死,就比鸿毛还轻。

——毛泽东《为人民服务》

报任安书

司马迁

 题解

司马迁(前145或前135—?),字子长,夏阳(今陕西韩城南)人。西汉史学家、散文家。他以其"究天人之际,通古今之变,成一家之言"的信念创作了中国第一部纪传体通史《史记》(原名《太史公书》)。《史记》被公认为是中国史书的典范,该书记载了从上古传说中的黄帝时期到汉武帝元狩元年,长达3 000多年的历史,是"二十四史"之首,被鲁迅誉为"史家之绝唱,无韵之离骚"。司马迁后继父职为太史令。天汉二年(前99年)以李陵事下狱,受宫刑。出狱后,为中书谒者令。《报任安书》是在他任中书令时写的。任安是司马迁的朋友,曾经在狱中写信给司马迁,叫他利用中书令的地位"推贤进士"。司马迁给他回了这封信。

太史公牛马走[1]司马迁,再拜言。少卿足下:

曩[2]者辱赐书,教以慎于接物,推贤进士为务,意气勤勤恳恳。若望[3]仆不相师,而用流俗人之言,仆非敢如此也。仆虽罢驽[4],亦尝侧闻[5]长者之遗风矣。顾自以为身残处秽,动而见尤,欲益反损,是以独郁悒而无谁语。谚曰:"谁为为之?孰令听之?"盖钟子期死,伯牙终身不复鼓琴。何则?士为知己者用,女为说己者容。若仆大质已亏缺矣,虽材怀随和[6],行若由夷[7],终不可以为荣,适足以发笑而自点[8]耳。书辞宜答,会东从上来[9],又迫贱事,相见日浅,卒卒[10]无须臾之间,得竭指意。今少卿抱不测之罪,涉旬月,迫季冬[11],仆又薄从上雍[12],恐卒然不可为讳[13],是仆终已不得舒愤懑以晓左右,则长逝者魂魄私恨无穷。请略陈固陋。阙然久不报,幸勿为过。

仆闻之:修身者,智之符也;爱施者,仁之端也;取予者,义之表也;耻辱者,勇之决也;立名者,行之极也。士有此五者,然后可以托于世,列于君子之林矣。故祸莫憯于欲利,悲莫痛于伤心,行莫丑于辱先,诟莫大于宫刑。刑余之人,无所比数,非一世也,所从来远矣。昔卫灵公与雍渠同载,孔子适陈;商鞅因景监见,赵良寒心;同子参乘,袁丝变色:自古而耻之!夫以中材之人,事有关于宦竖[14],莫不伤气,而况于慷慨之士乎!

如今朝廷虽乏人，奈何令刀锯之余，荐天下之豪俊哉！仆赖先人绪业，得待罪辇毂下[15]，二十余年矣。所以自惟[16]：上之，不能纳忠效信，有奇策材力之誉，自结明主；次之，又不能拾遗补阙，招贤进能，显岩穴之士；外之，不能备行伍，攻城野战，有斩将搴[17]旗之功；下之，不能积日累劳，取尊官厚禄，以为宗族交游光宠。四者无一遂，苟合取容，无所短长之效，可见于此矣。乡者，仆亦尝厕下大夫[18]之列，陪外廷末议[19]。不以此时引维纲[20]，尽思虑，今已亏形为扫除之隶，在闒茸[21]之中，乃欲仰首伸眉，论列是非，不亦轻朝廷、羞当世之士邪？嗟乎！嗟乎！如仆尚何言哉！尚何言哉！

且事本末未易明也。仆少负不羁之才，长无乡曲[22]之誉，主上幸以先人之故，使得奉薄伎，出入周卫[23]之中。仆以为戴盆何以望天[24]，故绝宾客之知，忘室家之业，日夜思竭其不肖之材力，务一心营职，以求亲媚于主上。而事乃有大谬不然者！

夫仆与李陵俱居门下，素非能相善也。趣舍[25]异路，未尝衔杯酒[26]，接殷勤之余欢。然仆观其为人，自守奇士，事亲孝，与士信，临财廉，取予义，分别有让，恭俭下人，常思奋不顾身，以徇国家之急。其素所蓄积也，仆以为有国士之风。夫人臣出万死不顾一生之计，赴公家之难，斯已奇矣。今举事一不当，而全躯保妻子之臣随而媒孽[27]其短，仆诚私心痛之。且李陵提步卒不满五千，深践戎马之地，足历王庭[28]，垂饵虎口，横挑强胡，仰[29]亿万之师，与单于连战十有余日，所杀过当。虏救死扶伤不给，旃[30]裘之君长咸震怖，乃悉征其左、右贤王[31]，举引弓之民，一国共攻而围之。转斗千里，矢尽道穷，救兵不至，士卒死伤如积。然陵一呼劳军，士无不起，躬自流涕，沫[32]血饮泣，更张空拳[33]，冒白刃，北首争死敌者。陵未没时，使有来报，汉公卿王侯皆奉觞上寿[34]。后数日，陵败书闻，主上为之食不甘味，听朝不怡。大臣忧惧，不知所出。仆窃不自料其卑贱，见主上惨凄怛[35]悼，诚欲效其款款[36]之愚，以为李陵素与士大夫绝甘分少[37]，能得人之死力，虽古之名将，不能过也。身虽陷败，彼观其意，且欲得其当而报于汉。事已无可奈何，其所摧败，功亦足以暴于天下矣。仆怀欲陈之，而未有路，适会召问，即以此指，推言陵之功，欲以广主上之意，塞睚眦之辞。未能尽明，明主不晓，以为仆沮贰师[38]，而为李陵游说，遂下于理[39]。拳拳之忠，终不能自列。因为诬上，卒从吏议。家贫，货赂不足以自赎，交游莫救，左右亲近不为一言。身非木石，独与法吏为伍，深幽囹圄之中，谁可告诉者！此真少卿所亲见，仆行事岂不然乎？李陵既生降，隤[40]其家声，而仆又佴之蚕室[41]，重为天下观笑。悲夫！悲夫！事未易一二为俗人言也。

仆之先非有剖符丹书[42]之功，文史星历[43]，近乎卜祝之间，固主上所戏弄，倡优所畜，流俗之所轻也。假令仆伏法受诛，若九牛亡一毛，与蝼蚁何以异？而世又不与能死节者比，特以为智穷罪极，不能自免，卒就死耳。何也？素所自树立使然也。人固有一死，或重于泰山，或轻于鸿毛，用之所趋异也。太上不辱先，其次不辱身，其次不辱理色，其次不辱辞令，其次诎体受辱，其次易服[44]受辱，其次关木索[45]、被箠楚受辱，其次剔毛发、婴金铁[46]受辱，其次毁肌肤、断肢体受辱，最下腐刑极矣！传曰"刑不上大夫"，此言士节不可不勉厉也。猛虎在深山，百兽震恐，及在槛阱[47]之中，摇尾而求食，积威约

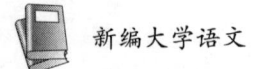

之渐也。故士有画地为牢，势不可入；削木为吏，议不可对，定计于鲜[48]也。今交手足，受木索，暴肌肤，受榜箠[49]，幽于圜墙之中。当此之时，见狱吏则头抢地，视徒隶则心惕息[50]。何者？积威约之势也。及以至是，言不辱者，所谓强颜耳，曷足贵乎！且西伯，伯也，拘于羑里[51]；李斯，相也，具于五刑[52]；淮阴，王也，受械于陈；彭越、张敖，南面称孤，系狱抵罪；绛侯诛诸吕，权倾五伯[53]，囚于请室[54]；魏其，大将也，衣赭衣，关三木[55]；季布为朱家钳奴；灌夫受辱于居室[56]。此人皆身至王侯将相，声闻邻国，及罪至罔加，不能引决自裁，在尘埃之中。古今一体，安在其不辱也？由此言之，勇怯，势也；强弱，形也。审矣，何足怪乎？夫人不能早自裁绳墨之外，以稍陵迟，至于鞭箠之间，乃欲引节，斯不亦远乎！古人所以重施刑于大夫者，殆为此也。

夫人情莫不贪生恶死，念父母，顾妻子，至激于义理者不然，乃有所不得已也。今仆不幸，早失父母，无兄弟之亲，独身孤立，少卿视仆于妻子何如哉？且勇者不必死节，怯夫慕义，何处不勉焉！仆虽怯懦，欲苟活，亦颇识去就之分矣，何至自沉溺缧绁[57]之辱哉！且夫臧获[58]婢妾，犹能引决，况仆之不得已乎？所以隐忍苟活，幽于粪土之中而不辞者，恨私心有所不尽，鄙陋没世，而文采不表于后也。

古者富贵而名摩灭，不可胜记，唯倜傥[59]非常之人称焉。盖文王拘而演《周易》；仲尼厄而作《春秋》；屈原放逐，乃赋《离骚》；左丘失明，厥有《国语》；孙子膑脚，《兵法》修列；不韦迁蜀，世传《吕览》；韩非囚秦，《说难》《孤愤》；《诗》三百篇，大底圣贤发愤之所为作也。此人皆意有所郁结，不得通其道，故述往事、思来者。乃如左丘无目，孙子断足，终不可用，退而论书策，以舒其愤，思垂空文以自见。

仆窃不逊，近自托于无能之辞，网罗天下放失旧闻，略考其行事，综其终始，稽其成败兴坏之纪，上计轩辕，下至于兹，为十表，本纪十二，书八章，世家三十，列传七十，凡百三十篇。亦欲以究天人之际，通古今之变，成一家之言。草创未就，会遭此祸，惜其不成，是以就极刑而无愠色。仆诚以著此书，藏之名山，传之其人，通邑大都，则仆偿前辱之责，虽万被戮，岂有悔哉！然此可为智者道，难为俗人言也！

且负下未易居，下流多谤议。仆以口语遇遭此祸，重为乡党所戮笑[60]，以污辱先人，亦何面目复上父母之丘墓乎？虽累百世，垢弥甚耳！是以肠一日而九回[61]，居则忽忽若有所亡，出则不知其所往。每念斯耻，汗未尝不发背沾衣也！身直为闺阁之臣[62]，宁得自引深藏于岩穴邪？故且从俗浮沉，与时俯仰，以通其狂惑。今少卿乃教以推贤进士，无乃与仆私心刺谬乎？今虽欲自雕瑑[63]，曼辞[64]以自饰，无益，于俗不信，适足取辱耳。要之，死日然后是非乃定。书不能悉意，故略陈固陋。谨再拜。

注释

[1] 牛马走：谦词，意为像牛马一样以供奔走。

[2] 曩：从前。

［3］望：怨。

［4］罢：通"疲"。驽：劣马。疲驽：比喻才能低下。

［5］侧闻：从旁听说。犹言"伏闻"，自谦之词。

［6］随和：随侯之珠与和氏之璧，是战国时的珍贵宝物，这时指卓越的才能。

［7］由夷：许由和伯夷，两人都是古代被推为品德高尚的人。

［8］点：玷污。

［9］会东从上来：太始四年（前93年）三月，汉武帝东巡泰山，四月，又到海边的不其山，五月间返回长安。司马迁从驾而行。

［10］卒卒：同"猝猝"，匆匆忙忙的样子。

［11］季冬：冬季的第三个月，即十二月。

［12］薄：同"迫"。雍：地名，在今陕西凤翔县南，设有祭祀五帝的神坛五畤。

［13］不可为讳：死的委婉说法。任安这次下狱，后被汉武帝赦免。但两年之后，任安又因戾太子事件被处腰斩。

［14］竖：供役使的小臣。后泛指卑贱者。

［15］待罪：做官的谦词。辇毂下：皇帝的车驾之下，代指京城长安。

［16］惟：思考。

［17］搴：拔取。

［18］乡：通"向"。厕：参加。下大夫：太史令官位较低，属下大夫。

［19］外廷：汉制，凡遇疑难不决之事，则令群臣在外廷讨论。末议：微不足道的意见。"陪外廷末议"是谦词。

［20］维纲：国家的法令。

［21］闟茸：下贱，低劣。

［22］乡曲：乡里。汉文帝为了询访自己治理天下的得失，诏令各地"举贤良方正能直言切谏者"，亦即有乡曲之誉者，选以授官。二句言司马迁未能由此途径入仕。

［23］周卫：周密的护卫，即宫禁。

［24］戴盆何以望天：当时谚语。形容忙于职守，识见浅陋，无暇他顾。

［25］趣舍：向往和废弃。趣，同"趋"。

［26］衔杯酒：在一起喝酒，指私人交往。

［27］媒孽：也作"蘖"，酿酒的酵母。这里用作动词，夸大的意思。

［28］王庭：匈奴单于的居处。

［29］仰：仰攻。当时李陵军被围困谷地。

［30］旃：毛织品。《史记·匈奴传》记载："自君王以下，咸食肉，衣其皮革，披旃裘。"

［31］左、右贤王：左贤王和右贤王，匈奴封号最高的贵族。

［32］沬：以手掬水洗脸。

［33］劲：强硬的弓弩。

[34] 上寿：这里指祝捷。

[35] 怛：悲痛。

[36] 款款：忠诚的样子。

[37] 士大夫：此指李陵的部下将士。绝甘：舍弃甘美的食品。分少：即使所得甚少也平分给众人。

[38] 沮：毁坏。贰师：贰师将军李广利，汉武帝宠妃李夫人之兄。

[39] 理：掌司法之官。

[40] 隤：坠毁。

[41] 佴：推置其中。蚕室：温暖密封的房子，言其像养蚕的房子。初受腐刑的人怕风，故须住此。

[42] 剖符：把竹做的契约一剖为二，皇帝与大臣各执一块，上面写着同样的誓词，说永远不改变立功大臣的爵位。丹书：把誓词用丹砂写在铁制的契券上。凡持有剖符、丹书的大臣，其子孙犯罪可获赦免。

[43] 文史星历：史籍和天文历法，都属太史令掌管。

[44] 易服：换上罪犯的服装。古代罪犯穿赭（深红）色的衣服。

[45] 木索：木枷和绳索。

[46] 婴：环绕。颈上带着铁链服苦役，即钳刑。

[47] 槛：关兽的笼子。阱：捕兽的陷坑。

[48] 鲜：态度鲜明。即自杀，以示不受辱。

[49] 榜：鞭打。箠：同"棰"，竹棒，此处用作动词。

[50] 惕息：胆战心惊。

[51] 羑里：在今河南汤阴县。文王曾被殷纣王囚禁于此。

[52] 五刑：秦汉时五种刑罚，《汉书·刑法志》载："当三族者，皆先黥劓，斩左右趾，笞杀之，枭其首，菹其骨肉于市。"

[53] 五伯：即"五霸"。

[54] 请室：大臣犯罪等待判决的地方。周勃后被人诬告谋反，因于狱中。

[55] 三木：头枷、手铐、脚镣。

[56] 居室：少府所属的官署。

[57] 缧绁：捆绑犯人的绳子，引申为捆绑、牢狱。

[58] 臧获：奴曰臧，婢曰获。

[59] 倜傥：豪迈不受拘束。

[60] 戮笑：辱笑。

[61] 九回：九转。形容痛苦之极。

[62] 闺阁之臣：指宦官。闺、阁都是宫中小门，指皇帝深密的内廷。

[63] 雕琢：雕刻成连绵状的花纹。这里指自我修饰。

[64] 曼辞：美饰之词。

赏析

《报任安书》虽为书信，然而其文字张扬激烈，情深意悲，备受历代文人推崇。司马迁遭受宫刑后，深以为耻，却不甘于"鄙陋没世，而文采不表于后"，内心充满痛苦煎熬。于是借回信之机，将自己所遭受的不公和满腔悲愤喷薄而出，吐露无遗。文章从任安的"推贤进士"说起，列举种种史实，袒露内心激愤之情。接着便详细陈述了自己因何获罪以及李陵事件的始末原委，表明了自己作为史官的客观公正的立场。又解释了在遭受宫刑这种奇耻大辱之后，自己作为士大夫为何忍辱偷生，"所以隐忍苟活，幽于粪土之中而不辞者，恨私心有所不尽，鄙陋没世，而文采不表于后也"。是因为自己还有未竟的事业，这是比生命和尊严更加重要的事情。最后顺理成章引出自己对创作《史记》的构想和计划。

文章使用了多种修辞手法，使情感表达富于变化。如"盖文王拘而演《周易》"以下八个选句，实际隐含着八组对比，同时又两两对偶，与排比相结合，既表明了对历史上杰出人物历经磨难而奋发有为的现象的认识，又表明了以他们为榜样，矢志进取、成就伟业的坚强意志，气势雄浑，令人欲悲欲叹。又如"猛虎在深山，百兽震恐……"一句，运用比喻，沉痛控诉了人间暴政对人性的扼杀和扭曲，形象地说明了"士节"不可以稍加屈辱的道理，真是痛彻心扉。其他像引用、夸张、讳饰等修辞手法的运用，都真切表达出作者跌宕起伏的情感。大量的铺排和典故的运用，增强了感情抒发的磅礴气势，使感情更加慷慨激昂，深沉壮烈。如叙述腐刑的极辱，从"太上不辱先"以下，十个排比句，竟连用了八个"其次"，层层深入，一气贯下，最后逼出"最下腐刑极矣"。这类语句，有如一道道闸门，将司马迁心中深沉的悲愤越蓄越高，越蓄越急，最后喷涌而出，一泻千里，如排山倒海，撼天动地。又用周文王、孔子、屈原等古圣先贤愤而著书的典故，表现了自己隐忍的苦衷、坚强的意志和奋斗的决心。连用典故，行文上排比，或依时代顺序，或依事类，如高山流水，行止自如，毫无堆砌之感。

《报任安书》可以称得上是千古至情至性之文，语出自然而动人心魄。正如前人所评价的，"感慨啸歌有燕赵烈士之风，忧愁幽思则又直与《离骚》对垒"。

评价

司马迁《报任安书》被誉为"绝代大文章"，这篇作品无论从形式还是内容处处体现出一种张力美。这种张力美包含着完全对立的两极：士人傲骨与宦官身份的剧烈冲突；奇辱与奇志的巨大反差；自卑与自信的精神冲撞。两极共存于书信体的文本之中，字字血，声声泪，给读者提供了巨大的审美空间。（秦朝晖）

习题

1. 填空题

（1）司马迁，字＿＿＿＿，＿＿＿＿时期著名的史学家和文学家，他所著的＿＿＿＿开创了中国史书的传统，为"二十四史"之首。

（2）在《报任安书》中，司马迁说明他修史的体例和篇数的一句话是＿＿＿＿＿＿＿，阐明其目的和宗旨的一句话是＿＿＿＿＿＿＿。

2. 讨论题

（1）文中提到司马迁对修史的体例的构思是怎样的？

（2）司马迁在文中表达了怎样的情感？

3. 思考题

（1）司马迁是如何看待李陵事件的？

（2）如何理解司马迁所表达的"发愤著书"的观点？

4. 写作题

文中有一段行云流水、气势磅礴的排比，列举了一系列的先贤典故，即"盖文王拘而演《周易》……"，从而提出了"发愤著书"的观点。请仿照这种写作形式，通过列举一些典故来说明你的一个观点。

链接

https：//www.ixueshu.com/document/837e17041e9fa80e318947a18e7f9386.html

血泪凝成的奇文——司马迁《报任安书》评赏

出师未捷身先死，长使英雄泪满襟。

——杜甫

后出师表

诸葛亮

题解

诸葛亮（181—234），字孔明，号卧龙（也作伏龙），徐州琅琊阳都（今山东临沂市沂南县）人，三国时期蜀汉丞相，杰出的政治家、军事家、散文家、书法家。在世时被封为武乡侯，死后追谥忠武侯，东晋政权特追封他为武兴王。诸葛亮为匡扶蜀汉政权，呕心沥血，鞠躬尽瘁。其散文代表作有《出师表》《诫子书》等。他曾发明木牛流马、孔明灯等，并改造连弩，称诸葛连弩，可一弩十矢俱发。于234年在五丈原（今宝鸡岐山境内）逝世。诸葛亮在后世受到极大尊崇，成为忠臣楷模、智慧化身。

公元223年，刘备病死，将刘禅托付给诸葛亮。公元227年春，诸葛亮上《出师表》（即《前出师表》），率军北伐魏国。蜀军在占有陇右三郡后，以街亭、箕谷失利而结束了第一次北伐。228年冬，诸葛亮获悉魏军曹休攻吴兵败，张颌东下，关中虚弱，于是再上《出师表》（即《后出师表》），决心再次北伐。

先帝深虑汉、贼[1]不两立，王业不偏安，故托臣以讨贼也。以先帝之明，量臣之才，固知臣伐贼，才弱敌强也。然不伐贼，王业亦亡。惟坐而待亡，孰与[2]伐之？是故托臣而弗疑也。

臣受命之日，寝不安席，食不甘味。思惟[3]北征，宜先入南[4]。故五月渡泸，深入不毛，并日[5]而食；臣非不自惜也，顾王业不可得偏安于蜀都[6]，故冒危难，以奉先帝之遗意也，而议者[7]谓为非计。今贼适疲于西，又务于东[8]，兵法乘劳，此进趋[9]之时也。谨陈其事如左：

高帝明并[10]日月，谋臣渊深[11]，然涉险被创[12]，危然后安。今陛下未及高帝，谋臣不如良、平[13]，而欲以长策[14]取胜，坐[15]定天下，此臣之未解[16]一也。

刘繇、王朗各据州郡，论安言计，动引圣人，群疑满腹，众难塞胸，今岁不战，明年不征，使孙策坐大，遂并江东[17]，此臣之未解二也。

曹操智计，殊绝[18]于人，其用兵也，仿佛孙、吴[19]，然困于南阳，险于乌巢，危于祁连，逼于黎阳，几败北山，殆死潼关，然后伪定[20]一时耳。况臣才弱，而欲以不危而定之，此臣之未解三也。

曹操五攻昌霸[21]不下，四越巢湖[22]不成，任用李服[23]而李服图之，委任夏侯[24]而夏侯败亡，先帝每称操为能，犹有此失，况臣驽下[25]，何能必胜？此臣之未解四也。

自臣到汉中[26]，中间期年[27]耳，然丧赵云、阳群、马玉、阎芝、丁立、白寿、刘郃、邓铜等及曲长、屯将[28]七十余人，突将、无前、賨叟、青羌、散骑、武骑[29]一千余人。此皆数十年之内所纠合四方之精锐，非一州之所有；若复数年，则损三分之二也，当何以图[30]敌？此臣之未解五也。

今民穷兵疲，而事不可息；事不可息，则住与行劳费正等。而不及今图之，欲以一州之地，与贼持久，此臣之未解六也。

夫难平[31]者，事也。昔先帝败军于楚[32]，当此时，曹操拊手[33]，谓天下已定[34]。然后先帝东连吴越[35]，西取巴蜀，举兵北征，夏侯授首[36]，此操之失计，而汉事将成也。然后吴更违盟，关羽毁败，秭归蹉跌[37]，曹丕称帝。凡事如是，难可逆见[38]。臣鞠躬尽瘁，死而后已。至于成败利钝[39]，非臣之明所能逆睹[40]也。

注释

[1] 汉：指蜀汉。贼：指曹魏。古时往往把敌方称为贼。

[2] 孰与：何如，表示抉择，倾向肯定后一种（偏指一方）。

[3] 惟：助词。

[4] 入南：指诸葛亮深入南中，平定四郡。

[5] 并日：两天合作一天。

[6] 顾：这里有"但"的意思。蜀都：此指蜀汉之境。

[7] 议者：指对诸葛亮决意北伐发表不同意见的官吏。

[8] 这两句指建兴六年（228）诸葛亮初出祁山（在今甘肃省礼县东）时，曹魏西部的南安、天水、安定三郡叛变，牵动关中局势；在魏、吴边境附近的夹石（今安徽省桐城市北），东吴大将陆逊击败魏大司马曹休。

[9] 进趋：快速前进。

[10] 高帝：刘邦死后的谥号为"高皇帝"。并：平列。

[11] 渊深：指学识广博，计谋高深莫测。

[12] 被创：受创伤。被，通假字，同"披"。

[13] 良：张良。平：陈平。

[14] 长策：长期相持的打算。

[15] 坐：安安稳稳。

[16] 未解：不能理解。胡三省认为"解"应读作"懈"，未解，即未敢懈怠之意。两说皆可通。

[17] 江东：指长江中下游地区。

[18] 殊绝：极度超出的意思。

[19] 孙：指孙武，春秋时人，曾为吴国将领，善用兵，著有兵法十三篇。吴：指吴起，战国时兵家、法家代表人物，先后仕于鲁、魏、楚，著有《吴子兵法》。

[20] 伪定：此言曹氏统一北中国，僭称国号。诸葛亮以蜀汉为正统，因斥曹魏为"伪"。

[21] 昌霸：又称昌豨。建安四年（199），刘备袭取徐州，东海昌霸叛曹，郡县多归附刘备。

[22] 四越巢湖：曹魏以合肥为军事重镇，巢湖在其南面。而孙吴在巢湖以南长江边上的须濡口设防，双方屡次在此一带作战。

[23] 李服：建安四年，车骑将军董承根据汉献帝密诏，联络将军吴子兰、王子服和刘备等谋诛曹操，事泄，董承、吴子兰、王子服等被杀。据胡三省云："李服，盖王服也。"

[24] 夏侯：指夏侯渊。曹操遣夏侯渊镇守汉中。

[25] 驽下：劣马，比喻庸才。

[26] 汉中：郡名，以汉水上流（沔水）流经而得名，治所在南郑（今陕西省汉中县东）。

[27] 期（jī）年：一周年。

[28] 赵云为蜀中名将，阳群等人事迹不详。曲长、屯将是部曲中的将领。

[29] 突将、无前：蜀军中的冲锋将士。賨（cóng）叟、青羌：蜀军中的少数民族部队。散骑、武骑：都是骑兵的名号。

[30] 图：对付。

[31] 夫：发语词。平：同"评"，评断。

[32] 败军于楚：指建安十三年（208），曹操大军南下，刘备在当阳长坂被击溃事。当阳属古楚地，故云。

[33] 拊手：拍手。

[34] 已定：以定，以此而定。已，同"以"。

[35] 本句指刘备遣诸葛亮去江东连和，孙刘联军在赤壁大破曹军。

[36] 授首：交出脑袋。

[37] 蹉跌（cuōdiē）：失坠，喻失败。

[38] 逆见：预见，预测。

[39] 利钝：喻顺利或困难。

[40] 逆睹：亦即"逆见"，预料。

赏析

诸葛亮的《后出师表》立论于汉贼不两立和敌强我弱的严峻事实，向后主阐明北伐不仅是为实现先帝的遗愿,也关系到蜀汉的生死存亡,不能因"议者"的不同看法而有所动摇。正因为此表涉及军事态势的分析,事关蜀汉的安危,其忠贞壮烈之气,似又超过《前出师表》。表中"鞠躬尽瘁,死而后已"之句,正是作者在当时形势下所表露的坚贞誓言,令人读来肃然起敬。

全文可分为四个部分。第一部分从审时度势出发,高屋建瓴地指出讨伐曹魏是巩固蜀汉政权、兴复汉室的当务之急。文章的立论,由先帝刘备伐魏的决策开始,坐实到刘备托付诸葛亮伐魏这一重大任务之上。作者用了"惟坐而待亡,孰与伐之"这一无可选择的反问句,说明了这次出师,乃是非做不可的大事,绝不能有所怀疑。第二部分综论蜀中非议的错误。文章从两个方面立论:一是先帝遗意的决心,二是当前形势的有利,指明此刻出师,是为最佳时机,绝不能宴然自惜,偏安蜀郡,得出了"兵法乘劳,此进趋之时也"的结论。第三部分是全文的主要部分,诸葛亮从六个方面具体驳斥了蜀中非议的错误。这一部分是全文最精彩的段落,论证凿凿有据,论点鲜明,无可反驳,行文层层叠叠,用语激昂慷慨,气势充沛,文情深沉,堪为大手笔,大文章。第四部分论述世事多变,难以预料,必须尽力而为。文中"鞠躬尽瘁,死而后已"八个大字,铮铮有声,充分体现了诸葛亮对蜀汉政权的忠肝义胆,是全文高潮之所在,也是诸葛亮人格璀璨光辉之所在。

前后两表,全面表达了诸葛亮伐魏兴汉的决心和信心,但两表的重点有所不同,《前出师表》以劝诫后主刘禅"亲贤臣,远小人"为主,《后出师表》以审时度势,坚定出师的决心为主。较前表而言,后表的重点放在了表达军事方略以及对此次北伐持有反对意见人的驳难上。因为重点是驳斥反对北伐的人,所以文章以议论见长。既是议论,就免不了论点、论据和论证三部分,而文章就是围绕着这三要素进行的。这份表章作于天下三分之后,表现了作者兴邦建业、忠贞不贰的品格,展示了一位老臣"鞠躬尽瘁,死而后已"的崇高思想境界和坚毅的敬业精神。此文善于表达,通过举例来论证自己的观点,毫无呆板说教之嫌。作者为国为君鞠躬尽瘁的精神令后人景仰,一句"死而后已"将那颗赤诚之心表现得淋漓尽致。由于此文是第一次北伐失败后所作,为提升士气,稳定朝局,作者在议论上气势宏伟,感情上慷慨豪迈。六个"臣之未解"将文章之气逐层提升至巅峰。与此同时,说理上义正词严,间接地将苟安之心驳斥得体无完肤。气生于理,理又借助气,更见立论之高远,虽无惊人之笔,但仍很具说服力和震撼效果。

评价

出师大意,首段数语已尽。然此表特为众议纷纭而上,故次段既揭出议者谓为非计,作全表发端语。入后六段,每段但作诘问,绝不用一煞笔,而段末均以未解束住,局势整练中气自疏越,盖逐段皆以发明首段之意,亦即逐段皆以辩难议者之所谓非。或借端发议,或直抒己见。顿挫抑扬,反复辩论。似是平列,而文义实由浅入深,一气贯注。末段以但知尽忠而不能逆料成败利钝作结,结得理足,众议可以毕息矣。"鞠躬"八字,且能

暗顾次段受命以下数语，章法笔力，结得两绝。（余诚：《重订古文释义新编》）

习题

1. 填空题

（1）本文写于诸葛亮第_____次北伐之前，诸葛亮在此之前还写过另外一篇相关的奏表，即_____。

（2）文中第一句所说的"先帝"指的是_____，"汉、贼"分别指的是_____和_____，而"偏安"的地方是_____。

2. 讨论题

（1）根据史料，诸葛亮实际做了哪些事与文中内容相对应？

（2）从文中可以看出诸葛亮是一个怎样的人？

3. 思考题

诸葛亮在文中表达了什么观点？

4. 写作题

诸葛亮在文中驳斥了那些反对北伐的人，如果你站在反对的立场，如何与诸葛亮进行辩论？请你也写一篇议论文反驳诸葛亮的观点。

链接

https：//www.ixueshu.com/document/be6c862ae782c1415e10c6f32b5fc293318947a18e7f9386.html

叶圣陶、俞平伯论《后出师表》

理想使忠厚者常遭不幸；理想使不幸者绝处逢生。平凡的人因理想而伟大；有理想就是一个"大写的人"。

——流沙河

蝶恋花[1]·答李淑一[2]

毛泽东

 题解

这首词是毛主席在1957年5月11日写给湖南长沙第十中学语文教员李淑一同志的。李淑一是柳直荀烈士的妻子，柳直荀1932年在湖北牺牲。李淑一与毛泽东的夫人杨开慧烈士是老同学也是好朋友。她曾在1957年春节给毛主席写了一封信，同时寄去1933年怀念柳直荀烈士的《菩萨蛮·惊梦》旧作一首："兰闺索寞翻身早，夜来触动离愁了。底事太难堪，惊侬晓梦残。征人何处觅，六载无消息！醒忆别伊时，满衫清泪滋！"这首词在一定程度上流露了作者的感伤情绪。毛主席看后给她回了信，并且以极大的热情写了这首《蝶恋花》，字里行间充溢着昂扬的革命精神。信中有这样几句话："大作读毕，感慨系之。"并说，"有《游仙》一首为赠。这种游仙，作者自己不在内，别于古之游仙诗。但词里有之，如咏七夕之类"。因此这首词在1957年发表时，题目就曾叫作《游仙》（赠李淑一）。

我失骄杨君失柳，杨柳轻飏直上重霄九[3]。
问讯吴刚[4]何所有，吴刚捧出桂花酒[5]。
寂寞嫦娥[6]舒广袖[7]，万里长空且为忠魂舞。
忽报人间曾伏虎[8]，泪飞顿作倾盆雨。

 注释

[1] 蝶恋花：词牌的名称，分上下两阕，共六十个字，一般用来填写离愁别绪和缠绵悱恻的内容。

[2] 李淑一：1901年出身于书香门第，上中学时与杨开慧（毛泽东夫人）结为好友，1997年病逝。

[3] 飏（yáng）：飘扬。重霄九：九重霄，天的最高处。古代神话认为天有九重。

[4] 吴刚：神话中月亮里的一个仙人。据唐代段成式《酉阳杂俎》，月亮里有一棵高

五百丈的桂树，吴刚被罚到那里砍树。桂树随砍随合，所以吴刚永远砍不断。

[5] 桂花酒：传说是仙人的饮料。

[6] 嫦娥：神话中月亮上的仙女。据《淮南子·览冥训》，嫦娥（一作姮娥、恒娥）是后羿（yì）的妻子，因为吃了后羿从西王母那里求到的长生不死药而飞到月亮上。

[7] 舒广袖：伸展宽大的袖子。

[8] 伏虎：指革命胜利。

赏析

这首词，上片写杨开慧、柳直荀两位烈士到月宫去，受到仙人吴刚的殷勤款待。下片写仙人嫦娥为两位烈士表演歌舞来表示欢迎。两位烈士听到革命胜利的消息，欢喜得掉下泪来。这首词，表达出作者对两位烈士无限崇敬的心情，也写出了两位烈士的革命精神。通过三重意象的自然转换，将残酷的革命斗争现实以革命浪漫主义的手法书写出来。

第一重在首句"我失骄杨君失柳，杨柳轻飏直上重霄九"。杨开慧和柳直荀两位烈士，一个姓杨，一个姓柳，合起来正好是"杨柳"，一语双关。而杨树和柳树的意象又给人以轻盈飞扬之感，以杨柳喻随风飘扬，直上云霄，仿佛烈士忠魂。不仅如此，杨柳的意象还有更进一层的意蕴。从《诗经》开始，杨柳就是我国古典诗歌中常用的意象，古人折柳送别，寄托离情别绪，正契合了作者对逝去者的依依不舍和无限思念。

第二重意象由人间随着杨柳来到天上，"问讯吴刚何所有，吴刚捧出桂花酒"。这里使用的意象是两个典故，即中国古代神话传说中的"吴刚伐桂"和"嫦娥奔月"。吴刚，唐代段成式《酉阳杂俎》称他是汉朝西河人，跟仙人学修仙，犯了错误，被罚在月宫里砍桂树。桂树高五百丈，砍下去的斧头刚举起，桂树被砍伤的地方立即长好，因此，他一直在砍。由于吴刚跟桂树的关系，所以说他用桂花酒来待客，也想象吴刚已经从罚砍桂树的劳役中释放出来，成为月宫里接待贵宾的人员。曹植《仙人篇》："玉樽盈桂酒。"也以桂酒为仙人饮料。此处结合神话故事，用浪漫主义的手法，想象九霄之上的月宫里，吴刚把酒相迎，嫦娥舒展起宽大的衣袖为英烈起舞，以表敬意。

词作以第三重意象作结，"泪飞顿作倾盆雨"。用夸张的手法表达革命胜利之时的喜悦之情，生动而形象地描绘了喜极而泣的场景。杜甫在《闻官军收河南河北》一诗中也有"剑外忽传收蓟北，初闻涕泪满衣裳"这样的表述。"泪飞顿作倾盆雨"句使全词的情绪由沉重悲痛转向慷慨激昂，境界也随之阔大。

评价

《蝶恋花·答李淑一》悼念杨开慧和柳直荀两位烈士。"杨柳"二字一语双关，堪称天造地设，既指杨、柳两位烈士，又指洁白的杨花柳絮。一个"失"字表明了亲人损失，

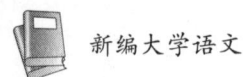

爱情损失，友谊损失，革命损失，饱含着怀念和痛悼深情。一个"骄"字，寓意对"女子革命而丧其元，焉得不骄"的高度赞美。两位烈士灵魂升上"重霄九"，抵达月宫。毛泽东没有描绘月宫的具体场面，而是写"吴刚捧出桂花酒""寂寞嫦娥舒广袖，万里长空且为忠魂舞"。一个"捧"字，道尽吴刚的尊重和敬仰；一个"舒"字，尽现嫦娥的欣喜与畅快。人间传来革命胜利的捷报，"泪飞顿作倾盆雨"。一个"飞"字，惟妙惟肖地写出喜极而泣的酣畅淋漓。这既是烈士死得其所的欣慰之泪，又是仙人对烈士的同情之泪和对人间巨变的庆贺之泪，也是人民群众欢呼解放的幸福之泪。纵观全词，天上与人间交织，现实与想象混成，悼念与赞颂融合。悼念没有悲哀情绪，赞颂则不落俗套，表现了烈士忠魂与日月同辉的深刻主题，情真意切，意境幽远。（汪建新）

 习题

1. 填空题

（1）词的第一句"我失骄杨君失柳"中的"杨"和"柳"分别指的是_____和_____。

（2）词的最后两句中，"忽报人间曾伏虎"运用的修辞手法是_____，"泪飞顿作倾盆雨"运用的修辞手法是_____。

2. 讨论题

（1）据史料记载，原作本为"我失杨花君失柳"，诗人在草写时，灵感突发，将"杨花"改为了"骄杨"，你认为改得好不好？

（2）词作中使用了哪些意象？它们有什么特点？

3. 思考题

（1）词作表达了作者什么样的思想感情？

（2）"吴刚捧出桂花酒"一句用的是什么典故？

4. 写作题

请尝试用《蝶恋花》的词牌创作一首词，题目自拟。

 链接

http：//www.haoshici.com/60cr8bj.html

菩萨蛮·惊梦（醒忆别伊时，满衫清泪滋）

第七章 孝老爱亲济危困

 导读

我国有着历史悠久的"孝老爱亲"文化,儒家思想的精髓是"仁爱",其中最强调"孝"。儒家慈善伦理的根本是仁,它以爱亲为核心,通过仁政("博施于民而能济众")、同情("仁者爱人"),将无血缘关系的百姓、弱者纳入关怀、救济的范围。儒家的慈善伦理是中国传统宗法社会的产物,在现时代面临新的转型,即由爱亲转化为博爱,将慈善从付之于情感("仁")转化为付之于义务和责任("义")。从个人美德转化为社会公正,从"民本主义"转化为"人本主义"。

结合十九大报告,可以从三个方面来研究习近平的孝老爱亲思想:一是习近平在文章与实践中体现的孝老与爱亲思想;二是习近平重视孝老爱亲的原因;三是如何实现孝老爱亲。从传统孝道理论的视角来看,习近平的孝老爱亲思想具有理论高度,为全国人民认真学习与践行起了表率作用。

我们常说"要成才,先成人","成人"意味着一个人应具备良好的道德品质,这也是我们的教育一定不能忽视"德育"的原因。确定德育从"孝"字起航的思路,把孝敬父母教育作为德育的切口,结合学生思想实际,弘扬中华民族传统美德。榜样的力量是无穷的,道德力量是国家发展、社会和谐、人民幸福的重要因素,加强社会主义道德建设,倡导爱国、敬业、诚信、友善等道德规范,形成男女平等、尊老爱幼、扶贫济困、礼让宽容的人际关系,培育文明道德风尚,努力在全社会进一步形成知荣辱、讲正气、促和谐的良好风尚。

> 孝子不谀其亲，忠臣不谄其君，臣子之盛也。
>
> ——《庄子》

缇萦[1]救父

司马迁

题解

缇萦是西汉时期齐国人。她的毅力和勇气，不但使父亲含冤得直，免受肉刑，而且也使汉文帝深受感动，因而废除了残酷的肉刑。缇萦是淳于意五个女儿当中最小的一个。淳于意从前当过官，后来弃官行医，救死扶伤，深受民间尊敬。人们从四面八方，长途跋涉，找他求医。淳于意精于医术，替人医病，治愈了很多病人。本文选自《史记·扁鹊仓公列传》。

文帝四年中，人上书言淳于意受赂，以刑罪当传[2]，西之[3]长安[4]。意有五女，随而泣。意怒，骂曰："生子不生男，缓急[5]无可使者！"于是少女缇萦[6]伤父之言，乃随父西。上书曰："妾父为吏，齐[7]中称其廉平[8]，今坐法[9]当刑[10]，妾切痛死者不可复生，而刑者[11]不可复续[12]，虽欲改过自新，其路莫由，终不可得。妾愿入身为官婢[13]，以赎父刑罪，使得改行自新也。"书闻，上悲[14]其意，此岁亦除肉刑法[15]。

注释

[1] 缇萦（tíyíng）：人名。
[2] 传：驿站的车马，此指用专车押送。
[3] 之：往，到。
[4] 长安：汉朝国都，今陕西西安市。
[5] 缓急：紧急。
[6] 少女缇萦：最小的女儿缇萦。
[7] 齐：古地名，今属山东省。
[8] 廉平：廉洁公平。
[9] 坐法：因为触犯法律。
[10] 当刑：判处肉刑。当，判决，判处。
[11] 刑者：此指遭受砍手足刑罚的人。

[12] 续：连接，接续。

[13] 入身：古时刑律可把罪人收入官府为奴，此指这种惩罚。入，没收。官婢：官府中的女仆。古有规定，若子女愿做奴婢，可赎父罪。

[14] 悲：悲悯。

[15] 此岁亦除肉刑法：这段时间有误，据《史记·孝文本纪》，文帝废除肉刑当在文帝十三年，所以前文所说文帝四年与此矛盾，当作文帝十三年。

赏析

我国历史上关于孝道的典故很多，但大多讲述的是家里儿子对父母的孝顺，如果要提到为人女的孝道，家喻户晓的就是花木兰。而我们本篇的故事主人公缇萦，在历史上是足以与花木兰比肩的一位女性。缇萦救父一事不仅改变了缇萦父亲的命运，更让汉文帝废除了肉刑，改变了汉承秦制的酷刑治国，为文景之治的实现打下了法制基础。缇萦的所作所为堪称为人子女之典范。

在我国悠久的历史文化中，孝道是十分重要的道德规范，也是中华民族长期尊奉的传统美德。文学作品中，关于孝道的典故，不胜枚举。孝道的力量不仅约束着普通老百姓，对至高无上的皇权也有强大的约束力。譬如：开创汉代文景之治的汉文帝是历史上出名的孝子，曾为母亲薄氏亲尝汤药，被列入"二十四孝"。他的行为引得天下人效仿，一时间社会上孝道之风盛行。赏析这篇文章，主要需了解事件发生的时代背景，理解文中的故事，在理解故事经过的基础上感悟孝道这一人间朴素美德。通过学习文中的故事提高自身的人文素养，影响自己的行为。现在有一句成语——改过自新，便源于《缇萦救父》这一历史典故。

评价

缇萦讼父，亦孔有识，推诚上书，文雅甚备，小女之言，乃感圣意，终除肉刑，以免父事。（刘向：《列女传·辩通传》）

习题

1. 填空题

（1）原文中最能体现缇萦孝心的一句话是：＿＿＿＿＿＿＿＿＿＿。

（2）"于是少女缇萦伤父之言"的原因是：＿＿＿＿＿＿＿＿＿＿。

2. 讨论题

（1）结合课文，谈谈缇萦是一个怎样的人。

（2）从缇萦救父这件事，谈谈"文景之治"的历史必然性。

3. 思考题

缇萦和花木兰有什么联系和区别？

4. 写作题

"羊有跪乳之恩，鸦有反哺之义"，请你结合缇萦救父的故事情节，自拟题目，谈一谈你对父母的感恩之情，不得少于 800 字。

 链接

https：//baike.so.com/doc/3765355-3955475.html

缇萦救父

贤不肖不可以不相分,若命之不可易,若美恶之不可移。

——吕不韦《吕氏春秋》

陈情表

李密

 题解

李密（224—287），字令伯，一名虔，犍为武阳（今属四川）人。幼年丧父，母改嫁，由祖母抚养长大。师从当时著名学者谯周，通五经，尤精《春秋左传》。初仕蜀汉，为尚书郎。蜀汉亡，晋武帝召其为太子洗马，密以祖母老病无人供养为辞。《陈情表》是李密写给晋武帝的奏章，文章从自己幼年的不幸遭遇写起，说明自己与祖母相依为命的特殊感情，叙述祖母抚育自己的大恩，以及自己应该报养祖母的大义；除了感谢朝廷的知遇之恩以外，又倾诉自己不能从命的苦衷，辞意恳切，真情流露，语言简洁，委婉畅达。此文被认定为中国文学史上抒情文的代表作之一，有"读诸葛亮《出师表》不流泪不忠，读李密《陈情表》不流泪者不孝"的说法。相传晋武帝看了此表后很受感动，特赏赐给李密奴婢二人，并命郡县按时给其祖母供养。

臣密言：臣以险衅[1]，夙[2]遭闵[3]凶[4]。生孩六月，慈父见背[5]；行年四岁，舅夺母志[6]。祖母刘悯臣孤弱，躬亲抚养。臣少多疾病，九岁不行，零丁孤苦，至于成立[7]。既无叔伯，终鲜兄弟，门衰祚[8]薄，晚有儿息[9]。外无期功强近之亲[10]，内无应门五尺之僮[11]，茕茕孑立[12]，形影相吊[13]。而刘夙婴[14]疾病，常在床蓐[15]，臣侍汤药，未曾废离[16]。

逮奉圣朝，沐浴清化[17]。前太守[18]臣逵察[19]臣孝廉[20]，后刺史[21]臣荣举臣秀才[22]。臣以供养无主，辞不赴命。诏书特下，拜[23]臣郎中[24]，寻[25]蒙国恩，除[26]臣洗马[27]。猥[28]以微贱，当侍东宫[29]，非臣陨首[30]所能上报。臣具以表闻，辞不就职。诏书切峻[31]，责臣逋慢[32]。郡县逼迫，催臣上道；州司[33]临门，急于星火。臣欲奉诏奔驰，则刘病日笃[34]；欲苟顺[35]私情，则告诉不许：臣之进退，实为狼狈。

伏惟[36]圣朝以孝治天下，凡在故老[37]，犹蒙矜育[38]，况臣孤苦，特为尤甚。且臣少仕伪朝[39]，历职郎署[40]，本图宦达，不矜[41]名节。今臣亡国贱俘，至微至陋，过蒙拔擢，宠命[42]优渥[43]，岂敢盘桓，有所希冀。但以刘日薄西山，气息奄奄，人命危浅，朝不虑夕。臣无祖母，无以至今日；祖母无臣，无以终余年。母、孙二人，更相为命，是以区区[44]不能废远。

臣密今年四十有四，祖母刘今年九十有六，是臣尽节于陛下[45]之日长，报养刘之日短也。乌鸟私情[46]，愿乞终养。臣之辛苦，非独蜀之人士及二州[47]牧伯[48]所见明知，皇天后土[49]，实所共鉴。愿陛下矜悯愚诚[50]，听[51]臣微志，庶刘侥幸，保卒余年。臣生当陨首，死当结草[52]。臣不胜犬马[53]怖惧之情，谨拜表以闻。

注释

[1] 险衅（xìn）：灾难祸患，指命运坎坷。

[2] 夙：早。这里指幼年时。

[3] 闵：通"悯"，指可忧患的事（多指疾病死丧）。

[4] 凶：不幸。

[5] 见背：弃我而死去。

[6] 舅夺母志：指舅父强行改变了李密母亲守节的志向，李母改嫁。

[7] 成立：长大成人。

[8] 祚（zuò）：福分。

[9] 儿息：儿子。

[10] 期功强近之亲：指比较亲近的亲戚。古代丧礼制度以亲属关系的亲疏规定服丧时间的长短，服丧一年称"期"，九月称"大功"，五月称"小功"。

[11] 应门五尺之僮：五尺高的小孩。应门，照应门户。僮，童仆。

[12] 茕（qióng）茕孑（jié）立：生活孤单无靠。茕茕，孤单的样子。孑，孤单。

[13] 吊：安慰。

[14] 婴：纠缠。

[15] 蓐（rù）：通"褥"，垫子。

[16] 废离：废养而远离。

[17] 清化：清明的政治教化。

[18] 太守：郡的地方长官。

[19] 察：考察。这里是推举的意思。

[20] 孝廉：汉代以来举荐人才的一种科目，举孝顺父母、品行方正的人。汉武帝开始令郡国每年推举孝廉各一名，晋时仍保留此制，但办法和名额不尽相同。"孝"指孝顺父母，"廉"指品行廉洁。

[21] 刺史：州的地方长官。

[22] 秀才：当时地方推举优秀人才的一种科目，这里是优秀人才的意思，与后代科举的"秀才"含义不同。

[23] 拜：授官。

[24] 郎中：官名。晋时各部有郎中。

[25] 寻：不久。

[26] 除：任命官职。

[27] 洗马：官名。太子的属官，在宫中服役，掌管图书。

[28] 猥：辱。自谦之词。

[29] 东宫：太子居住的地方。这里指太子。

[30] 陨（yǔn）首：丧命。

[31] 切峻：急切严厉。

[32] 逋慢：回避怠慢。

[33] 州司：州官。

[34] 日笃：日益沉重。

[35] 苟顺：姑且迁就。

[36] 伏惟：旧时奏疏、书信中下级对上级常用的敬语。

[37] 故老：遗老。

[38] 矜育：怜惜抚育。

[39] 伪朝：指蜀汉。

[40] 历职郎署：指曾在蜀汉官署中担任过郎官职务。

[41] 矜：矜持爱惜。

[42] 宠命：恩命。指拜郎中、洗马等官职。

[43] 优渥（wò）：优厚。

[44] 区区：拳拳。形容自己的私情。

[45] 陛下：对帝王的尊称。

[46] 乌鸟私情：相传乌鸦能反哺，所以常用来比喻子女对父母的孝养之情。

[47] 二州：指益州和梁州。益州治所在今四川省成都市，梁州治所在今陕西省勉县东，二州区域大致相当于蜀汉所统辖的范围。

[48] 牧伯：刺史。上古一州的长官称牧，又称方伯，所以后代以牧伯称刺史。

[49] 皇天后土：犹言天地神明。

[50] 愚诚：愚拙的至诚之心。

[51] 听：听许，同意。

[52] 结草：据《左传·宣公十五年》记载，晋国大夫魏武子临死的时候，嘱咐他的儿子魏颗，把他的遗妾杀死以后殉葬。魏颗没有照他父亲说的话做。后来魏颗跟秦国的杜回作战，看见一个老人把草打了结把杜回绊倒，杜回因此被擒。到了晚上，魏颗梦见结草的老人，他自称是没有被杀死的魏武子遗妾的父亲。后来就把"结草"用来作为报答恩人心愿的表示。

[53] 犬马：作者自比，表示谦卑。

赏析

表也叫奏议，是中国古代应用广泛的一类上行公文，它的产生源于国家的建立与君主专政的需要。作为经国之枢机，它上关政本，下系民瘼，是古代文书行政体系的主要载体之一。

李密是蜀汉后主刘禅的官员，司马昭灭蜀汉之后，李密成了亡国之臣。亡国滋味不好受，亡国之臣也不好当，李密便想退隐在家侍奉祖母。晋武帝打算重用他，请李密做洗马，洗马为太子的侍官，是相当有前途的职务。而李密不愿再为官，主要因为李密怀旧，对蜀汉感情颇深。作为蜀汉旧臣，李密也担心晋武帝无法从内心信任他。这些原因李密是说不出口的，他只能借由"孝"这个理由，辞不就职。有人说李密选择了动之以情，放弃了晓之以理的策略，这是不妥当的。自古忠孝难两全，为了效忠朝廷不能尽孝的例子比比皆是，李密不是不清楚，为了尽孝不做官这一点很容易被梁武帝反驳，他很巧妙地解决了这个矛盾。文中说道，"臣密今年四十有四，祖母刘今年九十有六，是臣尽节于陛下之日长，报养刘之日短也"。意思是等我把祖母养老送终以后再去报效朝廷。从这一点可以看出，李密在动之以情背后是下了很大的功夫说理的。

虽然李密是为了达到他"辞不就职"这一目的，但我们也能感受到他对于祖母的孝心不是装出来的，他在第一段先写自己与祖母特殊的关系和特殊的命运，并且还写出"臣侍汤药，未曾废离"这样的细节。在讲述与祖母关系的文字中李密极其克制，并未一味宣泄情感，这显得更真实，反而让我们更能接受他与祖母的浓厚亲情。

评价

读诸葛孔明《出师表》而不堕泪者，其人必不忠。读李令伯《陈情表》而不堕泪者，其人必不孝。（赵与时：《宾退录》）

习题

1. 填空题

分析词语古今异义。

①不行　古：_____；今：_____。

②成立　古：_____；今：_____。

③洗马　古：_____；今：_____。

④上报　古：_____；今：_____。

⑤告诉　古：_____；今：_____。

⑥区区　古：_____；今：_____。
⑦辛苦　古：_____；今：_____。
⑧侥幸　古：_____；今：_____。

2. 讨论题

（1）李密是从哪几个方面阐述拒绝任职的理由的？

（2）从哪些方面可以看出李密和他祖母感情深厚？

3. 思考题

俗话说"忠孝难两全"，请你谈谈这两者的区别和联系。

4. 写作题

李密在《陈情表》中写道："臣欲奉诏奔驰，则刘病日笃；欲苟顺私情，则告诉不许：臣之进退，实为狼狈。"自古忠孝难两全，人生有时不得不面对许多两难的抉择，请你体会作者心情，自拟题目，写一篇关于"选择"的作文，不少于800字。

**链接**

https：//so. gushiwen. org/shiwenv_f84986dafb2d. aspx

陈情表

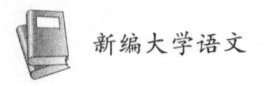

> 世界上的一切光荣和骄傲，都来自母亲。
>
> ——高尔基

傅雷家书（节选）

傅雷

 题解

傅雷（1908—1966），我国著名翻译家，20世纪30年代起致力于法国文学的翻译介绍工作，毕生翻译作品三十余部。写有《世界美术名作二十讲》等专著，以及《贝多芬的作品及精神》《评〈三里湾〉》等论文。

《傅雷家书》是傅雷及夫人1954—1966年写给孩子傅聪、傅敏的家信摘编，是一本"充满父爱的苦心孤诣、呕心沥血的教子篇，是最好的艺术学徒的修养读物"。该书1981年出版，1986年获得"全国首届优秀青年读物"一等奖。

亲爱的孩子……对恋爱的经验和文学艺术的研究，朋友中数十年悲欢离合的事迹和平时的观察思考，使我们在儿女的终身大事上能比别人的父母更有参加意见的条件……

首先态度和心情都要尽可能的冷静，否则观察不会准确。初期交往容易感情冲动，单凭印象，只看见对方的优点，看不出缺点，甚至夸大优点，美化缺点。便是与同性朋友相交也不免如此，对异性更是常有的事。许多青年男女婚前极好，而婚后逐渐相左，甚至反目，往往是这个原因。感情激动时期不仅会耳不聪，目不明，看不清对方，自己也会无意识的只表现好的方面，把缺点隐藏起来。保持冷静还有一个好处，就是不至于为了谈恋爱而荒废正业，或是影响功课或是浪费时间或是损害健康，或是遇到或大或小的波折时扰乱心情。

所谓冷静，不但是表面的行动，尤其内心和思想都要做到。当然这一点是很难。人总是人，感情上来，不容易控制，年轻人没有恋爱的经验更难维持身心的平衡，同时与各人的气质有关。我生平总不能临时沉着，极容易激动，这是我的大缺点。幸而事后还能客观分析，才不至于使当场的意气继续发展，闹得不可收拾。我告诉你这一点，让你知道如临时不能克制，过后必须由理智来控制大局；该纠正的就该纠正，该向人道歉的就道歉，该收篷时就收篷。总而言之，以上两点归纳起来只是：感情必须由理智控制。要做到，必须下一番苦功在实际生活中长期锻炼。

我一生从来不曾有过"恋爱至上"的看法。"真理至上""道德至上""正义至上"这种种都应当作为立身的原则。恋爱不论在如何狂热的高潮阶段也不能侵犯这些原则。朋

友也好,妻子也好,爱人也好,一遇到重大关头,与真理、道德、正义……有关的问题,决不让步。

其次,人是最复杂的动物,观察决不可简单化,而要耐心、细致、深入,经过相当的时间、各种不同的事故和场合。处处要把科学的客观精神和大慈大悲的同情心结合起来。对方的优点,要认清是不是真实可靠的,是不是你自己想象出来的,或者是夸大的。对方的缺点,要分出是否与本质有关。与本质有关的缺点,不能因为其他次要的优点而加以忽视。次要的缺点也得辨别是否能改,是否发展下去会影响品性或日常生活。人人都有缺点,谈恋爱的男女双方都是如此。问题不在于找一个全无缺点的对象,而是要找一个双方缺点都能各自认识,各自承认,愿意逐渐改,同时能彼此容忍的伴侣(此点很重要。有些缺点双方都能容忍,有些则不能容忍,日子一久即造成裂痕)。最好双方尽量自然,不要做作,各人都拿出真面目来,优缺点一齐让对方看到。必须彼此看到了优点,也看到了缺点,觉得都可以相忍相让,不会影响大局的时候,才谈得上进一步的了解;否则只能做一个普通的朋友。可是要完全看出彼此的优缺点,需要相当时间,也需要各种大大小小的事故来考验;绝对急不来!更不能轻易下结论!(不论是好的结论或坏的结论)唯有极坦白,才能暴露自己;而暴露自己的缺点总是越早越好,越晚越糟!为了求恋爱成功而尽量隐藏自己的缺点的人其实是愚蠢的。当然,在恋爱中不知不觉表现出自己的光明面,不知不觉隐藏自己的缺点,不在此例。因为这是人的本能,而且也证明爱情能促使我们进步,往善与美的方向发展,正是爱情的伟大之处,也是古往今来的诗人歌颂爱情的主要原因。小说家常常提到,我们在生活中也一再经历:恋爱中的男女往往比平时聪明;读起书来也理解得快;心地也往往格外善良,为了自己幸福而也想使别人幸福,或者减少别人的苦难;同情心扩大就是爱情可贵的具体表现。事情主观上固盼望必成,客观方面仍须有万一不成的思想准备。为了避免失恋等等的痛苦,这一点"明智"我觉得一开头就应当充分掌握。最好勿把对方做过于肯定的想法,一切听凭自然演变。

总之,一切不能急,越是事关重要,越要心平气和,态度安详,从长考虑,细细观察,力求客观!感情冲上高峰很容易,无奈任何事物的高峰(或高潮)都只能维持一个短时间,要久而弥笃的维持长久的友谊可就很难了……

除了优缺点,俩人性格脾气是否相投也是重要因素。刚柔、软硬、缓急的差别要能相互适应调剂。还有许多表现在举动、态度、言笑、声音……之间说不出也数不清的小习惯,在男女之间也有很大作用,要弄清这些就得冷眼旁观慢慢咂摸。所谓经得起考验乃是指有形无形的许许多多批评与自我批评(对人家一举一动所引起的反应即是无形的批评)。诗人常说爱情是盲目的,但不盲目的爱毕竟更健全更可靠。

人生观、世界观问题你都知道,不用我谈了。人的雅俗和胸襟气量倒是要非常注意的。据我的经验:雅俗和胸襟往往带先天性的,后天改造很少能把低的往高的水平上提,故交往期间应该注意对方是否有胜于自己的地方,将来可帮助我进步,而不至于反过来使我往后退。你自幼看惯家里的作风,想必不会忍受量窄心浅的性格。

以上谈的全是笼笼统统的原则问题……

长相身材虽不是主要考虑点，但在一个爱美的人也不能过于忽视。

交友期间，尽量少送礼物，少花钱；一方面表明你的恋爱观念与物质关系极少牵连，另一方面也是考验对方。

赏析

课文节选的是傅雷写给次子傅敏的信，信中主要探讨的是年轻人该如何正确看待和处理恋爱婚姻的问题。这个问题既普通寻常，又特殊重大。几乎每一位年轻人都会遇上这个问题，解决不好会影响一生。信中告诉年轻人谈恋爱时要冷静，"不至于为了谈恋爱而荒废正业，或是影响功课或是浪费时间"，任何时候都要坚持"真理至上""道德至上""正义至上"的立身原则。观察恋爱对象的本质，"问题不在于找一个全无缺点的对象，而是要找一个双方缺点都能各自认识，各自承认，愿意逐渐改，同时能彼此容忍的伴侣"。父亲作为"过来人"，在信中像良师益友一样提出意见和建议，拳拳爱子之心，溢于言表。读者在这样没有半点虚假的"恳谈"中，更能获得人生的启示。

评价

有许多年轻人在读了《傅雷家书》后说："我能有这样一个父亲就好了。"其实他们应该这样说："我要努力成为傅雷这样的父亲。"（商友敬）

习题

1. 填空题

（1）《傅雷家书》是傅雷及夫人1954—1966年写给孩子傅聪、傅敏的_____，是一本"充满父爱的苦心孤诣、呕心沥血的教子篇，是最好的艺术学徒的修养读物"。该书1981年出版，1986年获得"_____"一等奖。

（2）课文节选的是1962年3月8日写给次子傅敏的信，信中主要探讨的是_____。

2. 讨论题

（1）傅雷在文中谈到恋爱中的男女双方应该具备什么样的素质？

（2）傅雷认为在恋爱中男女双方应遵守什么样的原则？

3. 思考题

（1）请谈谈什么是文中提到的"不盲目的爱"。

（2）现代人谈恋爱讲求仪式感，不免要花费金钱，而傅雷却说交友期间尽量少送礼物、少花钱，这是为什么？

4. 写作题

请你模仿《傅雷家书》中父亲傅雷的语气，给你未来的子女写一封信，告诉他/她你认为的处世之道，不得少于 800 字。

 链接

https：//baike.so.com/doc/6782331-6998760.html
傅雷家书百科

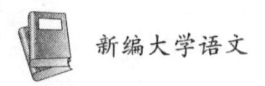

第八章 文明守礼促和谐

 导读

儒家思想是我国最重要的传统思想之一，其历史悠久、内涵丰富，影响了一代又一代的中华儿女。

"和"的思想是中国传统文化的精髓，一直是儒家极致性的价值追求和道德境界之一。儒家"和"文化内涵具有多层次性、多维度性。本文通过概括性总结，主要从宗法伦理关系之"和"、群己之"和"、天人之"和"、身心之"和"四个层面来阐述儒家"和"文化内涵，揭示了人与人、人与社会、人与自然、社会与自然之间以及自然系统内部、社会系统内部之间的和合生生关系。当代学者从理论层面、实践层面丰富与发展了儒家"和"文化精神。理论上，他们从多种视角来解读"和"的思想，提炼"和"的时代价值，彰显"和"的时代意蕴。如张岱年先生的"兼和"观，张立文先生的"和合学"以及费孝通先生的"美美与共"思想，都多层面、多维度地拓展了和合生生的思想，使"和"文化精神更加丰富，并且对我国的治国理政方略有深刻的影响。实践上，1949年后，历代领导集体都把儒家"和"文化精神运用到社会主义和谐社会的建设上，协调国际、国内各个领域的动态平衡关系，使和合生生的文化理念在社会实践的各个方面得以拓展。

党的十八大以来，以习近平同志为核心的党中央提出的一系列方针、政策、战略构想等，都蕴含着全方位、多维度的和合生生理念。如"五大发展理念"、"五位一体"总体布局、"一带一路"倡议、"新型大国关系"等，都充分彰显了党中央在治国理政方面既继承传统，具有文化自信，又高瞻远瞩，不断与时俱进；既有中国特色，体现中国文化精粹，又具有世界眼光，契合马克思主义的基本立场，从而把马克思主义高度尊重实践、高度尊重时代、高度尊重自然客观性、高度尊重现实人性、高度尊重社会历史性、高度尊重人民群众的基本立场、观点和方法，与我国传统和合生生理念所蕴含的尊重多样性、提倡平等性、注重现实性、追求开放性、实现共生性的文化基因内在嵌合起来，使得传统"和"文化精神在治国理政的现实实践之中得以大时空、多维度、全方位地拓展，在社会主义的政治建设、经济建设、文化建设、生态建设、国际关系建构等各个领域都凸显了全方位生生互动的文化理念与时代精神。

三人行，必有我师焉，择其善者而从之，其不善者而改之。

——《论语》

尊师

吕不韦

 题解

吕不韦（？—前235），卫国濮阳（今河南省滑县）人。战国末年商人、政治家。吕不韦早年经商于阳翟，扶植秦国质子异人回国即位，成为秦庄襄王，吕被拜为丞相，封文信侯，食邑十万户。后他带兵攻取周、赵、卫土地，分别设立三川郡、太原郡、东郡，对秦王嬴政兼并六国的事业做出了重大贡献。庄襄王去世后，嬴政即位，拜吕为相国，尊称"仲父"。后受到嫪毐集团叛乱牵连，罢相归国，全家流放蜀郡，不韦畏惧，饮鸩自尽。主持编纂《吕氏春秋》（又名《吕览》），包含八览、六论、十二纪，汇合了先秦诸子各派学说，"兼儒墨，合名法"，史称"杂家"。其中的《劝学》《诬徒》《尊师》《善学》诸篇所反映出来的尊师重教思想十分深刻。

神农师悉诸，黄帝师大挠，帝颛顼师伯夷父，帝喾师伯招，帝尧师子州支父，帝舜师许由，禹师大成贽，汤师小臣[1]、文王、武王师吕望、周公旦，齐桓公师管夷吾，晋文公师咎犯、随会，秦穆公师百里奚、公孙枝，楚庄王师孙叔敖、沈尹巫，吴王阖闾师伍子胥、文之仪，越王勾践师范蠡、大夫种。此十圣人、六贤者，未有不尊师者也。今尊不至于帝，智不至于圣，而欲无尊师，奚由至哉？此五帝之所以绝，三代之所以灭。

且天生人也，而使其耳可以闻，不学，其闻不若聋；使其目可以见，不学，其见不若盲；使其口可以言，不学，其言不若爽[2]；使其心可以知，不学，其知不若狂。故凡学，非能益也，达天性也。能全天之所生而勿败之，是谓善学。子张，鲁之鄙家也；颜涿聚[3]，梁父之大盗也；学于孔子。段干木，晋国之大驵[4]也，学于子夏。高何、县子石，齐国之暴者也，指于乡曲，学于子墨子。索卢参，东方之钜狡也，学于禽滑黎。此六人者，刑戮死辱之人也，今非徒免于刑戮死辱也，由此为天下名士显人，以终其寿，王公大人从而礼之，此得之于学也。

凡学，必务进业，心则无营[5]，疾讽诵，谨司闻[6]，观骧[7]愉，问书意，顺耳目，不逆志，退思虑，求所谓，时辨说，以论道，不苟辨，必中法，得之无矜[8]，失之无惭，必反其本。生则谨养，谨养之道，养心为贵；死则敬祭，敬祭之术，时节为务；此所以尊师

也。治唐圃[9]，疾灌寖[10]，务种树；织葩屦[11]，结罝网，捆蒲苇；之田野，力耕耘，事五谷；如山林，入川泽，取鱼鳖，求鸟兽；此所以尊师也。视舆马，慎驾御；适衣服，务轻暖；临饮食，必蠲絜[12]；善调和，务甘肥；必恭敬；和颜色，审辞令；疾趋翔[13]，必严肃；此所以尊师也。

君子之学也，说义必称师以论道，听从必尽力以光明。听从不尽力，命之曰背；说义不称师，命之曰叛；背叛之人，贤主弗内[14]之于朝，君子不与交友。故教也者，义之大者也；学也者，知之盛者也。义之大者，莫大于利人，利人莫大于教。知之盛者，莫大于成身[15]，成身莫大于学。身成则为人子弗使而孝矣，为人臣弗令而忠矣，为人君弗强而平矣，有大势可以为天下正矣。故子贡问孔子曰："后世将何以称夫子？"孔子曰："吾何足以称哉？勿已者，则好学而不厌，好教而不倦，其惟此邪。"天子入太学[16]，祭先圣，则齿尝为师者弗臣[17]，所以见敬学与尊师也。

注释

[1] 小臣：指伊尹。

[2] 爽：与"喑"同义，不能说话的意思。

[3] 颜涿（zhuō）聚：名庚，齐大夫，孔子的弟子，死于哀公二十三年犁丘之役，故《淮南子》称他"为齐忠臣"，此篇言"以终其寿"，盖为误记。

[4] 驵（zǎng）：驵侩，马匹交易的经纪人，泛指集市贸易的经纪人。

[5] 营：通"荧"，惑乱。

[6] 司闻：指主闻的耳朵。

[7] 貆（huān）：同"欢"。

[8] 矜：自夸，夸耀。

[9] 唐圃：场圃，是种瓜、果、蔬菜的园地。唐，通"场"。

[10] 寖：同"浸"，灌溉。

[11] 葩屦：麻鞋。

[12] 蠲絜（juānjié）：清洁。絜，通"洁"。

[13] 趋翔（qiàng）：步行有节奏。翔，通"跄"。

[14] 内：同"纳"，接纳。

[15] 成身：指自我道德修养的完善，成为君子。

[16] 太学：这里指明堂。明堂是古代帝王宣明政教的地方。

[17] 齿：列。弗臣：不把他们作臣下看待。

赏析

尊师重教是中华文明之美德，强调所有成功者都是因为有好的老师教导才有所成就，古代明君圣贤历朝历代都受到人们的景仰敬佩，但他们无不是因为有名师指导，才成就了伟大的事业，他们的老师很多也流芳百世，成为一朝兴盛的股肱之臣。比如姜子牙辅佐周文王，被周文王封为"太师"，尊为"师尚父"。姜子牙是齐国的缔造者，是周文王倾商和武王克纣背后的第一谋士、最高军事统帅。他是西周的开国元勋，齐文化的创始人，被尊为"百家宗师"。

荀子曾说："国将兴，比尊师而重傅。"《尊师》一文中，列举了历代名师，称他们为"十圣六贤"，并说"今尊不至于帝，智不至于圣，而欲无尊师，奚由至哉？此五帝之所以绝，三代之所以灭"。把不尊师的后果说得十分严重，以引起君主的警觉。

无论学习知识还是学习技能，在快速发展的社会里，不可能所有事情都进行实证后才相信，只有在老师的教导下，掌握社会发展的规律，合理运用所掌握的知识，针对当下的实际情况进行实践，形成新的成果，这才是学习的根本。老师是启发学生思考和创造的直接启动者，并非老师就必须比学生厉害，而是老师通过启发学生，引导学生取得成就。老师是专业探究学习方式之人，学生更多是应用实践之人，彼此互动，相得益彰，形成文化的延续传承和社会的发展。师生本是相互成就者，学生也在成就老师，所以一个老师能教育出出类拔萃的学生，这也是老师的成功之处。

评价

古之学者必严其师，师严然后道尊。（欧阳修）

习题

1. 填空题

（1）文中体现作者谈论为学之道的一句是_____。

（2）_____，为人臣弗令而忠矣，_____，有大势可以为天下正矣。

2. 讨论题

（1）讨论一下《尊师》和韩愈的《师说》有什么区别和联系。

（2）当今社会存在许多师生矛盾，请你从学生角度谈谈如何减少师生矛盾。

3. 思考题

（1）古今师生关系的异同。

（2）结合自身经历谈谈你如何尊师。

4. 写作题

一个人成才离不开老师的教导，请你结合自己的亲身经历，写一篇《尊师》读后感，谈谈如何处理好师生关系。不得少于800字。

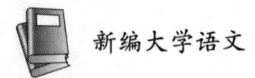

 **链接**

http://wyw.5156edu.com/html/z5099m2536j3230.html

吕氏春秋·尊师

人无礼则不生，事无礼则不成，国无礼则不守。

——孔子

里革断罟匡君

左丘明

题解

左丘明，春秋晚期人，与孔子大致同时而略早。《春秋左氏传》《国语》传为其所作。《里革断罟匡君》讲的是鲁宣公不顾时令，夏季滥捕泗水之鱼。大夫里革毅然断罟，向鲁宣公指明生物有其自然生长的规律，绝不能在繁殖时期捕杀，以免造成自然资源的匮乏。鲁宣公闻谏，私心顿释，不但不因里革的断罟而羞恼，反而称许里革。乐师存也及时进言，将里革荐举到君主之侧。乐师存之言虽然简略，但也意味深长，令人难忘。

宣公夏滥于泗渊，里革断其罟而弃之[1]，曰："古者大寒降，土蛰发，水虞于是乎讲罛罶[2]，取名鱼，登川禽，而尝[3]之寝庙，行诸国，助宣气也。鸟兽孕[4]，水虫成，兽虞于是乎禁罝罗[5]，猎鱼鳖，以为夏槁[6]，助生阜也。鸟兽成，水虫孕，水虞于是乎禁罜䍡[7]，设阱鄂，以实庙庖，畜功用也。且夫山不槎蘖[8]，泽不伐夭，鱼禁鲲鲕，兽长麑䴠，鸟翼鷇卵，虫舍蚳蝝，蕃庶物也，古之训也[9]。今鱼方别孕，不教鱼长，又行网罟，贪无艺也[10]。"

公闻之，曰："吾过而里革匡我[11]，不亦善乎！是良罟也！为我得法。使有司藏之，使吾无忘谂[12]。"师存侍[13]，曰："藏罟不如置里革于侧之不忘也。"

注释

[1]宣公：即鲁宣公。滥：这里是沉浸的意思。泗：水名，发源于山东蒙山南麓。渊：水深处。里革：鲁国大夫。断：这里是割破的意思。罟（gǔ）：网。

[2]降：过去。土蛰（zhé）：动物冬眠时潜伏在土中或洞穴中不食不动的状态。这里指在地下冬眠的动物。讲：安排，讲求。罛（gū）：大渔网。罶（liǔ）：捕鱼的竹篓。

[3]登：抓取。尝：以应时的新鲜食物祭祀祖先。

[4]孕：怀胎。

[5]罝（jū）：捕兔的网。罗：捕鸟的网。

[6]猎（zé）：刺取。槁：干枯，这里指鱼干。

[7] 罜䍡（zhǔlù）：小孔渔网。

[8] 槎（zhà）蘖（niè）：槎，砍伐。蘖，树木的嫩芽，也指树木被砍伐后所生的新芽。

[9] 夭：初生的草木。鲲（kūn）：鱼子。鲕（ér）：鱼苗。长：使成长，抚养。麑：幼鹿。鷇（kòu）：待哺食的雏鸟。卵：鸟蛋。蚳（zhǐ）：蚁卵。蝝（yuán）：蝗的幼虫，是古人做酱的原料。蕃：繁殖，滋生。庶物：万物。

[10] 贪：贪欲。艺：限度。

[11] 过：过失，错误。匡：改正，纠正。

[12] 有司：官吏。古代设官分职，各有专司，因称官吏为"有司"。谂（shěn）：规谏。

[13] 师：乐师，名存。

赏析

《里革断罟匡君》出自《国语》。这是一篇有关春秋时期鲁国生态保护政策的文章。文章强调利用开发大自然要顺时有度、适可而止，这样大自然才有取之不尽、用之不竭的财富供给人类。绝对不可用竭泽而渔、杀鸡取卵的方式无度、违时地开发。全文情节虽简，却极尽起伏变化之妙；事情虽小，却蕴含深刻的道理。本文写鲁宣公不顾时令，下网捕鱼，里革当场割破渔网，强行加以劝阻。里革先声夺人，引古论今，批评宣公任意捕鱼的行动是出于贪心。乐师存也是快人快语，使"匡君"的主题更加突出。

古往今来，为人臣子的为匡救君主过失，敢于冒犯君威直言劝谏者不乏其人，但像里革那样，对宣公"夏滥于泗渊"的做法，直接采取"断罟"的行动针锋相对地加以阻止的，却不多见。所幸的是他不但未遭到宣公的任何责难或处分，反而还受到了褒扬。这实在得归功于里革借古讽今来巧妙开导宣公的一番谏词。

这篇谏词详细介绍了古人对捕鱼猎兽原则的规定，强调不管是捕捞还是狩猎都应取之有时，用之有度。或取或蓄，必须有利于"助宣气""助生阜""蓄功用""蕃庶物"，因此要避开鸟兽、水禽的繁殖成长期，严格遵守相关原则，使它们能够生生不息，取之不尽，用之不竭。而所谓的托言古训，其实是直接指出宣公夏滥之非时，是贪得无厌的行为。古今鲜明的对比以及显而易见的道理，具有很强的说服力，使宣公听后深受启发，立刻觉醒认错，诚恳地接受了里革的意见。良臣匡君，贤主纳谏，被传为一段佳话。

值得注意的是，里革所论的"古之训"，比起后来孟子所讲的"数罟不入洿池，鱼鳖不可胜食也；斧斤以时入山林，材木不可胜用也"，更显得完备而具体。里革可谓是古代中国那些最早注意到保护生态环境、维护生态平衡的学者和政治家们的典型代表了。直到今天，这些主张还有着重要的学术价值和现实意义。中国自古以来，对于有益于人类的鸟兽虫鱼，总是采取有节制的捕获策略的。这与我们今天所说的"可持续发展"有相通之处。此外，此篇的结尾也颇为巧妙，当写到宣公听了里革的话后，令人将断罟收藏起来作为镜鉴时，却冒出一个师存来锦上添花："藏罟不如置里革于侧之不忘也。"如此一下子就把主题升华到了纳谏不如用贤上来，不能不说这是本文的另一大亮点。

评价

为了"匡君"，里革先声夺人，引古论今，以理服人，层层推演，道出了违时滥捕的实质是认识肤浅，"贪无艺也"。览古鉴今，学习古人朴素的经济观、生态观、发展观，加上今天的科学发展观，让我们真正切实地保护生态环境。（何正兵）

习题

1. 填空题

（1）左丘明与_____是同时期人，据传其著有_____、_____等。

（2）《里革断罟匡君》讲的是鲁宣公不顾时令，夏季滥捕泗水之鱼。大夫里革_____，向鲁宣公指明_____，_____，以免造成自然资源的匮乏。

2. 讨论题

（1）本文体现了什么样的环保理念？

（2）文中哪些地方体现了里革的环保理念？

3. 思考题

（1）本文末尾，宣公一个名叫存的乐师说："藏罟不如置里革于侧之不忘也。"你认为有里革这样一个臣子对国家有什么好处？

（2）结合本文，自拟题目，谈一谈当今社会提倡的可持续发展观对人类的益处，不得少于 800 字。

 链接

https：//so. gushiwen. org/shiwenv_ c3b5b9d96b14. aspx

《里革断罟匡君》赏析

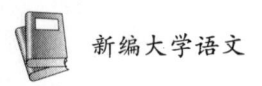

> 一个人的礼貌，就是一面照出他的肖像的镜子。
>
> ——歌德

边城（节选）

沈从文

 **题解**

沈从文（1902—1988），原名沈岳焕，湖南凤凰人。现代小说家、散文家、文物研究专家、京派小说代表人物。著有小说《边城》《阿黑小史》《长河》，小说集《虎雏》《月下小景》《八骏图》等，散文集《从文自传》《湘行散记》《湘西》等。

《边城》写于1934年，是沈从文先生享誉中外的名作。它以20世纪30年代川湘交界的边城小镇茶峒为背景，描写了一个老船夫和他的外孙女翠翠相依为命的生活，以及翠翠与天保、傩送两兄弟的爱情悲剧故事。围绕这个故事，小说对边城富有特色的自然景致、风土习俗、人情世态做了诗情画意的描绘，在展现湘西的风景、风俗、人情美的同时，展现了"优美、健康、自然而不悖于人性的人生形式"，展示了作者心目中向往的美好世界，也蕴含了丰富的人生感悟和启示，其美学意蕴深邃高远，读来耐人寻味。

一

由四川过湖南去，靠东有一条官路。这官路将近湘西边境到了一个地方名为"茶峒"的小山城时，有一小溪，溪边有座白色小塔，塔下住了一户单独的人家。这人家只一个老人，一个女孩子，一只黄狗。

小溪流下去，绕山岨流，约三里便汇入茶峒的大河。人若过溪越小山走去，则只一里路就到了茶峒城边。溪流如弓背，山路如弓弦，故远近有了小小差异。小溪宽约二十丈，河床为大片石头作成。静静的水即或深到一篙不能落底，却依然清澈透明，河中游鱼来去皆可以计数。小溪既为川湘来往孔道，水常有涨落，限于财力不能搭桥，就安排了一只方头渡船。这渡船一次连人带马，约可以载二十位搭客过河，人数多时则反复来去。渡船头竖了一支小小竹竿，挂着一个可以活动的铁环，溪岸两端水槽牵了一段废缆，有人过渡时，把铁环挂在废缆上，船上人就引手攀缘那条缆索，慢慢的牵船过对岸去。船将拢岸了，管理这渡船的，一面口中嚷着"慢点慢点"，自己霍的跃上了岸，拉着铁环，于是人货牛马全上了岸，翻过小山不见了。渡头为公家所有，故过渡人不必出钱。有人心中不安，抓了一把钱掷到船板上时，管渡船的必为一一拾起，依然塞到那人手心里去，俨然吵嘴时的认真神气："我有了口粮，三斗米，七百钱，够了。谁要这个！"

但不成，凡事求个心安理得，出气力不受酬谁好意思，不管如何还是有人把钱的。管船人却情不过，也为了心安起见，便把这些钱托人到茶峒去买茶叶和草烟，将茶峒出产的上等草烟，一扎一扎挂在自己腰带边，过渡的谁需要这东西必慷慨奉赠。有时从神气上估计那远路人对于身边草烟引起了相当的注意时，便把一小束草烟扎到那人包袱上去，一面说："大哥，不吸这个吗，这好的，这妙的，看样子不成材，巴掌大叶子，味道蛮好，送人也合适！"茶叶则在六月里放进大缸里去，用开水泡好，给过路人随意解渴。

管理这渡船的，就是住在塔下的那个老人。活了七十年，从二十岁起便守在这小溪边，五十年来不知把船来去渡了若干人。年纪虽那么老了。本来应当休息了，但天不许他休息，他仿佛便不能够同这一分生活离开。他从不思索自己的职务对于本人的意义，只是静静的很忠实的在那里活下去。代替了天，使他在日头升起时，感到生活的力量，当日头落下时，又不至于思量与日头同时死去的，是那个伴在他身旁的女孩子。他唯一的朋友为一只渡船与一只黄狗，唯一的亲人便只那个女孩子。

女孩子的母亲，老船夫的独生女，十五年前同一个茶峒军人，很秘密的背着那忠厚爸爸发生了暧昧关系。有了小孩子后，这屯戍军士便想约了她一同向下游逃去。但从逃走的行为上看来，一个违悖了军人的责任，一个却必得离开孤独的父亲。经过一番考虑后，军人见她无远走勇气，自己也不便毁去作军人的名誉，就心想：一同去生既无法聚首，一同去死当无人可以阻拦，首先服了毒。女的却关心腹中的一块肉，不忍心，拿不出主张。事情业已为作渡船夫的父亲知道，父亲却不加上一个有分量的字眼儿，只作为并不听到过这事情一样，仍然把日子很平静的过下去。女儿一面怀了羞惭一面却怀了怜悯，仍守在父亲身边，待到腹中小孩生下后，却到溪边吃了许多冷水死去了。在一种近于奇迹中，这遗孤居然已长大成人，一转眼间便十三岁了。为了住处两山多篁竹，翠色逼人而来，老船夫随便为这可怜的孤雏拾取了一个近身的名字，叫作"翠翠"。

翠翠在风日里长养着，把皮肤变得黑黑的，触目为青山绿水，一对眸子清明如水晶。自然既长养她且教育她，为人天真活泼，处处俨然如一只小兽物。人又那么乖，如山头黄麂一样，从不想到残忍事情，从不发愁，从不动气。平时在渡船上遇陌生人对她有所注意时，便把光光的眼睛瞅着那陌生人，作成随时皆可举步逃入深山的神气，但明白了人无机心后，就又从从容容的在水边玩耍了。

老船夫不论晴雨，必守在船头。有人过渡时，便略弯着腰，两手缘引了竹缆，把船横渡过小溪。有时疲倦了，躺在临溪大石上睡着了，人在隔岸招手喊过渡，翠翠不让祖父起身，就跳下船去，很敏捷的替祖父把路人渡过溪，一切皆溜刷在行，从不误事。有时又和祖父黄狗一同在船上，过渡时和祖父一同动手，船将近岸边，祖父正向客人招呼"慢点，慢点"时，那只黄狗便口衔绳子，最先一跃而上，且俨然懂得如何方为尽职似的，把船绳紧衔着拖船拢岸。

风日清和的天气，无人过渡，镇日长闲，祖父同翠翠便坐在门前大岩石上晒太阳。或把一段木头从高处向水中抛去，嗾使身边黄狗自岩石高处跃下，把木头衔回来。或翠翠与

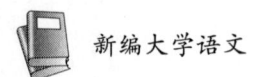

黄狗皆张着耳朵，听祖父说些城中多年以前的战争故事。或祖父同翠翠两人，各把小竹作成的竖笛，逗在嘴边吹着迎亲送女的曲子。过渡人来了，老船夫放下了竹管，独自跟到船边去，横溪渡人，在岩上的一个，见船开动时，于是锐声喊着：

"爷爷，爷爷，你听我吹，你唱！"

爷爷到溪中央便很快乐的唱起来，哑哑的声音同竹管声振荡在寂静空气里，溪中仿佛也热闹了一些。实则歌声的来复，反而使一切更寂静一些了。

有时过渡的是从川东过茶峒的小牛，是羊群，是新娘子的花轿，翠翠必争着作渡船夫，站在船头，懒懒的攀引缆索，让船缓缓的过去。牛羊花轿上岸后，翠翠必跟着走，站到小山头，目送这些东西走去很远了，方回转船上，把船牵靠近家的岸边。且独自低低的学小羊叫着，学母牛叫着，或采一把野花缚在头上，独自装扮新娘子。

茶峒山城只隔渡头一里路，买油买盐时，逢年过节祖父得喝一杯酒时，祖父不上城，黄狗就伴同翠翠入城里去备办东西。到了卖杂货的铺子里，有大把的粉条，大缸的白糖，有炮仗，有红蜡烛，莫不给翠翠很深的印象，回到祖父身边，总把这些东西说个半天。那里河边还有许多上行船，百十船夫忙着起卸百货。这种船只比起渡船来全大得多，有趣味得多，翠翠也不容易忘记。

二

茶峒地方凭水依山筑城，近山的一面，城墙如一条长蛇，缘山爬去。临水一面则在城外河边留出余地设码头，湾泊小小篷船。船下行时运桐油、青盐、染色的桕子。上行则运棉花、棉纱以及布匹、杂货同海味。贯串各个码头有一条河街，人家房子多一半着陆，一半在水，因为余地有限，那些房子莫不设有吊脚楼。河中涨了春水，到水逐渐进街后，河街上人家，便各用长长的梯子，一端搭在屋檐口，一端搭在城墙上，人人皆骂着嚷着，带了包袱、铺盖、米缸，从梯子上进城里去，水退时方又从城门口出城。某一年水若来得特别猛一些，沿河吊脚楼必有一处两处为大水冲去，大家皆在城上头呆望。受损失的也同样呆望着，对于所受的损失仿佛无话可说，与在自然安排下，眼见其他无可挽救的不幸来时相似。涨水时在城上还可望着骤然展宽的河面，流水浩浩荡荡，随同山水从上流浮沉而来的有房子、牛、羊、大树。于是在水势较缓处，税关趸船前面，便常常有人驾了小舢板，一见河心浮沉而来的是一匹牲畜，一段小木，或一只空船，船上有一个妇人或一个小孩哭喊的声音，便急急的把船桨去，在下游一些迎着了那个目的物，把它用长绳系定，再向岸边桨去。这些诚实勇敢的人，也爱利，也仗义，同一般当地人相似。不拘救人救物，却同样在一种愉快冒险行为中，做得十分敏捷勇敢，使人见及不能不为之喝彩。

那条河水便是历史上知名的酉水，新名字叫作白河。白河下游到辰州与沅水汇流后，便略显浑浊，有出山泉水的意思。若溯流而上，则三丈五丈的深潭皆清澈见底。深潭为白日所映照，河底小小白石子，有花纹的玛瑙石子，全看得明明白白。水中游鱼来去，全如浮在空气里。两岸多高山，山中多可以造纸的细竹，长年作深翠颜色，逼人眼目。近水人家多在桃杏花里，春天时只需注意，凡有桃花处必有人家，凡有人家处必可沽酒。夏天则晒晾在日光下耀目的紫花布衣裤,可以作为人家所在的旗帜。秋冬来时,房屋在悬崖上的,滨水的,无不朗然入目。黄泥的墙,乌黑的瓦,位置则永远那么妥帖,且与四围环境极其调和,使人迎面得到的印象,实在非常愉快。一个对于诗歌图画稍有兴味的旅客,在这小河中,蜷伏于一只小船上,作三十天的旅行,必不至于感到厌烦,正因为处处有奇迹,自然的大胆处与精巧处,无一处不使人神往倾心。

白河的源流,从四川边境而来,从白河上行的小船,春水发时可以直达川属的秀山。但属于湖南境界的,则茶峒为最后一个水码头。这条河水的河面,在茶峒时虽宽约半里,当秋冬之际水落时,河床流水处还不到二十丈,其余只是一滩青石。小船到此后,既无从上行,故凡川东的进出口货物,皆由这地方落水起岸。出口货物俱由脚夫用杉木扁担压在肩膊上挑抬而来,入口货物也莫不从这地方成束成担的用人力搬去。

这地方城中只驻扎一营由昔年绿营屯丁改编而成的戍兵,及五百家左右的住户。(这些住户中,除了一部分拥有了些山田同油坊,或放账屯油、屯米、屯棉纱的小资本家外,其余多数皆为当年屯戍来此有军籍的人家。)地方还有个厘金局,办事机关在城外河街下面小庙里,经常挂着一面长长的幡信。局长则住在城中。一营兵士驻扎老参将衙门,除了号兵每天上城吹号玩,使人知道这里还驻有军队以外,其余兵士皆仿佛并不存在。冬天的白日里,到城里去,便只见各处人家门前皆晾晒有衣服同青菜。红薯多带藤悬挂在屋檐下。用棕衣作成的口袋,装满了栗子榛子和其他硬壳果,也多悬挂在屋檐下。屋角隅各处有大小鸡叫着玩着。间或有什么男子,占据在自己屋前门限上锯木,或用斧头劈树,把劈好的柴堆到敞坪里去一座一座如宝塔。又或可以见到几个中年妇人,穿了浆洗得极硬的蓝布衣裳,胸前挂有白布扣花围裙,躬着腰在日光下一面说话一面作事。一切总永远那么静寂,所有人民每个日子皆在这种单纯寂寞里过去。一分安静增加了人对于"人事"的思索力,增加了梦。在这小城中生存的,各人也一定皆各在分定一份日子里,怀了对于人事爱憎必然的期待。但这些人想些什么?谁知道。住在城中较高处,门前一站便可以眺望对河以及河中的景致,船来时,远远的就从对河滩上看着无数纤夫。那些纤夫也有从下游地方,带了细点心洋糖之类,拢岸时却拿进城中来换钱的。船来时,小孩子的想象,当在那些拉船人一方面。大人呢,孵一巢小鸡,养两只猪,托下行船夫打副金耳环,带两丈官青布或一坛好酱油、一个双料的美孚灯罩回来,便占去了大部分作主妇的心了。

这小城里虽那么安静和平,但地方既为川东商业交易接头处,因此城外小小河街,情形却不同了一点。也有商人落脚的客店,坐镇不动的理发馆。此外饭店、杂货铺、油行、盐栈、花衣庄,莫不各有一种地位,装点了这条河街。还有卖船上用的檀木活车、竹缆与罐锅铺子,介绍水手职业吃码头饭的人家。小饭店门前长案上,常有煎得焦黄的鲤鱼豆腐,身上装饰了红辣椒丝,卧在浅口钵头里,钵旁大竹筒中插着大把红筷子,不拘谁个愿意花点钱,这人就可以傍了门前长案坐下来,抽出一双筷子到手上,那边一个眉毛扯得极细脸上擦了白粉的妇人就走过来问:"大哥,副爷,要甜酒?要烧酒?"男子火焰高一点的,谐趣的,对内掌柜有点意思的,必装成生气似的说:"吃甜酒?又不是小孩,还问人吃甜酒！"那么，酽冽的烧酒，从大瓮里用竹筒舀出，倒进土碗里，即刻就来到身边案桌上了。杂货铺卖美孚油及点美孚油的洋灯，与香烛纸张。油行屯桐油。盐栈堆火井出的青盐。花衣庄则有白棉纱、大布、棉花以及包头的黑绸绸出卖。卖船上用物的，百物罗列，无所不备，且间或有重至百斤以外的铁锚搁在门外路旁，等候主顾问价的。专以介绍水手为事业，吃水码头饭的，则在河街的家中，终日大门敞开着，常有穿青羽缎马褂的船主与毛手毛脚的水手进出，地方像茶馆却不卖茶，不是烟馆又可以抽烟。来到这里的，虽说所谈的是船上生意经，然而船只的上下，划船拉纤人大都有一定规矩，不必作数目上的讨论。他们来到这里大多数倒是在"联欢"。以"龙头管事"作中心，谈论点本地时事，两省商务上情形，以及下游的"新事"。邀会的，集款时大多数皆在此地，扠骰子看点数多少轮作会首时，也常常在此举行。常常成为他们生意经的，有两件事：买卖船只，买卖媳妇。

　　大都市随了商务发达而产生的某种寄食者，因为商人的需要，水手的需要，这小小边城的河街，也居然有那么一群人，聚集在一些有吊脚楼的人家。这种妇人不是从附近乡下弄来，便是随同川军来湘流落后的妇人，穿了假洋绸的衣服，印花标布的裤子，把眉毛扯得成一条细线，大大的发髻上敷了香味极浓俗的油类。白日里无事，就坐在门口做鞋子，在鞋尖上用红绿丝线挑绣双凤，或为情人水手挑绣花抱兜，一面看过往行人，消磨长日。或靠在临河窗口上看水手铺货，听水手爬桅子唱歌。到了晚间，则轮流的接待商人同水手，切切实实尽一个妓女应尽的义务。

　　由于边地的风俗淳朴，便是作妓女，也永远那么浑厚，遇不相熟的人，做生意时得先交钱，再关门撒野，人既相熟后，钱便在可有可无之间了。妓女多靠四川商人维持生活，但恩情所结，则多在水手方面。感情好的，互相咬着嘴唇咬着颈脖发了誓，约好了"分手后各人皆不许胡闹"，四十天或五十天，在船上浮着的那一个，同留在岸上的这一个，便皆呆着打发这一堆日子，尽把自己的心紧紧缚定远远的一个人。尤其是妇人感情真挚，痴到无可形容，男子过了约定时间不回来，做梦时，就总常常梦船拢了岸，一个人摇摇荡荡的从船跳板到了岸上，直向身边跑来。或日中有了疑心，则梦里必见男子在桅上向另一方面唱歌，却不理会自己。性格弱一点儿的，接着就在梦里投河吞鸦片烟，性格强一点儿的便手执菜刀，直向那水手奔去。他们生活虽那么同一般社会疏远，但是眼泪与欢乐，在一种爱憎得失间，揉进了这些人生活里时，也便同另外一片土地另外一些年轻生命相似，全个身心为那点爱憎所浸透，见寒作热，忘了一切。若有多少不同处，不过是这些人更真切一点，也更近于糊涂一点罢了。短期的包定，长期的嫁娶，一时间的关门，这些关于一个女人身体上的交易，由于民情的淳朴，身当其事的不觉得如何下流可耻，旁观者也就从不用读书人的观念，加以指摘与轻视。这些人既重义轻利，又能守信自约，即便是娼妓，也常常较之讲道德知羞耻的城市中人还更可信任。

　　掌水码头的名叫顺顺，一个前清时便在营伍中混过日子来的人物，革命时在著名的陆军四十九标做个什长。同样做什长的，有因革命成了伟人名人的，有杀头碎尸的，他却带少年喜事得来的脚疯痛,回到了家乡,把所积蓄的一点钱,买了一条六桨白木船,租给一个穷船主,代人装货在茶峒与辰州之间来往。气运好,半年之内船不坏事,于是他从所赚的钱上,又讨了一个略有产业的白脸黑发小寡妇。数年后,在这条河上,他就有了大小四只船,一个铺子,两个儿子了。

但这个大方洒脱的人,事业虽十分顺手,却因欢喜交朋结友,慷慨而又能济人之急,便不能同贩油商人一样大大发作起来。自己既在粮子里混过日子,明白出门人的甘苦,理解失意人的心情,故凡因船只失事破产的船家,过路的退伍兵士,游学文墨人,凡到了这个地方闻名求助的,莫不尽力帮助。一面从水上赚来钱,一面就这样洒脱散去。这人虽然脚上有点小毛病,还能泅水;走路难得其平,为人却那么公正无私。水面上各事原本极其简单,一切皆为一个习惯所支配,谁个船碰了头,谁个船妨害了别一个人别一只船的利益,皆照例有习惯方法来解决。惟运用这种习惯规矩排调一切的,必需一个高年硕德的中心人物。某年秋天,那原来执事人死去了,顺顺作了这样一个代替者。那时他还只五十岁,为人既明事明理,正直和平又不爱财,故无人对他年龄怀疑。

到如今,他的儿子大的已十八岁,小的已十六岁。两个年青人皆结实如小公牛,能驾船,能泅水,能走长路。凡从小乡城里出身的年青人所能够作的事,他们无一不作,作去无一不精。年纪较长的,如他们爸爸一样,豪放豁达,不拘常套小节。年幼的则气质近于那个白脸黑发的母亲,不爱说话,眼眉却秀拔出群,一望即知其为人聪明而又富于感情。

两兄弟既年已长大,必需在各种生活上来训练他们,作父亲的就轮流派遣两个小孩子各处旅行。向下行船时,多随了自己的船只充伙计,甘苦与人相共。荡桨时选最重的一把,背纤时拉头纤二纤,吃的是干鱼、辣子、臭酸菜,睡的是硬帮帮的舱板。向上行从旱路走去,则跟了川东客货,过秀山、龙潭、酉阳作生意,不论寒暑雨雪,必穿了草鞋按站赶路。且佩了短刀,遇不得已必需动手,便霍的把刀抽出,站到空阔处去,等候对面的一个,接着就同这个人用肉搏来解决。帮里的风气,既为"对付仇敌必需用刀,联结朋友也必需用刀",故需要刀时,他们也就从不让它失去那点机会。学贸易,学应酬,学习到一个新地方去生活,且学习用刀保护身体同名誉,教育的目的,似乎在使两个孩子学得做人的勇气与义气。一分教育的结果,弄得两个人皆结实如老虎,却又和气亲人,不骄惰,不浮华,不倚势凌人,故父子三人在茶峒边境上为人所提及时,人人对这个名姓无不加以一种尊敬。

作父亲的当两个儿子很小时,就明白大儿子一切与自己相似,却稍稍见得溺爱那第二个儿子。由于这点不自觉的私心,他把长子取名天保,次子取名傩送。意思是天保佑的在人事上或不免有龃龉处,至于傩神所送来的,照当地习气,人便不能稍加轻视了。傩送美丽得很,茶峒船家人拙于赞扬这种美丽,只知道为他取出一个诨名为"岳云"。虽无什么人亲眼看到过岳云,一般的印象,却从戏台上小生岳云,得来一个相近的神气。

三

两省接壤处,十余年来主持地方军事的,注重在安辑保守,处置还得法,并无变故发生。水陆商务既不至于受战争停顿，也不至于为土匪影响，一切莫不极有秩序，人民也莫不安分乐生。这些人，除了家中死了牛，翻了船，或发生别的死亡大变，为一种不幸所绊倒觉得十分伤心外，中国其他地方正在如何不幸挣扎中的情形，似乎就永远不会为这边城人民所感到。

边城所在一年中最热闹的日子，是端午、中秋和过年。三个节日过去三五十年前如何兴奋了这地方人，直到现在，还毫无什么变化，仍能成为那地方居民最有意义的几个日子。

端午日，当地妇女小孩子，莫不穿了新衣，额角上用雄黄蘸酒画了个王字。任何人家到了这天必可以吃鱼吃肉。大约上午十一点钟，全茶峒人就吃了午饭，把饭吃过后，在城里住家的，莫不倒锁了门，全家出城到河边看划船。河街有熟人的，可到河街吊脚楼门口边看，不然就站在税关门口与各个码头上看。河中龙船以长潭某处作起点，税关前作终点，作比赛竞争。因为这一天军官税官以及当地有身分的人，莫不在税关前看热闹。划船的事各人在数天以前就早有了准备，分组分帮各自选出了若干身体结实手脚伶俐的小伙子，在潭中练习进退。船只的形式，与平常木船大不相同，形体一律又长又狭，两头高高翘起，船身绘着朱红颜色长线，平常时节多搁在河边干燥洞穴里，要用它时，拖下水去。每只船可坐十二个到十八个桨手，一个带头的，一个鼓手，一个锣手。桨手每人持一支短桨，随了鼓声缓促为节拍，把船向前划去。坐在船头上，头上缠裹着红布包头，手上拿两支小令旗，左右挥动，指挥船只的进退。擂鼓打锣的，多坐在船只的中部，船一划动便即刻蓬蓬铛铛把锣鼓很单纯的敲打起来，为划桨水手调理下桨节拍。一船快慢既不得不靠鼓声，故每当两船竞赛到剧烈时，鼓声如雷鸣，加上两岸人呐喊助威，便使人想起梁红玉老鹳河时水战擂鼓，牛皋水擒杨幺时也是水战擂鼓。凡把船划到前面一点的，必可在税关前领赏，一匹红，一块小银牌，不拘缠挂到船上某一个人头上去，皆显出这一船合作的光荣。好事的军人，且当每次某一只船胜利时，必在水边放些表示胜利庆祝的五百响鞭炮。

赛船过后，城中的戍军长官，为了与民同乐，增加这节日的愉快起见，便把三十只绿头长颈大雄鸭，颈脖上缚了红布条子，放入河中，尽善于泅水的军民人等，下水追赶鸭子。不拘谁把鸭子捉到，谁就成为这鸭子的主人。于是长潭换了新的花样，水面各处是鸭子，各处有追赶鸭子的人。

船与船的竞赛，人与鸭子的竞赛，直到天晚方能完事。

掌水码头的龙头大哥顺顺，年青时节便是一个泅水的高手，入水中去追逐鸭子，在任何情形下总不落空。但一到次子傩送年过十二岁时，已能入水闭铺汆着到鸭子身边，再忽然从水中冒水而出，把鸭子捉到，这作爸爸的便解嘲似的说："好，这种事有你们来作，我不必再下水了。"于是当真就不下水与人来竞争捉鸭子。但下水救人呢，当作别论。凡帮助人远离患难，便是入火，人到八十岁，也还是成为这个人一种不可逃避的责任！

天保傩送两人皆是当地泅水划船好选手。

端午又快来了，初五划船，河街上初一开会，就决定了属于河街的那只船当天入水。

天保恰好那天应向上行,随了陆路商人过川东龙潭送节货,故参加的就只傩送。十六个结实如牛犊的小伙子,带了香烛、鞭炮,同一个用生牛皮蒙好绘有朱红太极图的高脚鼓,到了搁船的河上游山洞边,烧了香烛,把船拖入水后,各人上了船,燃着鞭炮,擂着鼓,这船便如一支箭似的,很迅速的向下游长潭射去。

那时节还是上午,到了午后,对河渔人的龙船也下了水,两只龙船就开始预习种种竞赛的方法。水面上第一次听到了鼓声,许多人从这鼓声中,感到节日临近的欢悦。住临河吊脚楼对远方人有所等待有所盼望的,也莫不因鼓声想到远人。在这个节日里,必然有许多船只可以赶回,也有许多船只只合在半路过节,这之间,便有些眼目所难见的人事哀乐,在这小山城河街间,让一些人嬉事,也让一些人皱眉。

蓬蓬鼓声掠水越山到了渡船头那里时,最先注意到的是那只黄狗。那黄狗汪汪的吠着,受了惊似的绕屋乱走,有人过渡时,便随船渡过河东岸去,且跑到那小山头向城里一方面大吠。

翠翠正坐在门外大石上用棕叶编蚱蜢蜈蚣玩,见黄狗先在太阳下睡着,忽然醒来便发疯似的乱跑,过了河又回来,就问它骂它:

"狗,狗,你做什么!不许这样子!"

可是一会儿那声音被她发现了,她于是也绕屋跑着,且同黄狗一块儿渡过了小溪,站在小山头听了许久,让那点迷人的鼓声,把自己带到一个过去的节日里去。

赏析

《边城》以翠翠与傩送的爱情演变为主线。在小说中,作者着重突出了主人公翠翠和傩送那健康、自然而又合理的爱情,并在这二人身上倾注了深切的爱怜之情。翠翠聪明、纯洁、善良,具有优美的体态与温和的脾气,傩送则勤快、大方、勇敢、英俊、强健。作者用了大量的篇幅来写二人相爱的基础:自然天性和共同的淳朴品性。翠翠不慕金钱,坚守着自己的爱情,不因任何人事变故而发生改变。自从端午节认识傩送后,翠翠心中便时不时想起这个人来。然而由于少女的害羞矜持,导致爷爷错点鸳鸯谱,让傩送的哥哥天保来提亲。天保在知道真相后驾船外出做生意而意外溺亡,而傩送也因对哥哥的死感到内疚而远走他乡,接着风雨之夜爷爷在对外孙女婚事的忧心中溘然长逝。孤单的翠翠仍不改初衷,最后独守渡船等待着未有归期的爱人的归来。傩送对翠翠的爱情也是纯真无瑕的。他从见到翠翠那一刻起便心中只装得下她一个人了。虽然娶翠翠只能得到一条渡船作为陪嫁,而娶团总的女儿却可以得到一座崭新的碾坊,他依然宁要渡船也不要碾坊。作者在看似平淡的笔调中自然而然、不着痕迹地赞许了这段至纯至美的爱情。《边城》的爱情美,美得纯洁醉人。

除了男女之爱之美,边城的祖孙之爱、邻里之睦同样展现了人性的大美。老船夫恪尽职守,待人真诚,渡人从不收小费,纵然有人坚决要给,他也把这些钱拿来买了烟草和茶叶送给渡客，自己和外孙女则一直过着清贫的日子。翠翠在青山绿水的养育中长大，"一对眸子清明如水晶"，对爷爷体贴入微。祖孙之爱溢满全篇。爷爷逝世后，曾追求过翠翠母亲而被拒绝的杨总兵自觉担负起照顾这个孤女的重任。而天保、傩送的父亲船总顺顺虽家有巨富，却从不以财富自居，盛气凌人。相反，他为人慷慨大度，明事识礼，豪放豁达。他体恤老船夫家贫，送其白鸭、粽子；虽因天保的事而冷淡了老船夫，但当事后知道孩子们是真心相爱便也不再阻拦；老船夫死后他来办理后事，并屡次提出要把翠翠接到家中来照顾。边城的邻里之睦熨暖人心。

《边城》以轻淡的笔墨描绘边城优美的风光和淳美的风俗，恰如一曲轻快明丽的田园牧歌。小溪绕山而流，满山细竹常年青翠；凡有桃花处必有人家，凡有人家出必可沽酒；黄泥的墙，乌黑的瓦……作者用饱含深情的笔触描画了边城秀丽、空灵、旖旎的自然风光。而端午节赛龙舟、赶鸭子，中秋节男女月下对歌，过节耍狮子龙灯、放炮仗烟火……则向人们展示了湘西特有的风俗民情。在这青山绿水中，在这生机勃勃的特色风俗中，各种人物（戍兵、船主、水手、商人、妓女等）和睦相处，"一切人物莫不极有秩序，人民也莫不安分乐生"。自然与人和谐完美统一在边城这美丽的世界里，我们时时处处都能从中感受到源源涌出的真、善、美，感受到这个世界的古老与永恒。

如上所述，《边城》寄托着沈从文"美"与"爱"的美学理想，是他的作品中最能表现人性美的一部。虽然《边城》字里行间都浸润着"爱"与"美"，但它从头到尾也渗透着淡淡的哀愁与忧伤。真善美的世界是作者也是我们每个人都渴望追求的，然后现实社会中的这些崇高与纯洁似乎在一点点消逝，正如作者通过翠翠的爱情所展示出来的那样，"这个人也许永远不回来了"，也许"明天"回来！翠翠纯真的爱情变成了让人揪心的等待，而这个等待也不知是否会有结局。作者这样的情节安排与本文的写作背景不无关系。1934 年沈从文先生回到故乡，然而魂牵梦萦的故乡却让他大为吃惊，"农村社会所保有的那点正直朴素的人情美，几乎快要消失无余，代替而来的却是近二十年实际社会培养成功的一种唯实唯利的庸俗人生观"。作者试图通过《边城》来找回曾经那个真、善、美的世界，也借此让世人警醒明白。

青山绿水孕育着边城灵秀纯澈的儿女，善良和睦的人们蕴涵着边城脉脉的温情，真挚永恒的爱情诉说着边城深沉的美丽……大美的边城，纯美的《边城》。

评价

沈从文从根本打破了"五四"之后占主体地位的小说"结构、人物、环境"三分法的观念形态，认为小说是"用文字很恰当记录下来的人事"，包括了"社会现象"和"梦的现象"两个部分，"必须把'现实'和'梦'两种成分相混合"。（吴正峰）

 习题

1. 填空题

（1）《边城》以20世纪30年代_____交界的边城小镇茶峒为背景，描写了一个老船夫和他的_____相依为命的生活，以及_____的爱情悲剧故事。

（2）作者试图通过《边城》来找回曾经那个_____的世界，也借此让世人警醒明白。

2. 讨论题

（1）说说文中节选部分的结构特点。

（2）说说文中出现了哪些人物，他们都有什么共性特点。

3. 思考题

（1）有人说"《边城》寄托着沈从文'美'与'爱'的美学理想"，结合作品谈谈你对这句话的理解。

（2）结合当前社会尤其是城市里人与人的关系，谈谈你对《边城》中湘西世界中人际关系的看法。

4. 写作题

你如何看待小说《边城》的结局，请你为《边城》故事写一个续集，描写傩送与翠翠相遇后的故事，不得少于1 000字。

 链接

https：//www.douban.com/group/topic/13623560/

《边城》小说全文

第三部分
文艺美学篇

第九章　诗词歌赋映红楼

 导读

中华民族是最爱诗词歌赋，也是最会利用诗词歌赋的民族。诗词歌赋是中华民族的文化瑰宝，不仅包括宇宙万物的森罗万象，也蕴含着人们的悲欢离合和爱恨情仇。诗词歌赋从某种意义上讲，就是我们中国人的文化渊源。

最早的诗，可以追溯到3 000多年前的《诗经》。《诗经》与《楚辞》开启了我们国家文学创作的现实主义和浪漫主义传统，成为中国诗歌文化的奠基石。《诗经》是我国最早的一部诗歌总集，收集了西周初年至春秋中叶（前11世纪至前6世纪）的诗歌共311篇，其中6篇为笙诗（只有标题，没有内容）。《诗经》中的诗，有些由民间采集而来，有些是贵族所作，但大部分作者佚名，传为尹吉甫采集、孔子编订。

诗与歌就像是一对孪生兄弟，《诗经》中的诗都是劳动人民唱出来的，尽管有的没有配乐，但本身存在韵律。如《国风·周南·芣苢》，自带天然的律动，描写了农事生活中劳动者有节奏的工作场面。在随后的发展中，诗与歌逐渐分离，不合乐为"诗"，合乐的为"歌"。

诗，经历了古体诗、近体诗、现代诗的不断进化。汉魏六朝以前的诗均为古体诗，句式比较自由，对仗、押韵的要求也不十分严格。近体诗（又称今体诗、格律诗）是初唐之后形成的诗歌体裁，讲究平仄、对仗和押韵。自唐代以来，近体诗也是律诗和绝句的通称。诗发展至今，再次返璞归真，形成了现代的自由诗。

诗在发展的过程中，逐步形成了词这一新的分支。词萌芽于南朝，形成于隋唐，鼎盛于宋代。词是在音乐的土壤中萌芽产生的，音乐性是词体文学的最基本特征，即使在南宋，词不再完全入乐歌唱，而成为一种新的韵律诗歌后，它仍是要按照词谱所规定的韵律乐调填写的。

赋是诗歌与散文的综合体，它的特点是擅长铺陈事物，极其讲求文采，偏爱华丽的文辞。更重要的是，其后来发展为股赋，成为科举应试的一种形式。

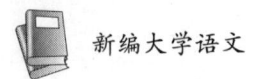

《诗》,可以兴,可以观,可以群,可以怨。迩之事父,远之事君;多识于鸟兽草木之名。

——《论语·阳货》

兼葭

《诗经》

题解

这首诗见于《秦风》,是一首表现男女恋情的诗。主人公对爱情的追求执着坚韧,而诗的意蕴却极为空灵虚泛,具有浓厚的象征色彩。

兼葭苍苍[1],白露为霜。所谓伊人[2],在水一方。溯洄从之[3],道阻[4]且长;溯游[5]从之,宛在水中央。兼葭凄凄[6],白露未晞[7]。所谓伊人,在水之湄[8]。溯洄从之,道阻且跻[9];溯游从之,宛在水中坻[10]。兼葭采采[11],白露未已。所谓伊人,在水之涘[12]。溯洄从之,道阻且右[13];溯游从之,宛在水中沚[14]。

注释

[1] 兼葭:芦苇。苍苍:茂盛的样子。

[2] 伊人:那人。

[3] 溯洄:逆流而上。从:这里是追寻的意思。以下均同。

[4] 阻:障碍,艰难。

[5] 溯游:顺流而下。

[6] 凄凄:犹"萋萋",茂盛的样子。

[7] 晞(xī):干。

[8] 湄:水边高岸。

[9] 跻(jī):上升,形容道路又陡又高。

[10] 坻(chí):水中的小沙洲或高地。

[11] 采采:众多的样子。

[12] 涘(sì):水边。

[13] 右：向右弯曲，道路迂回曲折的意思。

[14] 沚（zhǐ）：水中的小块陆地。

赏析

《蒹葭》一诗出自《诗经·秦风》。《蒹葭》是一首爱情诗，但据相关文献记载，此诗也可表达招隐或暗讽之意等。

诗中描绘了秋色中苍茫清冷的芦苇岸边，一位男子因为惦念心中所想的"伊人"，从露珠刚刚凝结为霜之时，便开始到水边寻觅。经历各种艰难，但总是失望而返。男子心中的怅惘、失落与秋日的清晨、蒹葭白露、流水放在一起，便有了一种诗意的美，加上伊人的若即若离、似隐似现，使整首诗呈现出一种朦胧凄迷的艺术美。

语言形式上，诗歌采用重章叠句的形式。语言上，具有一唱三叹之美，表现出诗歌的音乐之美。但这种回环反复的表达，又不失语言的生动变化。时间上，白露"为霜""未晞""未已"，暗示了追寻时间的变化。空间上，伊人"在水一方""在水之湄""在水之涘"，"宛在水中央""宛在水中坻""宛在水中沚"等，暗示了追寻对象的飘忽难觅。

艺术特色方面，全诗总体上体现了一种可望而不可即的象征意义。"它表现了诗人某种追怀的情思。此诗以美丽清冷而又朦胧迷茫的抒情境界，表现了诗人有所追怀而又可望而不可即的情思，是《诗经》中艺术水平最高的诗作之一。"（罗宗强、陈洪主编：《中国古代文学作品选》第一卷）

评价

《国风》第一篇飘渺文字。极缠绵，极惝恍，纯是情，不是景。（牛运震）

习题

1. 填空题

（1）学界一般认为我国第一部诗歌总集是_____。

（2）中国古典诗歌的两大源头是_____和_____。

（3）《蒹葭》中"在水一方"情景的普遍性象征意义在于_____。

2. 讨论题

（1）赋是指平铺直叙，铺陈、排比，相当于如今的排比修辞方法。请例举一篇《诗经》中运用了"赋"的诗歌作品，并进行赏析。

（2）比是对人或物加以形象的比喻。请例举一篇《诗经》中运用了"比"的诗歌作品，并进行赏析。

3. 思考题

《蒹葭》的艺术特色之一，是全诗具有整体象征意象，请结合材料分析诗歌所具有的象征意象有哪些。

4. 写作题

请你参照《蒹葭》中"兴"的表现手法，仿写一段话，要求主题明确，文字简洁。

 链接

https：//www.kekeshici.com/gushiwenshangxi/mssd/195555.html

《蒹葭》解读

大江歌罢掉头东,邃密群科济世穷。面壁十年图破壁,难酬蹈海亦英雄。

——周恩来

摸鱼儿·更能消几番风雨

辛弃疾

题解

辛弃疾(1140—1207),字幼安,别号稼轩居士。南宋著名词人,豪放派代表词人,与苏轼并称"苏辛"。其词风多样,以豪放为主,风格豪迈沉雄又不失细腻妩媚。有词集《稼轩长短句》传世。《摸鱼儿》,一名《摸鱼子》,唐玄宗时教坊曲名,后用为词牌。本意当为捕鱼,出自民歌。此词为宋孝宗淳熙六年(1179),辛弃疾由湖北转运副使调任湖南转运副使,他的同事王正之在小山亭为他设宴饯行。辛弃疾感慨万千,写下了这首词。通篇出于比兴,极写春意阑珊的哀怨之情,以寄托政治上的忧愤之感。词中失意的陈皇后用于自喻,得宠的杨玉环、赵飞燕用以比喻朝中排斥他的权臣。在其同年写的《论盗贼札子》里,他说:"生平刚拙自信,年来不为众人所容,恐言未脱口,而祸不旋踵。"可见"蛾眉曾有人妒"之说,不为无因。据《鹤林玉露》卷四说,因"词意疏怨",孝宗"见此词颇不悦",亦可见篇中所流露的哀怨确是对朝廷表示不满。

淳熙己亥,自湖北漕移湖南[1],同官王正之置酒小山亭[2],为赋。

更能消、几番风雨[3],匆匆春又归去。惜春长怕花开早[4],何况落红无数。春且住,见说道[5]、天涯芳草无归路。怨春不语[6]。算只有,殷勤画檐蛛网,尽日惹飞絮[7]。

长门事,准拟佳期又误。蛾眉曾有人妒。千金纵买相如赋,脉脉此情谁诉?[8]君莫舞,君不见、玉环飞燕皆尘土![9]闲愁最苦!休去倚危栏,斜阳正在,烟柳断肠处。[10]

注释

[1] 自湖北漕移湖南:由湖北(宋荆湖北路)转运副使调任湖南(宋荆湖南路)转运副使。宋朝称转运使为漕司,掌管一路的财赋。

[2] 王正之:王正己,字正之。曾任右司郎官、太傅卿等官职。为辛弃疾的旧交。此时王接替辛的职务,故曰同官。小山亭,在湖北转运副使官署内。府署在鄂州(今武汉市)。

[3] 更能消、几番风雨:再也经受不起几番风雨。消,经得起。

[4] 长怕花开早：花早开便会早落，故云。

[5] 见说道：听说。

[6] 怨春不语：春天没有留住，悄悄地溜走了，故云。

[7] "算只有"句：只有画檐下蜘蛛网，整天在那里殷勤地沾惹飞絮，似乎想网住春天。

[8] "长门事"五句：司马相如《长门赋序》："孝武皇帝陈皇后，时得幸，颇妒。别在长门宫，愁闷悲思。闻蜀郡成都司马相如天下工为文，奉黄金百斤，为相如、文君取酒，因以解悲愁之辞。而相如为文以悟主上，陈皇后复得亲幸。"按史传所载，陈皇后贬居长门宫后，未再得亲幸。作者把赋序、诗句与史传组合成文，谓陈皇后本来是可以再度得到汉武帝的亲幸的，其所以"准拟佳期又误"，是由于"蛾眉曾有人妒"。蛾眉，借指美人。

[9] "玉环"句：杨贵妃小名玉环，唐玄宗宠幸的妃子，安禄山乱起，玄宗幸蜀途中，赐死于马嵬坡。赵飞燕，汉成帝宠幸的皇后，后废为庶人，自杀。

[10] "斜阳"二句：比喻国势衰微。

赏析

该词分为上下两片，可以称为双调。

上片主要描写了春意阑珊之景。词面意思描写春景，但实则暗指南宋政权的近况。开篇借物起兴，"春又归去"描写眼下的春景，后文依次用"惜春""春且住""怨春"，表达作者惜春、留春、怨春的复杂情感，借以抒发自己对国事的忧愤和虚度年华的悲伤之情。这一段可分为四个层次：

第一层：提笔"更能消"三个字，表面上感叹"春事将尽"，再也经受不住几番风雨的摧残。这里的"春"，其实一语双关，一是指现实生活中的春景，另外一层意思是暗指南宋当时飘摇动荡的政治形势。宋室南渡后，通过几次抗金战役，已经有了恢复中原的大好形势。但是南宋统治者，听信于投降派的建议，错失了收复故土的时机。奸佞当道，朝廷腐败，此时的南宋国势日衰，宛如风雨交加的残春，词中"匆匆春又归去"，就是这一形势的形象化写照。

第二层："惜春长怕花开早，何况落红无数"一句，一起一落，流露出词人对大好春光的留恋之情，但是现实无情，春天不顾词人的挽留，已经显现出逝去的景象。"落红"就是落花，在这里是春天逝去的象征。该句象征南宋政局不稳，前途渺茫，同时寄寓了作者光阴虚掷、事业无成的感叹。

第三层："春且住"是词人情绪的直接释放。眼看南宋政权岌岌可危，词人束手无策，只能大声疾呼。"见说道、天涯芳草无归路"一句，又是词人言辞恳切的忠告。词人矢志不渝，始终坚持抗金复国才是唯一的出路。这两句采用拟人手法。春日渐去，本来是大自然四季运行的规律，但词人却借挽留春天来表现自己抗金救国的殷切期望，同时也反映了词人对投降派的憎恨。

第四层："怨春不语"，来自于词人无可奈何的叹息。尽管词人发出了呐喊和疾呼，但是无论是怨恨还是警告，都没有引起南宋统治者的丝毫动容。词人只能羡慕"画檐蛛网"，想通过"蛛网"尽可能留下象征春天气息的"飞絮"。借助前文"惜春""留春""怨春"等复杂感情的表达，此时词人以小小的"飞絮"作结，思绪深沉。上片四层之中，层层有起伏，层层有波澜，层层有顿挫，巧妙地体现出词人复杂而又矛盾的心情。

下片主要描写了美人迟暮之事，化用典故，借古讽今，以美人自比，痛陈蛾眉遭妒之愤，并诅咒妥协偷安的权臣，其命运将一如玉环、飞燕，抒发心中极度压抑的苦闷及对执政者的幽愤之情。这一片可分三个层次，表现三个不同的内容。

第一层：从"长门事"至"脉脉此情谁诉"，这是词的重点。词人以陈皇后长门失宠自比，揭示自己虽忠而见疑，屡遭谗毁，不得重用和壮志难酬的不幸遭遇。

第二层："君莫舞"三句，作者以杨玉环、赵飞燕的悲剧结局，比喻当权误国、暂时得志的奸佞小人，并以皆归尘土的结局，向投降派发出警告。

第三层："闲愁最苦"至篇终，以烟柳斜阳的凄迷景象，象征南宋王朝昏庸腐朽、日薄西山、岌岌可危的现实。

这首词不同于辛弃疾以往豪放的创作风格，全词委婉曲折，反映出辛弃疾艺术风格的多样化。字面上伤春吊古，骨子里忧国忧时。全词婉转、含蓄、曲折，以中国诗歌的传统比兴手法，忧时感世，化刚为柔，具有很强的感染力。

评价

自辛稼轩前，用一语如此者，必且掩口。及稼轩，横竖烂漫，乃如禅宗棒喝，头头皆是；又如悲笳万鼓，平生不平事并厄酒，但觉宾主酣畅，谈不暇顾。词至此亦足矣。（刘辰翁）

习题

1. 填空题

（1）辛弃疾的词集名称是_____。

（2）"君莫舞，君不见，玉环飞燕皆尘土！"这一句中"君"指的是_____。

（3）本词所使用的艺术手法是_____。

2. 讨论题

（1）《摸鱼儿·更能消几番风雨》中借用了哪几个典故？这些典故分别有什么含义？

（2）辛弃疾作为豪放派词人，其作品往往表现出恢宏雄壮的气势，请例举你所知道的辛词这一风格的代表作品有哪些。

（3）你喜欢哪位词人或者哪一篇宋词作品，词中哪些句子打动了你？

3. 思考题

（1）辛弃疾《摸鱼儿·更能消几番风雨》分为上下两阕（片），所表达的内容有所不同，请分别加以分析。

（2）《摸鱼儿·更能消几番风雨》中，词面意思是描写即将消失的春景，但其隐含的深意，却又表现了词人复杂的思想情感。请分析词人所要表达的真实的思想情感是什么。

4. 写作题

人称"人中之杰，词中之龙"的辛弃疾，不仅是才气磅礴的词坛巨擘，也是文韬武略的英雄豪杰，这样能文能武的英雄人物，似乎只有后来的王阳明可以与之一比。通过他们的故事，请你谈谈人生理想与个人才艺之间的联系，写一篇800字的议论文。

 链接

https：//so. gushiwen. org/shiwenv_1443f4f57a9d. aspx

《摸鱼儿·更能消几番风雨》解读

(中国过去)除了地大物博，人口众多，历史悠久，以及在文学上有部《红楼梦》等等以外，很多地方不如人家，骄傲不起来。

——毛泽东

宝玉挨打[1]

曹雪芹

 **题解**

《红楼梦》是我国古代四大名著之一，属章回体长篇小说，成书于1784年（清乾隆四十九年）。梦觉主人序本正式题为《红楼梦》，它原名《石头记》《情僧录》《风月宝鉴》《金陵十二钗》等，是我国古代最伟大的长篇小说之一，也是世界文学经典巨著之一。现通行的续作是由高鹗续全的一百二十回《红楼梦》。书中以贾、史、王、薛四大家族为背景，以贾宝玉、林黛玉的爱情悲剧为主线，着重描写荣、宁两府由盛到衰的过程，全面地描绘了封建社会末世的人情世态及种种无法调和的矛盾。

本文节选自《红楼梦》一百二十回本中第三十三回和第三十四回，即"手足眈眈小动唇舌，不肖种种大承笞挞"，"情中情因情感妹妹，错里错以错劝哥哥"。"宝玉挨打"是小说上半部的一大高潮，写出了宝玉和整个封建势力的矛盾日益尖锐化，随着文中导火索的铺设引发了这一场不可避免的冲突。

却说王夫人唤他母亲上来，拿几件簪环，当面赏与；又吩咐请几众僧人念经超度。他母亲磕头谢了出去。原来宝玉会过雨村回来听见了，便知金钏儿含羞赌气自尽，心中早又五内摧伤，进来被王夫人数落教训，也无可回说。见宝钗进来，方得便出来，茫然不知何往，背着手，低头一面感叹，一面慢慢的走着，信步来至厅上。刚转过屏门，不想对面来了一人正往里走，可巧儿撞了个满怀。只听那人喝了一声"站住！"宝玉唬了一跳，抬头一看，不是别人，却是他父亲，不觉的倒抽了一口气，只得垂手一旁站了。贾政道："好端端的，你垂头丧气嗐些什么？方才雨村来了要见你，叫你那半天你才出来；既出来了，全无一点慷慨挥洒谈吐，仍是葳葳蕤蕤。我看你脸上一团思欲愁闷气色，这会子又咳声叹气。你那些还不足，还不自在？无故这样，却是为何？"宝玉素日虽是口角伶俐，只是此时一心总为金钏儿感伤，恨不得此时也身亡命殒，跟了金钏儿去。如今见了他父亲说这些话，究竟不曾听见，只是怔呵呵的站着。

贾政见他惶悚[2]，应对不似往日，原本无气的，这一来，倒生了三分气。方欲说话，忽有回事人来回："忠顺亲王府里有人来，要见老爷。"贾政听了，心下疑惑，暗暗思忖道:"素日并不和忠顺府来往,为什么今日打发人来?"一面想,一面令"快请",急走出来看时,却是忠顺府长史官[3],忙接进厅上坐了献茶。未及叙谈,那长史官先就说道:"下官此来,并非擅造潭府[4],皆因奉王命而来,有一件事相求。看王爷面上,敢烦老大人作主,不但王爷知情,且连下官辈亦感谢不尽。"贾政听了这话,抓不住头脑,忙陪笑起身问道:"大人既奉王命而来,不知有何见谕,望大人宣明,学生好遵谕承办。"那长史官便冷笑道:"也不必承办,只用大人一句话就完了。我们府里有一个做小旦的琪官[5],一向好好在府里,如今竟三五日不见回去,各处去找,又摸不着他的道路[6],因此各处访察。这一城内,十停[7]人倒有八停人都说,他近日和衔玉的那位令郎相与甚厚。下官辈等听了,尊府不比别家,可以擅入索取,因此启明王爷。王爷亦云:'若是别的戏子呢,一百个也罢了,只是这琪官随机应答,谨慎老诚,甚合我老人家的心,竟断断少不得此人。'故此求老大人转谕令郎,请将琪官放回,一则可慰王爷谆谆奉恳,二则下官辈也可免操劳求觅之苦。"说毕,忙打一躬。

贾政听了这话,又惊又气,即命唤宝玉来。宝玉也不知是何原故,忙赶来时,贾政便问:"该死的奴才!你在家不读书也罢了,怎么又做出这些无法无天的事来!那琪官现是忠顺王爷驾前承奉的人,你是何等草芥,无故引逗他出来,如今祸及于我。"宝玉听了唬了一跳,忙回道:"实在不知此事。究竟连'琪官'两个字不知为何物,岂更又加'引逗'二字!"说着便哭了。贾政未及开言,只见那长史官冷笑道:"公子也不必掩饰。或隐藏在家,或知其下落,早说了出来,我们也少受些辛苦,岂不念公子之德?"宝玉连说:"实在不知,恐是讹传,也未见得。"那长史官冷笑道:"现有据证,何必还赖?必定当着老大人说了出来,公子岂不吃亏?既云不知此人,那红汗巾子[8]怎么到了公子腰里?"宝玉听了这话,不觉轰去魂魄,目瞪口呆,心下自思:"这话他如何得知!他既连这样机密事都知道了,大约别的瞒他不过,不如打发他去了,免的再说出别的事来。"因说道:"大人既知他的底细,如何连他置买房舍这样大事倒不晓得了?听得说他如今在东郊离城二十里有个什么紫檀堡,他在那里置了几亩田地几间房舍。想是在那里也未可知。"那长史官听了,笑道:"这样说,一定是在那里。我且去找一回,若有了便罢,若没有,还要来请教。"说着,便忙忙的走了。

贾政此时气的目瞪口歪,一面送那长史官,一面回头命宝玉"不许动!回来有话问你!"一直送那官员去了。才回身,忽见贾环带着几个小厮一阵乱跑。贾政喝令小厮"快打,快打!"贾环见了他父亲,唬的骨软筋酥,忙低头站住。贾政便问:"你跑什么?带着你的那些人都不管你,不知往那里逛去,由你野马一般!"喝叫跟上学的人来。贾环见他父亲盛怒,便乘机说道:"方才原不曾跑,只因从那井边一过,那井里淹死了一个丫头,我看见人头这样大,身子这样粗,泡的实在可怕,所以才赶着跑了过来。"贾政听了惊疑,问道:"好端端的,谁去跳井?我家从无这样事情,自祖宗以来,皆是宽柔以待下人。——大约我近年于家务疏懒,自然执事人[9]操克夺之权[10],致使生出这暴殄轻生[11]的祸患。若外人知道,祖宗颜面何在!"喝令快叫贾琏、赖大、兴儿来。小厮们答应了一声,方欲叫去,贾环忙上前拉住贾政的袍襟,贴膝跪下道:"父亲不用生气。此事除太太房里的人,别人一点也不知道。我听见我母亲说……"说到这里,便回头四顾一看。贾政知意,将眼一看众小厮,小厮们明白,都往两边后面退去。贾环便悄悄说道:"我母亲告诉我说,宝玉哥哥前日在太太屋里,拉着太太的丫头金钏儿强奸不遂,打了一顿。那金钏儿便赌气投井死了。"

话未说完,把个贾政气的面如金纸,大喝"快拿宝玉来!"一面说,一面便往里边书房里去,喝令"今日再有人劝我,我把这冠带家私[12]一应[13]交与他与宝玉过去!我免不得做个罪人,把这几根烦恼鬓毛剃去,寻个干净去处自了[14],也免得上辱先人下生逆子之罪。"众门客仆从见贾政这个形景,便知又是为宝玉了,一个个都是咬指咬舌,连忙退出。那贾政喘吁吁直挺挺坐在椅子上,满面泪痕,一叠声"拿宝玉!拿大棍!拿索子捆上!把各门都关上!有人传信往里头去,立刻打死!"众小厮们只得齐声答应,有几个来找宝玉。

那宝玉听见贾政吩咐他"不许动",早知多凶少吉,那里承望贾环又添了许多的话。正在厅上干转,怎得个人来往里头去捎信,偏生没个人,连焙茗也不知在那里。正盼望时,只见一个老妈妈出来。宝玉如得了珍宝,便赶上来拉他,说道:"快进去告诉:老爷要打我呢!快去,快去!要紧,要紧!"宝玉一则急了,说话不明白;二则老婆子偏生又聋,竟不曾听见是什么话,把"要紧"二字只听作"跳井"二字,便笑道:"跳井让他跳去,二爷怕什么?"宝玉见是个聋子,便着急道:"你出去叫我的小厮来罢。"那婆子道:"有什么不了的事?老早的完了。太太又赏了衣服,又赏了银子,怎么不事的!"

宝玉急的跺脚,正没抓寻处,只见贾政的小厮走来,逼着他出去了。贾政一见,眼都红紫了,也不暇问他在外流荡优伶,表赠私物,在家荒疏学业,淫辱母婢等语,只喝令"堵起嘴来,着实打死!"小厮们不敢违拗,只得将宝玉按在凳上,举起大板打了十来下。贾政犹嫌打轻了,一脚踢开掌板的,自己夺过来,咬着牙狠命盖了三四十下。众门客见打的不祥了,忙上前夺劝。贾政哪里肯听,说道:"你们问问他干的勾当,可饶不可饶!素日皆是你们这些人把他酿[15]坏了,到这步田地还来解劝。明日酿到他弑君杀父,你们才不劝不成!"

众人听这话不好听,知道气急了,忙又退出,只得觅人进去给信。王夫人不敢先回贾母,只得忙穿衣出来,也不顾有人没人,忙忙赶往书房中来,慌的众门客小厮等避之不及。王夫人一进房来,贾政更如火上浇油一般,那板子越发下去的又狠又快。按宝玉的两个小厮忙松了手走开,宝玉早已动弹不得了。贾政还欲打时,早被王夫人抱住板子。贾政道:"罢了,罢了!今日必定要气死我才罢!"王夫人哭道:"宝玉虽然该打,老爷也要自重。况且炎天暑日的,老太太身上也不大好,打死宝玉事小,倘或老太太一时不自在了,岂不事大!"贾政冷笑道:"倒休提这话。我养了这不肖的孽障,已不孝;教训他一番,又有众人护持;不如趁今日一发勒死了,以绝将来之患!"说着,便要绳索来勒死。王夫人连忙抱住哭道:"老爷虽然应当管教儿子,也要看夫妻分上。我如今已将五十岁的人,只有这个孽障,必定苦苦的以他为法,我也不敢深劝。今日越发要他死,岂不是有意绝我。既要勒死他,快拿绳子来先勒死我,再勒死他。我们娘儿们不敢含怨,到底在阴司里得个依靠。"说毕,爬在宝玉身上大哭起来。贾政听了此话,不觉长叹一声,向椅上坐了,泪如雨下。王夫人抱着宝玉,只见他面白气弱,底下穿着一条绿纱小衣皆是血渍,禁不住解下汗巾看,由臀至胫,或青或紫,或整或破,竟无一点好处,不觉失声大哭起来,"苦命的儿吓!"因哭出"苦命儿"来,忽又想起贾珠来,便叫着贾珠哭道:"若有你活着,便死一百个我也不管了。"此时里面的人闻得王夫人出来,那李宫裁王熙凤与迎春姊妹早已出来了。王夫人哭着贾珠的名字,别人还可,惟有李宫裁禁不住也放声哭了。贾政听了,那泪珠更似走珠一般滚了下来。

正没开交处,忽听丫鬟来说:"老太太来了。"一句话未了,只听窗外颤巍巍的声气说道:"先打死我,再打死他,岂不干净了!"贾政见他母亲来了,又急又痛,连忙迎接出来,只见贾母扶着丫头,喘吁吁的走来。

贾政上前躬身陪笑道:"大暑热天,母亲有何生气亲自走来?有话只该叫了儿子进去吩咐。"贾母听说,便止住步喘息一回,厉声说道:"你原来是和我说话!我倒有话吩咐,只是可怜我一生没养个好儿子,却教我和谁说去!"贾政听这话不像,忙跪下含泪说道:"为儿的教训儿子,也为的是光宗耀祖。母亲这话,我做儿的如何禁得起?"贾母听说,便啐了一口,说道:"我说一句话,你就禁不起,你那样下死手的板子,难道宝玉就禁得起了?你说教训儿子是光宗耀祖,当初你父亲怎么教训你来!"说着,不觉就滚下泪来。

贾政又陪笑道:"母亲也不必伤感,皆是作儿的一时性起,从此以后再不打他了。"贾母便冷笑道:"你也不必和我使性子赌气的。你的儿子,我也不该管你打不打。我猜着你也厌烦我们娘儿们。不如我们赶早儿离了你,大家干净!"说着便令人去看[16]轿马,"我和你太太宝玉立刻回南京去!"家下人只得干答应着。贾母又叫王夫人道:"你也不必哭了。如今宝玉年纪小,你疼他,他将来长大成人,为官作宰的,也未必想着你是他母亲了。你如今倒不要疼他,只怕将来还少生一口气呢。"贾政听说,忙叩头哭道:"母亲如此说,贾政无立足之地。"贾母冷笑道:"你分明使我无立足之地,你反说起你来!只是我们回去了,你心里干净,看有谁来许你打。"一面说,一面只令快打点行李车轿回去。贾政苦苦叩求认罪。

贾母一面说话,一面又记挂宝玉,忙进来看时,只见今日这顿打不比往日,又是心疼,又是生气,也抱着哭个不了。王夫人与凤姐等解劝了一会,方渐渐的止住。早有丫鬟媳妇等上来,要搀宝玉,凤姐便骂道:"糊涂东西,也不睁开眼瞧瞧!打的这么个样儿,还要搀着走!还不快进去把那藤屉子春凳[17]抬出来呢。"众人听说连忙进去,果然抬出春凳来,将宝玉抬放凳上,随着贾母王夫人等进去,送至贾母房中。

彼时贾政见贾母气未全消,不敢自便,也跟了进去。看看宝玉,果然打重了。再看看王夫人,"儿"一声,"肉"一声,"你替珠儿早死了,留着珠儿,免你父亲生气,我也不白操这半世的心了。这会子你倘或有个好歹,丢下我,叫我靠那一个!"数落一场,又哭

"不争气的儿"。贾政听了，也就灰心，自悔不该下毒手打到如此地步。先劝贾母，贾母含泪说道："你不出去，还在这里做什么！难道于心不足，还要眼看着他死了才去不成！"贾政听说，方退了出来。

此时薛姨妈同宝钗、香菱、袭人、史湘云也都在这里。袭人满心委屈，只不好十分使出来，见众人围着，灌水的灌水，打扇的打扇，自己插不下手去，便越性走出来到二门前，令小厮们找了焙茗来细问："方才好端端的，为什么打起来？你也不早来透个信儿！"焙茗急的说："偏生我没在跟前，打到半中间我才听见了。忙打听原故，却是为琪官金钏姐姐的事。"袭人道："老爷怎么得知道的？"焙茗道："那琪官的事，多半是薛大爷素日吃醋，没法儿出气，不知在外头唆挑了谁来，在老爷跟前下的火[18]。那金钏儿的事是三爷说的，我也是听见老爷的人说的。"袭人听了这两件事都对景[19]，心中也就信了八九分。然后回来，只见众人都替宝玉疗治。调停完备，贾母令"好生抬到他房内去"。众人答应，七手八脚，忙把宝玉送入怡红院内自己床上卧好。又乱了半日，众人渐渐散去，袭人方进前来经心服侍。[20]

袭人见贾母王夫人等去后，便走来宝玉身边坐下，含泪问他："怎么就打到这步田地？"宝玉叹气说道："不过为那些事，问他做什么！只是下半截疼的很，你瞧瞧打坏了那里。"袭人听说，便轻轻的伸手进去，将中衣褪下。宝玉略动一动，便咬着牙叫"嗳哟"，袭人连忙停住手，如此三四次才褪了下来。袭人看时，只见腿上半段青紫，都有四指宽的僵痕高了起来。袭人咬着牙说道："我的娘，怎么下这般的狠手！你但凡听我一句话，也不得到这步地位。幸而没动筋骨，倘或打出个残疾来，可叫人怎么样呢！"

正说着，只听丫鬟们说："宝姑娘来了。"袭人听见，知道穿不及中衣，便拿了一床袷纱被[21]替宝玉盖了。只见宝钗手里托着一丸药走进来，向袭人说道："晚上把这药用酒研开，替他敷上，把那淤血的热毒散开，可以就好了。"说毕，递与袭人，又问道："这会子可好些？"宝玉一面道谢，说好了，又让坐。宝钗见他睁开眼说话，不像先时，心中也宽慰了好些，便点头叹道："早听人一句话，也不至今日。别说老太太、太太心疼，就是我们看着，心里也疼。"刚说了半句又忙咽住，自悔说的话急了，不觉的就红了脸，低下头来。宝玉听得这话如此亲切稠密，竟大有深意，忽见他又咽住不往下说，红了脸，低下头只管弄衣带，那一种娇羞怯怯，非言语可形容得出，不觉心中大畅，将疼痛早丢在九霄云外，心中自思："我不过挨了几下打，他们一个个就有这些怜惜悲感之态露出，令人可玩可观，可怜可敬。假若我一时竟遭殃横死，他们还不知是何等悲感呢！既是他们这样，我便一时死了，得他们如此，一生事业纵然尽付东流，亦无足叹惜，冥冥之中若不怡然自得，亦可谓糊涂鬼崇矣。"想着，只听宝钗问袭人道："怎么好好的动了气，就打起来了？"袭人便把焙茗的话说了出来。

宝玉原来还不知道贾环的话，见袭人说出方才知道。因又拉上薛蟠，惟恐宝钗沉心[22]，忙又止住袭人道："薛大哥哥从来不这样的，你们不可混猜度。"宝钗听说，便知道是怕他多心，用话相拦袭人，因心中暗暗想道："打的这个形象，疼还顾不过来，还是这样细心，怕得罪了人，可见在我们身上也算是用心了。你既这样用心，何不在外头大事上做工夫，老爷也欢喜了，也不能吃这样亏。但你固然怕我沉心，所以拦袭人的话，难道我就不知我的哥哥素日恣心纵欲，毫无防范的那种心性。当日为一个秦钟，还闹的天翻地覆，自然如今比先又更利害了。"想毕，因笑道："你们也不必怨这个，怨那个。据我想，到底宝兄弟素日不正，肯和那些人来往，老爷才生气。就是我哥哥说话不防头[23]，一时说出宝兄弟来，也不是有心调唆；一则也是本来的实话，二则他原不理论[24]这些防嫌小事。袭姑娘从小儿只见宝兄弟这么样细心的人，你何尝见过天不怕地不怕、心里有什么口里就说什么的人。"袭人因说出薛蟠来，见宝玉拦他的话，早已明白自己说造次了，恐宝钗没意思，听宝钗如此说，更觉羞愧无言。宝玉又听宝钗这番话，一半是堂皇正大，一半是去已疑心，更觉比先畅快了。方欲说话时，只见宝钗起身说道："明儿再来看你，你好生养着罢。方才我拿了药来交给袭人，晚上敷上管就好了。"说着便走出门去。袭人赶着送出院外，说："姑娘倒费心了。改日宝二爷好了，亲自来谢。"宝钗回头笑道："有什么谢处。你只劝他好生静养，别胡思乱想的就好了。不必惊动老太太、太太众人，倘或吹到老爷耳朵里，虽然彼时不怎么样，将来对景终是要吃亏的。"说着，一回身去了。袭人抽身回来，心内着实感激宝钗。进来见宝玉沉思默默似睡非睡的模样，因而退出房外，自去栉沐[25]。

宝玉默默的躺在床上，无奈臀上作痛，如针挑刀挖一般，更又热如火炙，略展转时，禁不住"嗳哟"之声。那时天色将晚，因见袭人去了，却有两三个丫鬟伺候，此时并无呼唤之事，因说道："你们且去梳洗，等我叫时再来。"众人听了，也都退出。这里宝玉昏昏默默，只见蒋玉菡走了进来，诉说忠顺府拿他之事，又见金钏儿进来哭说为他投井之情。宝玉半梦半醒，都不在意。忽又觉有人推他，恍恍忽忽听得有人悲戚之声。宝玉从梦中惊醒，睁眼一看，不是别人，却是林黛玉。宝玉犹恐是梦，忙又将身子欠起来，向脸上细细一认，只见两个眼睛肿的桃儿一般，满面泪光，不是黛玉，却是那个？宝玉还欲看时，怎奈下半截疼痛难忍，支持不住，便"嗳哟"一声，仍就倒下，叹了一声，说道："你又做什么跑来！虽说太阳落下去，那地上的余热未散，走两趟又要受了暑。我虽然挨了打，并不觉疼痛。我这个样儿，只装出来哄他们，好在外头布散与老爷听，其实是假的。你不可认真。"此时林黛玉虽不是嚎啕大哭，然越是这等无声之泣，气噎喉堵，更觉得利害。听了宝玉这番话，心中虽然有万句言词，只是不能说得，半日，方抽抽噎噎的说道："你从此可都改了罢！"宝玉听说，便长叹一声，道："你放心，别说这样话。就便为这些人死了，也是情愿的！"一句话未了，只见院外人说："二奶奶来了。"林黛玉便知是凤姐来了，连忙立起身说道："我从后院子去罢，回来再来。"宝玉一把拉住道："这可奇了，好好的怎么怕起他来。"林黛玉急的跺脚，悄悄的说道："你瞧瞧我的眼睛，又该他取笑开心呢。"宝玉听说赶忙的放手。黛玉三步两步转过床后，出后院而去。

注释

[1] 节选自《红楼梦》第三十三、三十四回。

[2] 惶悚（sǒng）：惶恐。悚，害怕，恐惧。

[3] 长史官：总管王府内事务的官吏。从南朝起始设，以后各代王府都沿设。

[4] 潭府：深宅大院。常用作对他人住宅的尊称。潭，深邃的样子。

[5] 琪官：此处指蒋玉涵。

[6] 道路：行踪，去向。

[7] 停：总数分成几份，其中一份叫一停。

[8] 汗巾子：系内裤用的腰巾，因近身受汗，故名。

[9] 执事人：具体操办某件事务的人。

[10] 克夺之权：生杀予夺之权。

[11] 暴殄（tiǎn）轻生：暴殄，恣意糟踏。殄，灭绝。轻生，不爱惜生命。

[12] 冠带家私：冠带，帽子和束带，是官服的代称，这里代指官爵。家私，财产，代指家业。

[13] 一应：所有的一切。

[14] 烦恼鬓毛剃去，寻个干净去处：鬓毛，即头发，佛家称为"烦恼丝"。干净，佛家以为人世污浊不净，唯有佛门才能通向清净世界，即所谓净土。剃去烦恼鬓毛与寻个干净去处，都是出家当和尚的意思。

[15] 酿：惯，纵容。

[16] 看：料理，备办。

[17] 藤屉子春凳：春凳，一种面较宽的可坐可卧的长凳。藤屉子，凳面用藤皮编成。

[18] 下的火：使坏进谗的意思。

[19] 对景：对得上号，情况符合。

[20] 此处略去了第三十三、三十四回中间衔接的文字。

[21] 袷（jiá）纱被：表里两层的纱被。袷，同"夹"。

[22] 沉心：多指言者无意而听者有心，陡生不快。也叫"吃心"或"嗔心"。

[23] 不防头：不留神，不经意。

[24] 不理论：不注意，不在意。

[25] 栉（zhì）沐：梳洗。

赏析

《红楼梦》是一部章回体长篇小说，代表着我国古典白话小说艺术的最高成就。全书以荣国府的日常生活为中心，以宝玉、黛玉、宝钗的爱情婚姻悲剧及大观园中的点滴琐事为主线，以金陵贵族名门贾、史、王、薛四大家族由鼎盛走向衰败的历史为暗线，展现了封建社会晚期的世间百态，被誉为"我国封建社会的百科全书"，是一部具有高度思想性和艺术性的伟大作品。

《宝玉挨打》是《红楼梦》里的经典篇章，是我国小说巅峰之作上的巅峰。所节选的内容，主要描写了封建贵族家庭贾家的一场家庭矛盾，而导致矛盾冲突的原因，以及故事的后续情节发展，从根源上揭示了以贾政为代表的封建正统派和封建宗法制度与以贾宝玉为代表的贵族阶级叛逆者之间的矛盾。

首先从导致宝玉挨打的原因分析。原因一是金钏之死。宝玉平常与小姐丫鬟们自在相处，没想到一次与丫鬟金钏谈笑时，被其母王夫人误解为金钏带坏宝玉，所以王夫人不仅扇了金钏一耳光，还要将其撵出贾府，金钏羞愤难当，一时想不开投井自杀。原因二是待客不周。官僚贾雨村上任后，特意到贾府拜访，可是宝玉却表现出"葳葳蕤蕤"的样子，这种待客不周之举，惹得贾父非常生气。原因三是忠顺王府要人的事件。因贾宝玉与忠顺王府王爷心爱的戏子蒋玉菡私交甚好，再加上薛蟠的挑唆，在蒋玉菡逃离王府之后，王府就闹到贾府来寻人。原因四是贾环诬告事件。贾政本就因待客不周和忠顺王府的事对宝玉怒火满腔，这时贾环却正好出现并万般诬陷挑唆，于是贾政的怒火最终被点燃，这顿打宝玉已是逃无可逃、避无可避、必挨无疑了。

其次，宝玉挨打过程中，贯穿了《红楼梦》中的关键人物及其性格表现。贾政越打越狠时，王夫人赶来救驾，接着贾府最高、最权威的家长贾母高压逼迫贾政放了宝玉。王夫人营救宝玉的过程中，"三求三哭"，塑造了一个典型的封建家族女性家长的形象，既心疼儿子，又埋怨儿子不能按照封建家族制度与宗法制度的规范行事。贾母的劝告，以金陵史侯家小姐的身份，施高压逼迫贾政放了宝玉，由此看出封建大家族中盘根错节的家族关系以及人物关系。

宝玉挨打后，余波未平，描绘了"情中情因情感妹妹，错里错以错劝哥哥"的经典场景。挨打过后，袭人心疼、宝钗探视、黛玉关爱……一场挨打，却让宝黛更明了彼此的志同道合，二人情丝绵延……全文结构跌宕起伏。尤其是对挨打的前奏层层渲染、步步紧逼，直让人有喘不过气来的感觉。眼看着"山雨欲来风满楼"，急得如热锅上蚂蚁样的宝玉偏生碰上了聋耳的婆婆，紧张的气氛一下被推到了顶点，读者的心也不由得为宝玉提到了嗓子眼。在高潮涌起、狂风暴雨后作者并未戛然而止，而是让各主要人物再次出场，进一步揭示故事的主要矛盾。全文先是"暗流涌动"，接着是"惊涛大作"，最后是"余波涟漪"。这样高超的结构安排匠心独运，读来实让人有揪心揪肺而又余音绕梁、回味无穷、不忍释卷之感。

《宝玉挨打》一文揭露主要矛盾的同时，也揭示了封建大家庭内部的嫡庶矛盾。作者看似无意中寥寥几笔对各出场人物言行的描写，反映出各个人物完全不同的性格。全文通过对日常生活的细腻描写，塑造了形象迥异的各色人物，揭示了人物间的主要矛盾，反映了深刻的社会内容。

 **评价**

《红楼梦》是中国许多人所知道,至少,是知道这名目的书。谁是作者和续者姑且勿论,单是命意,就因读者的眼光而有种种:经学家看见《易》,道学家看见淫,才子看见缠绵,革命家看见排满,流言家看见宫闱秘事……在我的眼下的宝玉,却看见他看见许多死亡;证成多所爱者,当大苦恼,因为世上,不幸人多。惟憎人者,幸灾乐祸,于一生中,得小欢喜,少有窒碍。然而憎人却不过是爱人者的败亡的逃路,与宝玉之终于出家,同一小器。(鲁迅)

 习题

1. 填空题

(1)《红楼梦》,中国古代章回体长篇小说,又名_____。

(2)《红楼梦》小说以_____四大家族的兴衰为背景,以富贵公子贾宝玉的视角,描绘了一批举止见识出于须眉之上的闺阁佳人的形象,展现了真正的人性美和悲剧美,可以说是一部从各个角度展现女性美以及中国古代社会世态百相的史诗性著作。

2. 讨论题

宝玉挨打一事中,主要人物相继登场,请分析小说所塑造的人物各具什么样的性格特点。

3. 思考题

(1)《红楼梦》所写的宝玉挨打后,余波未平,主要人物纷纷前来看望,请分别分析这些人物来探视宝玉的真实的内心想法。

(2) 宝玉的挨打,既有表面原因也包含了更加深层次的原因(根本原因),请挖掘这些原因是什么,反映了怎样的矛盾。

4. 写作题

在中国古典小说的艺术顶峰《红楼梦》中,作者倾心注血,匠心独运,以传神的描摹、浓淡相宜的色彩,精心描绘了一幅宏伟瑰丽的人物肖像长卷,达到了"摹一人,一人必到纸上活现",形神俱化的艺术境界。肖像描写是小说塑造人物的重要手段之一,请你对身边熟悉的人,撰写一段不少于300字的肖像描写。

链接

http://t.icesmall.cn/bookDir/1/147/0.html
曹雪芹《红楼梦》原文及评价

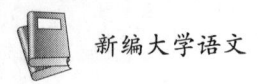

第十章 琴棋书画雅人生

中国古代士大夫们所修"四艺"——琴、棋、书、画,也是他们在经、史、子、集之外的一点人生闲趣。

"琴棋书画"是古代文人骚客、名门闺秀,修身所必须掌握的技能,现在也常用于表示个人的文化素养。作为古代文化艺术的典型象征,琴棋书画历来为人们所重视,曹雪芹在《红楼梦》中给"四春"的贴身丫头取"抱琴、司棋、侍书、入画"之名,也体现了琴棋书画在古代文人生活中的地位。

琴,现称"古琴",也叫作"玉琴""七弦琴",是在孔子时期就已很盛行的乐器,距今至少有三千年以上的历史,是我国最早的弹拨乐器之一。何景明《说琴》篇中,将琴的四器"弦、轸、徽、越"与人的"信、知、义、谦"四理相融合,说出了人生的哲理。

"琴棋书画"中的"棋",指的是围棋。棋,既是一种才艺技能,也是一种人生智慧。围棋起源于中国,早在春秋战国时已有记载,并被认为是世界上最为复杂的棋盘游戏之一。流传最广的围棋起源和圣人的教育有关。丹朱是尧帝的儿子,起初行为不好,尧帝以围棋教之学好,所以有"尧造围棋,以教丹朱"的记载。后来,围棋成为古代知识阶层修身养性的一项必修科目,也被越来越多的人所喜爱,还被赋予了文人士大夫的人生境界和智慧,比如"人生如棋,有进有退""棋如人生,胜负寻常"等。

书法,是汉字的书写艺术,是一种很独特的视觉艺术。在中国古代,名家的孩子从小就开始练习书法。书法能够把书写者个人的生活感受、学识、个性、修养等悄悄地折射出来,所以,通常有"字如其人""书为心画"的说法。

国画不仅仅是一种绘画形式,更是表达人的思想情感与理想追求的艺术形式。国画的三种题材其实概括了宇宙和生命的三个方面:山水画整合人与自然,代表了人与自然之间的关系;花鸟画表达自然与人和谐相处;人物画描绘人类社会和人与人之间的关系。

自古以来,琴棋书画,是技艺,亦是一种生活方式和人生哲理的思考。所以,从诗词歌赋到散文小说,常见人们将棋琴书画作为创作元素,在文学作品中,琴棋书画或被赋予象征意义,或可增加作品的艺术气韵,从而使其成为最具中国古典艺术气质的文化意象。

友情在我过去的生活里就像一盏明灯，照彻了我的灵魂，使我的生存有了一点点的光彩。

——巴金

俞伯牙摔琴谢知音

冯梦龙

 题解

《俞伯牙摔琴谢知音》是一部话本作品，讲述了古代非常有名的"俞伯牙摔琴谢知音"的故事，收录在《警世通言》第一卷中。故事讲了俞伯牙从小就酷爱音乐，他弹起琴来，琴声优美动听，犹如高山流水一般。有一天，俞伯牙遇到柴夫钟子期，钟子期感叹俞伯牙的音乐"峨峨兮若泰山""洋洋兮若江河"。这就是著名的"高山流水"典故的由来。钟子期死后，俞伯牙认为世上已无知音，终身不再鼓琴。作品通俗易懂，在当时很受听客的喜欢，它已成为中国古代话本的典范之一。

浪说曾分鲍叔金，谁人辨得伯牙琴！
于今交道好如鬼，湖海空悬一片心。
古来论交情至厚莫如管鲍。管是管夷吾，鲍是鲍叔牙。他两个同为商贾，得利均分；时管夷吾多取其利，叔牙不以为贪，知其贫也。后来管夷吾被囚，叔牙脱之，荐为齐相。这样朋友，才是个真正相知。这相知有几样名色：恩德相结者，谓之知己；腹心相照者，谓之知心；声气相求者，谓之知音，总来叫做相知。
今日听在下说一桩俞伯牙的故事。列位看官们，要听者，洗耳而听；不要听者，各随尊便。正是：知音说与知音听，不是知音不与谈。
话说春秋战国时，有一名公，姓俞名瑞字伯牙，楚国郢都人氏，即今湖广荆州府之地也。那俞伯牙身虽楚人，官星却落于晋国，仕至上大夫之位。因奉晋主之命，来楚国修聘。伯牙讨这个差使，一来是个大才，不辱君命；二来就便省视乡里，一举两得。当时从陆路至于郢都，朝见了楚王，致了晋主之命。楚王设宴款待，十分相敬。那郢都乃是桑梓之地，少不得去看一看坟墓，会一会亲友。然虽如此，各事其主，君命在身，不敢迟留，公事已毕，拜辞楚王。楚王赠以黄金彩缎，高车驷马。伯牙离楚一十二年，思想故国江山之胜，欲得恣情观览，要打从水路大宽转[1]而回。乃假奏楚王道："臣不幸有犬马之疾，不胜车马驰骤。乞假臣舟楫，以便医药。"楚王准奏，命水师拨大船二只，一正一副，正船单坐晋国来使，副船安顿仆从行李，都是兰桡画桨，锦帐高帆，甚是齐整。群臣直送到江头而别。

只因览胜探奇,不顾山遥水远。

伯牙是个风流才子,那江山之胜,正投其怀。张一片风帆,凌千层碧浪,看不尽遥山叠翠,远水澄清。不一日,行至汉阳江口。时当八月十五日中秋之夜,偶然风狂浪涌,大雨如注,舟楫不能前进,泊于山崖之下。不多时,风恬浪静,雨止云开,现出一轮明月。那雨后之月,其光倍常。伯牙在船舱中,独坐无聊,命童子焚香炉内,"待我抚琴一操,以遣情怀"。童子焚香罢,捧琴囊置于案间。伯牙开囊取琴,调弦转轸,弹出一曲。曲犹未终,指下"刮剌"的一声响,琴弦断了一根。伯牙大惊,叫童子去问船头:"这住船所在是甚么去处?"船头答道:"偶因风雨,停泊于山脚之下,虽然有些草树,并无人家。"伯牙惊讶,想道:"是荒山了。若是城郭村庄,或有聪明好学之人,盗听吾琴,所以琴声忽变,有弦断之异。这荒山下,那得有听琴之人?哦,我知道了,想是有仇家差来刺客;不然,或是贼盗伺候更深,登舟劫我财物。"叫左右:"与我上崖搜检一番。不在柳阴深处,定在芦苇丛中!"左右领命,唤齐众人,正欲搭跳上崖,忽听岸上有人答应道:"舟中大人,不必见疑。小子并非奸盗之流,乃樵夫也。因打柴归晚,值骤雨狂风,雨具不能遮蔽,潜身岩畔。闻君雅操,少住听琴。"伯牙大笑道:"山中打柴之人,也敢称'听琴'二字!此言未知真伪,我也不计较了。左右的,叫他去罢。"那人不去,在崖上高声说道:"大人出言谬矣!岂不闻'十室之邑,必有忠信。''门内有君子,门外君子至。'大人若欺负山野中没有听琴之人,这夜静更深,荒崖下也不该有抚琴之客了。"

伯牙见他出言不俗,或者真是个听琴的亦未可知。止住左右不要罗唣,走近舱门,回嗔作喜的问道:"崖上那位君子,既是听琴,站立多时,可知道我适才所弹何曲?"那人道:"小子若不知,却也不来听琴了。方才大人所弹,乃孔仲尼叹颜回,谱入琴声。其词云'可惜颜回命蚤亡,教人思想鬓如霜。只因陋巷箪瓢乐',到这一句,就绝了琴弦,不曾抚出第四句来,小子也还记得:'留得贤名万古扬。'"伯牙闻言大喜道:"先生果非俗士,隔崖遥远,难以问答。"命左右:"掌跳,看扶手,请那位先生登舟细讲。"左右掌跳,此人上船,果然是个樵夫:头戴箬笠,身披草衣,手持尖担,腰插板斧,脚踏芒鞋。手下人那知言谈好歹,见是樵夫,下眼相看。"咄!那樵夫下舱去,见我老爷叩头,问你甚么言语,小心答应,官尊着哩!"樵夫却是个有意思的,道:"列位不须粗鲁,待我解衣相见。"除了斗笠,头上是青布包巾;脱了蓑衣,身上是蓝布衫儿;搭膊拴腰,露出布裩下截。那时不慌不忙,将蓑衣、斗笠、尖担、板斧,俱安放舱门之外,脱下芒鞋,蹋去泥水,重复穿上,步入舱来。官舱内公座上灯烛辉煌,樵夫长揖而不跪,道:"大人,施礼了。"俞伯牙是晋国大臣,眼界中那有两接[2]的布衣,下来还礼,恐失了官体,既请下船,又不好叱他回去。伯牙没奈何,微微举手道:"贤友免礼罢。"叫童子看坐的。童子取一张杌坐儿置于下席。伯牙全无客礼,把嘴向樵夫一努,道:"你且坐了。"你我之称,怠慢可知。那樵夫亦不谦让,俨然坐下。

伯牙见他不告而坐,微有嗔怪之意,因此不问姓名,亦不呼手下人看茶。默坐多时,怪而问之："适才崖上听琴的，就是你么？"樵夫答言："不敢。"伯牙道："我且问你，既来听琴，必知琴之出处。此琴何人所造？抚他有甚好处？"正问之时，船头来禀话："风色顺了，月明如昼，可以开船。"伯牙分付："且慢些！"樵夫道："承大人下问，小子若讲话絮烦，恐担误顺风行舟。"伯牙笑道："惟恐你不知琴理。若讲得有理，就不做官，亦非大事，何况行路之迟速乎！"樵夫道："既如此，小子方敢僭谈。此琴乃伏羲氏所琢，见五星之精，飞坠梧桐，凤皇来仪。凤乃百鸟之王，非竹实不食，非梧桐不栖，非醴泉不饮。伏羲氏知梧桐乃树中之良材，夺造化之精气，堪为雅乐，令人伐之。其树高三丈三尺，按三十三天之数，截为三段，分天、地、人三才。取上一段叩之，其声太清，以其过轻而废之；取下一段叩之，其声太浊，以其过重而废之；取中一段叩之，其声清浊相济，轻重相兼。送长流水中，浸七十二日，按七十二候之数。取起阴干，选良时吉日，用高手匠人刘子奇斫成乐器。此乃瑶池之乐，故名瑶琴。长三尺六寸一分，按周天三百六十一度；前阔八寸，按八节；后阔四寸，按四时；厚二寸，按两仪。有金童头，玉女腰，仙人背，龙池，凤沼，玉轸，金徽。那徽有十二，按十二月；又有一中徽，按闰月。先是五条弦在上，外按五行金、木、水、火、土；内按五音宫、商、角、徵、羽。尧舜时操五弦琴，歌《南风》诗，天下大治。后因周文王被囚于羑里，吊子伯邑考，添弦一根，清幽哀怨，谓之文弦。后武王伐纣，前歌后舞，添弦一根，激烈发扬，谓之武弦。先是宫、商、角、徵、羽五弦，后加二弦，称为文武七弦琴。此琴有六忌、七不弹、八绝。何为六忌？一忌大寒，二忌大暑，三忌大风，四忌大雨，五忌迅雷，六忌大雪。何为七不弹？闻丧者不弹，奏乐不弹，事冗不弹，不净身不弹，衣冠不整不弹，不焚香不弹，不遇知音者不弹。何为八绝？总之清奇幽雅，悲壮悠长。此琴抚到尽美尽善之处，啸虎闻而不吼，哀猿听而不啼。乃雅乐之好处也。"

伯牙听见他对答如流，犹恐是记问之学，又想道："就是记问之学，也亏他了。我再试他一试。"此时已不似在先你我之称了，又问道："足下既知乐理，当时孔仲尼鼓琴于室中，颜回自外入，闻琴中有幽沉之声，疑有贪杀之意，怪而问之。仲尼曰：'吾适鼓琴，见猫方捕鼠，欲其得之，又恐其失之。此贪杀之意，遂露于丝桐。'始知圣门音乐之理，入于微妙。假如下官抚琴，心中有所思念，足下能闻而知之否？"樵夫道："《毛诗》云：'他人有心，予忖度之。'大人试抚弄一过，小子任心猜度。若猜不着时，大人休得见罪。"伯牙将断弦重整，沉思半晌，其意在于高山，抚琴一弄。樵夫赞道："美哉洋洋乎，大人之意，在高山也！"伯牙不答。又凝神一会，将琴再鼓，其意在于流水。樵夫又赞道："美哉汤汤乎，志在流水！"只两句，道着了伯牙的心事。伯牙大惊，推琴而起，与子期施宾主之礼，连呼："失敬！失敬！石中有美玉之藏。若以衣貌取人，岂不误了天下贤士！先生高名雅姓？"樵夫欠身而答："小子姓钟，名徽，贱字子期。"伯牙拱手道："是钟子期先生。"子期转问："大人高姓？荣任何所？"伯牙道："下官俞瑞，仕于晋朝，因修聘上国而来。"子期道："原来是伯牙大人。"伯牙推子期坐于客位，自己主席相陪，命童子点茶。茶罢，又命童子取酒共酌。伯牙道："借此攀话，休嫌简亵。"子期称："不敢。"

童子取过瑶琴，二人入席饮酒。伯牙开言又问："先生声口是楚人了，但不知尊居何处？"子期道："离此不远，地名马安山集贤村，便是荒居。"伯牙点头道："好个集贤村。"又问："道艺何为？"子期道："也就是打柴为生。"伯牙微笑道："子期先生，下官也不该僭言。似先生这等抱负，何不求取功名，立身于廊庙，垂名于竹帛；却乃赍志林泉，混迹樵牧，与草木同朽？窃为先生不取也。"子期道："实不相瞒，舍间上有年迈二亲，下无手足相辅，采樵度日，以尽父母之余年。虽位为三公之尊，不忍易我一日之养也。"伯牙道："如此大孝，一发难得。"二人杯酒酬酢了一会。

子期宠辱无惊，伯牙愈加爱重。又问子期："青春多少？"子期道："虚度二十有七。"伯牙道："下官年长一旬。子期若不见弃，结为兄弟相称，不负知音契友。"子期笑道："大人差矣！大人乃上国名公，钟徽乃穷乡贱子，怎敢仰扳，有辱俯就。"伯牙道："相识满天下，知心能几人？下官碌碌风尘，得与高贤结契，实乃生平之万幸。若以富贵贫贱为嫌，觑俞瑞为何等人乎？"遂命童子重添炉火，再爇名香，就船舱中与子期顶礼八拜。伯牙年长为兄，子期为弟，今后兄弟相称，生死不负。拜罢，复命取暖酒再酌。子期让伯牙上坐，伯牙从其言。换了杯箸，子期下席，兄弟相称，彼此谈心叙话。正是：合意客来心不厌，知音人听话偏长。

谈论正浓，不觉月淡星稀，东方发白。船上水手都起身收拾篷索，整备开船。子期起身告辞，伯牙捧一杯酒递与子期，把子期之手，叹道："贤弟，我与你相见何太迟，相别何太早！"子期闻言，不觉泪珠滴于杯中。子期一饮而尽，斟酒回敬伯牙。二人各有眷恋不舍之意。伯牙道："愚兄余情不尽，意欲曲延贤弟同行数日，未知可否？"子期道："小人非不欲相从，怎奈二亲年老，'父母在，不远游'。"伯牙道："既是二位尊人在堂，回去告过二亲，到晋阳来看愚兄一看，这就是'游必有方'了。"子期道："小弟不敢轻诺而寡信，许了贤兄，就当践约。万一禀命于二亲，二亲不允，使仁兄悬望于数千里之外，小弟之罪更大矣。"伯牙道："贤弟真所谓至诚君子。也罢，明年还是我来看贤弟。"子期道："仁兄明岁何时到此？小弟好伺候尊驾。"伯牙屈指道："昨夜是中秋节，今日天明，是八月十六日了。贤弟，我来仍在仲秋中五六日奉访。若过了中旬，迟到季秋月分，就是爽信，不为君子。"叫童子："分付记室将钟贤弟所居地名及相会的日期，登写在日记簿上。"子期道："既如此，小弟来年仲秋中五六日，准在江边侍立拱候，不敢有误。天色已明，小弟告辞了。"伯牙道："贤弟且住。"命童子取黄金二笏，不用封帖，双手捧定道："贤弟，些须薄礼，权为二位尊人甘旨之费。斯文骨肉，勿得嫌轻。"子期不敢谦让，即时收下。再拜告别，含泪出舱，取尖担挑了蓑衣、斗笠，插板斧于腰间，掌跳搭扶手上崖。伯牙直送至船头，各各洒泪而别。

不题子期回家之事。再说俞伯牙点鼓开船，一路江山之胜，无心观览，心心念念，只想着知音之人。又行几日，舍舟登岸。经过之地，知是晋国上大夫，不敢轻慢，安排车马相送。直至晋阳，回复了晋主，不在话下。

光阴迅速，过了秋冬，不觉春去夏来。伯牙心怀子期，无日忘之。想着中秋节近，奏过晋主,给假还乡。晋主依允。伯牙收拾行装,仍打大宽转,从水路而行。下船之后,分付水手,但是湾泊所在,就来通报地名。事有偶然,刚刚八月十五夜,水手禀复,此去马安山不远。伯牙依稀还认得去年泊船相会子期之处,吩咐水手,将船湾泊,水底抛锚,崖边钉橛。其夜晴明,船舱内一线月光,射进朱帘。伯牙命童子将帘卷起,步出舱门,立于船头之上,仰观斗柄。水底天心,万顷茫然,照如白昼。思想去岁与知己相逢,雨止月明;今夜重来,又值良夜。他约定江边相候,如何全无踪影,莫非爽信?又等了一会,想道:"我理会得了。江边来往船只颇多,我今日所驾的,不是去年之船了,吾弟急切如何认得?去岁我原为抚琴惊动知音,今夜仍将瑶琴抚弄一曲。吾弟闻之,必来相见。"命童子取琴桌安放船头,焚香设座。伯牙开囊,调弦转轸,才泛音律,商弦中有哀怨之声。伯牙停琴不操:"呀!商弦哀声凄切,吾弟必遭忧在家。去岁曾言父母年高,若非父丧,必是母亡。他为人至孝,事有轻重,宁失信于我,不肯失信于亲,所以不来也。来日天明,我亲上崖探望。"叫童子收拾琴桌,下舱就寝。

伯牙一夜不睡,真个巴明不明,盼晓不晓。看看月移帘影,日出山头,伯牙起来梳洗整衣,命童子携琴相随,又取黄金十镒带去。"倘吾弟居丧,可为赙礼。"踹跳登崖,行于樵径,约莫十数里,出一谷口,伯牙站住。童子禀道:"老爷为何不行?"伯牙道:"山分南北,路列东西。从山谷出来,两头都是大路,都去得,知道那一路往集贤村去?等个识路之人,问明了他,方才可行。"伯牙就石上少憩,童儿退立于后。不多时,左手官路上有一老叟,髯垂玉线,发挽银丝,箬冠野服,左手举藤杖,右手携竹篮,徐步而来。伯牙起身整衣,向前施礼。那老者不慌不忙,将右手竹篮轻轻放下,双手举藤杖还礼,道:"先生有何见教?"伯牙道:"请问两头路,那一条路,往集贤村去的?"老者道:"那两头路,就是两个集贤村。左手是上集贤村,右手是下集贤村,通衢三十里官道。先生从谷出来,正当其半,东去十五里,西去也是十五里。不知先生要往那一个集贤村?"伯牙默默无言,暗想道:"吾弟是个聪明人,怎么说话这等糊涂!相会之日,你知道此间有两个集贤村,或上或下,就该说个明白了。"伯牙却才沉吟,那老者道:"先生这等吟想,一定那说路的,不曾分上下,总说了个集贤村,教先生没处抓寻了。"伯牙道:"便是。"老者道:"两个集贤村中,有一二十家庄户,大抵都是隐遁避世之辈。老夫在这山里,多住了几年,正是:土居三十载,无有不亲人。这些庄户,不是舍亲,就是敝友。先生到集贤村必是访友,只说先生所访之友,姓甚名谁,老夫就知他住处了。"伯牙道:"学生要往钟家庄去。"老者闻"钟家庄"三字,一双昏花眼内,扑簌簌掉下泪来,道:"先生别家可去,若说钟家庄,不必去了。"伯牙惊问:"却是为何?"老者道:"先生到钟家庄,要访何人?"伯牙道:"要访子期。"老者闻言,放声大哭道:"子期钟徽,乃吾儿也。去年八月十五采樵归晚,遇晋国上大夫俞伯牙先生。讲论之间,意气相投。临行赠黄金二笏,吾儿买书攻读,老拙无才,不曾禁止。旦则采樵负重,暮则诵读辛勤,心力俱耗,染成怯疾,数月之间,已亡故了。"伯牙闻言,五内崩裂,泪如涌泉,大叫一声,傍山崖跌倒,昏绝于地。钟公用手搀扶,回顾小童道:"此位先生是谁?"小童低低附耳道:"就是俞伯牙老谷。"钟公道:"原来是吾儿好友。"扶起伯牙苏醒。伯牙坐于地下,口吐痰涎,双手捶胸,恸哭不已,道:"贤弟呵,我昨夜泊舟,还说你爽信,岂知已为泉下之鬼!你有才无寿了!"钟公拭泪相劝。伯牙哭罢起来,重与钟公施礼。不敢呼老丈,称为老伯,以见通家兄弟之意。伯牙道:"老伯,令郎还是停柩在家,还是出瘗郊外了?"钟公道:"一言难尽!亡儿临终,老夫与拙荆坐于卧榻之前。亡儿遗语嘱付道:'修短由天,儿生前不能尽人子事亲之道,死后乞葬于马安山江边。与晋大夫俞伯牙有约,欲践前言耳。'老夫不负亡儿临终之言。适才先生来的小路之右,一丘新土,即吾儿钟徽之冢。今日是百日之忌,老夫提一陌[3]纸钱,往坟前烧化,何期与先生相遇!"伯牙道:"既如此,奉陪老伯,坟前一拜。"命小童代太公提了竹篮。

钟公策杖引路,伯牙随后,小童跟定,复进谷口。果见一丘新土,在于路左。伯牙整衣下拜:"贤弟在世为人聪明,死后为神灵应。愚兄此一拜,诚永别矣!"拜罢,放声又哭。惊动山前山后、山左山右黎民百姓,不问行的住的,远的近的,闻得朝中大臣来祭钟子期,回绕坟前,争先观看。伯牙却不曾摆得祭礼,无以为情,命童子把瑶琴取出囊来,放于祭石台上,盘膝坐于坟前,挥泪两行,抚琴一操。那些看者,闻琴韵铿锵,鼓掌大笑而散。伯牙问:"老伯,下官抚琴,吊令郎贤弟,悲不能已,众人为何而笑?"钟公道:"乡野之人,不知音律,闻琴声以为取乐之具,故此长笑。"伯牙道:"原来如此。老伯可知所奏何曲?"钟公道:"老夫幼年也颇习。如今年迈,五官半废,模糊不懂久矣。"伯牙道:"这就是下官随心应手一曲短歌,以吊令郎者,口诵于老伯听之。"钟公道:"老夫愿闻。"

伯牙诵云:"忆昔去年春,江边曾会君。今日重来访,不见知音人。但见一抔土,惨然伤我心!伤心伤心复伤心,不忍泪珠纷。来欢去何苦,江畔起愁云。子期子期兮,你我千金义,历尽天涯无足语,此曲终兮不复弹,三尺瑶琴为君死!"

伯牙于衣夹间取出解手刀,割断琴弦,双手举琴,向祭石台上,用力一摔,摔得玉轸抛残,金徽零乱。钟公大惊,问道:"先生为何摔碎此琴?"伯牙道:"摔碎瑶琴凤尾寒,子期不在对谁弹!春风满面皆朋友,欲觅知音难上难。"钟公道:"原来如此,可怜!可怜!"

伯牙道:"老伯高居,端的在上集贤村,还是下集贤村?"钟公道:"荒居在上集贤村第八家就是。先生如今又问他怎的?"伯牙道:"下官伤感在心,不敢随老伯登堂了。随身带得有黄金二镒,一半代令郎甘旨之奉,一半买几亩祭田,为令郎春秋扫墓之费。待下官回本朝时,上表告归林下。那时却到上集贤村,迎接老伯与老伯母,同到寒家,以尽天年。吾即子期,子期即吾也,老伯勿以下官为外人相嫌。"说罢,命小僮取出黄金,亲手递与钟公,哭拜于地。钟公答拜,盘桓半晌而别。

这回书,题作《俞伯牙摔琴谢知音》。后人有诗赞云:势利交怀势利心,斯文谁复念知音?伯牙不作钟期逝,千古令人说破琴。

注释

［1］大宽转：兜个大圈子，绕路。
［2］两接：即两截，指上身穿衫下身着裤，是平民百姓的穿着。
［3］一陌：一百张。这里指一串纸钱。

赏析

故事主线清晰，情节叙述完整，人物性格特点鲜明，将一个真挚美好的知音故事娓娓道来。

首先，小说主题平凡中见伟大，创作了一个悲凉唯美的友情故事。冯梦龙将伯牙与子期的故事，讲述得生动而又曲折，在跌宕起伏的故事发展中，使得"高山流水觅知音"成为千古佳话。

其次，故事情节丰满完整，细节生动。两人从相识、相知，到互为知己，一波三折，故事发展平缓起伏，但结局却掷地有声，令人回味。冯梦龙将这一故事，描写得细腻生动，情节曲折，扣人心弦。伯牙赴约，但始终没有见到好友的到来。他却意外碰到钟公（钟子期的父亲），得知好友去世的消息。回顾往日相交的情景，伯牙不禁悲从中来，最终发出"子期子期兮，你我千金义，历尽天涯无足语，此曲终兮不复弹，三尺瑶琴为君死！"的感叹。

再次，冯梦龙对伯牙、子期的人物形象及其性格特点，进行了细致描绘。在他的笔下，俞伯牙是晋国的上大夫，而钟子期是楚国的一介樵夫，看起来二人无论如何不会有相识的机会。但经过作者的描述，这个看似偶然的相遇却向我们展示出一种必然。俞伯牙虽是晋国大夫，却原系楚人，奉晋主之命来楚国修聘，又因思念故国江山，要从水路游览；而钟子期虽是樵夫，却是临江的"集贤村"人，且村中"大抵都是隐遁避世之辈"，出身亦不寻常。这冥冥之中似乎已经注定了二人的不期之遇。之后二人的相遇颇有些不打不相识的味道，俞伯牙于江边鼓琴，忽而弦断，使他惊异于这荒野之中如何有听琴之人。而这听琴的恰恰是在此打柴避雨的钟子期。伯牙原不信村野樵夫也会听琴，但子期不凡的谈吐和镇定自若的神情，使他意识到这不是他观念中那种粗笨愚昧的村夫。

最后，在叙述知音故事的同时，含蓄表达了作者自己的理想和追求。在对这一知音故事进行较大改编的同时，强化了孝义观念，反复在细节上渲染子期之孝义，以及伯牙对此的赏识。小说定位格调高雅，精神内涵包含劝人为善，教化育人，树立道德榜样等。此外，作者还在开头用两句诗总结了自己的态度，"知音说与知音听，不是知音不与谈"，可见作者也深感知音之难觅，渴望能真正拥有一二知音。在小说尾声处，伯牙已在所操之曲中，表达了自己欲断弦谢知音的念头。

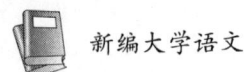

作者对这一古已有之的知音故事,进行如此细腻生动的刻画,无非是要唤起人们内心的真诚,以真心待家人,以真情待友人,继而人人都以诚相待,最终实现作者一直念念不忘的人生追求:"于是乎无情化有,私情化公,庶乡国天下,蔼然以情相与,于浇俗冀有更焉。"但现实也让作者认识到,这个美好的理想并非一蹴而就之事,又不禁感叹知音之难得、真情之宝贵。

 评价

昔者瓠巴鼓瑟而沉鱼出听,伯牙鼓琴而六马仰秣。(荀子)

 习题

1. 填空题

(1)《俞伯牙摔琴谢知音》是一部_____(体裁)作品,作品讲述了古代非常有名的"俞伯牙摔琴谢知音"的故事,收录在《_____》中。

(2) 三言二拍中的三言指的是_____、_____、_____。

2. 讨论题

(1) 哪些成语与《俞伯牙摔琴谢知音》中的故事有关?请分享一则与友情有关的中外古今故事。

(2) "高山流水遇知音"出自哪部作品?与"伯牙"有关的作品有哪些?

(3) 若身边也有知己好友,你们是如何相处的?请你总结何为交友之道。

3. 思考题

(1) 请分析冯梦龙《俞伯牙摔琴谢知音》的创作特色。

(2) 中国小说从古代神话开始萌芽,发展到先秦、两汉、唐传奇,再到鼎盛时期的明清小说,请分别举例说明小说的发展史。

4. 写作题

俞伯牙与钟子期是一对千古传诵的至交典范。伯牙善于演奏,钟子期善于欣赏。你身边是否也有这样的知己好友,请你写一篇关于交友之道的文章。(不少于600字)

 链接

http://kns.cnki.net//KXReader/Detail?TIMESTAMP=637137680404377500&DBCODE=CJFD&TABLEName=CJFD2012&FileName=MZXS201226017&RESULT=1&SIGN=7UlMIS1DWEgawXTm38R5YRNnOzA%3d

论《俞伯牙摔琴谢知音》中的交友之道

略观围棋，法于用兵。三尺之局，为战斗场。

——马融

棋王（节选）

阿城

题解

《棋王》是当代作家阿城的一部短篇小说，是他有名的"三王"（《棋王》《树王》《孩子王》）之一。阿城的小说被视作是新时期"寻根文学"的发轫之作，1984 年发表于《上海文学》。故事讲述了在"文化大革命"时期，知青"棋呆子"王一生四处寻找对手下棋、拼棋的故事。小说语言抛弃了 20 世纪 80 年代惯有的语言逻辑转而回归宋明小说的语境之中，朴实而飘逸俊美。小说发表后，王蒙撰文高度赞赏了这篇小说，指出这是在那个特殊的时代"对人的智慧、注意力、精力和潜力的一种礼赞"。

到了棋场，竟有数千人围住，土扬在半空，许久落不下来。棋场的标语标志早已摘除，出来一个人，见这么多人，脸都白了。脚卵上去与他交涉，他很快地看着众人，连连点头儿，半天才明白是借场子用，急忙打开门，连说"可以可以"，见众人都要进去，就急了。我们几个，马上到门口守住，放进脚卵、王一生和两个得了名誉的人。这时有一个人走出来，对我们说："高手既然和三个人下，多我一个不怕，我也算一个。"众人又嚷动了，又有人报名。我不知怎么办好，只得进去告诉王一生。王一生咬一咬嘴说："你们两个怎么样？"那两个人赶紧站起来，连说可以。我出去统计了，连冠军在内，对手共是十人，脚卵说："十不吉利的，九个人好了。"于是就九个人。冠军总不见来，有人来报，既是下盲棋，冠军只在家里，命人传棋。王一生想了想，说好吧。九个人就关在场里。墙外一副明棋不够用，于是有人拿来八张整开白纸，很快地画了格儿。又有人用硬纸剪了百十个方棋子儿，用红黑颜色写了，背后粘上细绳，挂在棋格儿的钉子上，风一吹，轻轻地晃成一片，街上人也嚷成一片。

人是越来越多。后来的人拼命往前挤，挤不进去，就抓住人打听，以为是杀人的告示。妇女们也抱着孩子们，远远围成一片。又有许多人支了自行车，站在后架上伸脖子看，人群一挤，连着倒，喊成一团。半大的孩子们钻来钻去，被大人们用腿拱出去。数千人闹闹嚷嚷，街上像半空响着闷雷。

王一生坐在场当中一个靠背椅上，把手放在两条腿上，眼睛虚望着，一头一脸都是土，像是被传讯的歹人。我不禁笑起来，过去给他拍一拍土。他按住我的手，我觉出他有些抖。王一生低低地说:"事情闹大了。你们几个朋友看好,一有动静,一起跑。"我说:"不会。只要你赢了,什么都好办。争口气。怎么样?有把握吗?九个人哪!头三名都在这里!"王一生沉吟了一下,说:"怕江湖的不怕朝廷的,参加过比赛的人的棋路我都看了,就不知道其他六个人会不会冒出冤家。书包你拿着,不管怎么样,书包不能丢。书包里有……"王一生看了看我,"我妈的无字棋。"他的瘦脸上又干又脏,鼻沟也黑了,头发立着,喉咙一动一动的,两眼黑得吓人。我知道他拼了,心里有些酸,只说:"保重!"就离了他。他一个人空空地在场中央,谁也不看,静静的像一块铁。

棋开始了。上千人不再出声儿。只有自愿服务的人一会儿紧一会儿慢地用话传出棋步,外边儿自愿服务的人就变动着棋子儿。风吹得八张大纸哗哗地响,棋子儿荡来荡去。太阳斜斜地照在一切上,烧得耀眼。前几十排的人都坐下了,仰起头看,后面的人也挤得紧紧的,一个个土眉土眼,头发长长短短吹得飘,再没人动一下,似乎都把命放在棋里搏。

我心里忽然有一种很古的东西涌上来,喉咙紧紧地往上走。读过的书,有的近了,有的远了,模糊了。平时十分佩服的项羽、刘邦都目瞪口呆,倒是尸横遍野的那些黑脸士兵,从地下爬起来,哑了喉咙,慢慢移动。一个樵夫,提了斧在野唱。忽然又仿佛见了呆子的母亲,用一双弱手一张一张地折书页。

我不由伸手到王一生书包里去掏摸,捏到一个小布包儿,拽出来一看,是个旧蓝斜纹布的小口袋,上面绣了一只蝙蝠,布的四边儿都用线做了圈口,针脚很是细密。取出一个棋子,确实很小,在太阳底下竟是半透明的,像是一只眼睛,正柔和地瞧着。我把它攥在手里。

太阳终于落下去,立即爽快了。人们仍在看着,但议论起来。里边儿传出一句王一生的棋步,外面的人就嚷动一下。专有几个人骑车为在家的冠军传送着棋步,大家就不太客气,笑话起来。

我又进去,看见脚卵很高兴的样子,心里就松开一些,问:"怎么样?我不懂棋。"脚卵抹一抹头发,说:"蛮好,蛮好。这种阵式,我从来也没有见过,你想想看,九个人与他一个人,九局连环!车轮大战!我要写信给我的父亲,把这次的棋谱都寄给他。"这时有两个人从各自的棋盘前站起来,朝着王一生鞠躬,说:"甘拜下风。"就捏着手出去了。王一生点点头儿,看了他们的位置一眼。

王一生的姿势没有变,仍旧是双手扶膝,眼平视着,像是望着极远极远的远处,又像是盯着极近的近处,瘦瘦的肩挑着宽大的衣服,土没拍干净,东一块儿,西一块儿。喉结许久才动一下。我第一次承认象棋也是运动,而且是马拉松,是多一倍的马拉松!我在学校时,参加过长跑,开始后的五百米,确实极累,但过了一个限度,就像不是在用脑子跑,而像一架无人驾驶飞机,又像是一架到了高度的滑翔机只管滑翔下去。可这象棋,始终是处在一种机敏的运动之中,兜捕对手,逼向死角,不能疏忽。我忽然担心起王一生的身体来。这几天,大家因为钱紧,不敢怎么吃,晚上睡得又晚,谁也没想到会有这么一个场面。看着王一生稳稳地坐在那里,我又替他捏一口气:死顶吧!我们在山上扛木料,两个人一根,不管路不是路,沟不是沟,也得咬牙,死活不能放手。谁若是顶不住软了,自己伤了不说,另一个也得被木头震得吐血。可这回是王一生一个人过沟坎儿,我们帮不上忙。我找了点儿凉水来,悄悄走近他,在他跟前一挡,他抖了一下,眼睛刀子似的看了我一下,一会儿才认出是我,就干干地笑了一下。我指指水碗,他接过去,正要喝,一个局号报了棋步。他把碗高高地平端着,水纹丝儿不动。他看着碗边儿,回报了棋步,就把碗缓缓凑到嘴边儿。这时下一个局号又报了棋步,他把嘴定在碗边儿,半晌,回报了棋步,才咽一口水下去,"咕"的一声儿,声音大得可怕,眼里有了泪花。他把碗递过来,眼睛望望我,有一种说不出的东西在里面游动,嘴角儿缓缓流下一滴水,把下巴和脖子上的土冲开一道沟儿。我又把碗递过去,他竖起手掌止住我,回到他的世界里去了。

我出来,天已黑了。有山民打着松枝火把,有人用手电筒照着,黄乎乎的,一团明亮。大约是地区的各种单位下班了,人更多了。狗也在人前蹲着,看人挂动棋子,眼神凄凄的,像是在担忧。几个同来的队上知青,各被人围了打听。不一会儿,"王一生""棋呆子""是个知青""棋是道家的棋",就在人们嘴上传。我有些发噱,本想到人群里说说,但又止住了,随人们传吧,我开始高兴起来。这时墙上只有三局在下了。

忽然人群发一声喊。我回头一看,原来只剩了一盘,恰是与冠军的那一盘。盘上只有不多几个子儿。王一生的黑子儿远远近近地峙在对方棋营格里,后方老帅稳稳地待着,尚有一"士"伴着,好像帝王与近侍在聊天儿,等着前方将士得胜回朝;又似乎隐隐看见有人在伺候酒宴,点起尺把长的红蜡烛,有人在悄悄地调整管弦,单等有人跪奏捷报,鼓乐齐鸣。我的肚子拖长了音儿在响,脚下觉得软了,就拣个地方坐下,仰头看最后的围猎,生怕有什么差池。

红子儿半天不动,大家不耐烦了,纷纷看骑车的人来没有,嗡嗡地响成一片。忽然人群乱起来,纷纷闪开。只见一老者,精光头皮,由旁人搀着,慢慢走出来,嘴嚼动着,上上下下看着八张定局残子。众人纷纷传着,这就是本届地区冠军,是这个山区的一个世家后人,这次"出山"玩玩儿棋,不想就夺了头把交椅,评了这次比赛的大势,直叹棋道不兴。老者看完了棋,轻轻抻一抻衣衫,跺一跺土,昂了头,由人搀进棋场。众人都一拥而起。我急忙抢进了大门,跟在后面。只见老者进了大门,立定,往前看去。

王一生孤身一人坐在大屋子中央,瞪眼看着我们,双手支在膝上,铁铸一个细树桩,似无所见,似无所闻。高高的一盏电灯,暗暗地照在他脸上,眼睛深陷进去,黑黑的似俯视大千世界,茫茫宇宙。那生命像聚在一头乱发中,久久不散,又慢慢弥漫开来,灼得人脸热。众人都呆了,都不说话。外面传了半天,眼前却是一个瘦小黑魂,静静地坐着,众人都不禁吸了一口凉气。

半晌,老者咳嗽一下,底气很足,十分洪亮,在屋里荡来荡去。王一生忽然目光短了,发觉了众人,轻轻地挣了一下,却动不了。老者推开搀的人,向前迈了几步,立定,双手合在腹前摩挲了一下,朗声叫道:"后生,老朽身有不便,不能亲赴沙场。命人传棋,实出无奈。你小小年纪，就有这般棋道，我看了，汇道禅于一炉，神机妙算，先声有势，后发制人，遣龙治水，气贯阴阳，古今儒将，不过如此。老朽有幸与你接手，感触不少，中华棋魂不颓，愿与你做个忘年之交。老朽这盘棋下到这里，权做赏玩，不知你可愿意平手言和，给老朽一点面子？"

王一生再挣了一下，仍起不来。我和脚卵急忙过去，托住他的腋下，提他起来。他的腿仍是坐着的样子，直不了，半空悬着。我感到手里好像只有几斤的分量，就暗示脚卵把王一生放下，用手去揉他的双腿。大家都拥过来，老者摇头叹息着。脚卵用大手在王一生身上、脸上、脖子上缓缓地用力揉。半晌，王一生的身子软下来，靠在我们手上，喉咙嘶嘶地响着，慢慢把嘴张开，又合上，再张开，"啊啊"着。很久，才呜呜地说："和了吧。"

老者很感动的样子，说："今晚你是不是就在我那儿歇了？养息两天，我们谈谈棋？"王一生摇摇头，轻轻地说："不了，我还有朋友。大家一起来的，还是大家在一起吧。我们到、到文化馆去，那里有个朋友。"画家就在人丛里喊："走吧，到我那里去，我已经买好了吃的，你们几个一起去。真不容易啊。"大家慢慢拥了我们出来，火把一团儿照着。山民和地区的人层层围了，争睹棋王风采，又都点头儿叹息。

我搀了王一生慢慢走，光亮一直随着。进了文化馆，到了画家的屋子，虽然有人帮着劝散，窗上还是挤满了人，慌得画家急忙把一些画儿藏了。

人渐渐散了，王一生还有一些木。我忽然觉出左手还攥着那个棋子，就张了手给王一生看。王一生呆呆地盯着，似乎不认得，可喉咙里就有了响声，猛然"哇"的一声儿吐出一些黏液，呜呜地说："妈，儿今天……妈——"大家都有些酸，扫了地下，打来水，劝了。王一生哭过，滞气调理过来，有了精神，就一起吃饭。画家竟喝得大醉，也不管大家，一个人倒在木床上睡去。电工领了我们，脚卵也跟着，一齐到礼堂台上去睡。

夜黑黑的，伸手不见五指。王一生已经睡死。我却还似乎耳边人声嚷动，眼前火把通明，山民们铁了脸，肩着柴火林中走，咿咿呀呀地唱。我笑起来，想：不做俗人，哪儿会知道这般乐趣？家破人亡，平了头每日荷锄，却自有真人生在里面，识到了，即是幸，即是福。衣食是本，自有人类，就是每日在忙这个。可囿在其中，终于还不太像人。倦意渐渐上来，就拥了幕布，沉沉睡去。

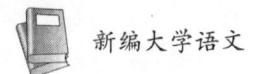 赏析

在艺术特色方面，小说能够将棋艺与中国传统文化的思想真谛相结合，叙述简约，描摹冷静，结构天然，风格飘逸，表现出了极高的艺术悟性。

文化方面，以老庄道家文化为根，融入儒家思想作为枝叶，赋予小说浓厚的文化气息。起源于老子和庄子的道家文化，主张天人合一、清静无为。这篇小说对道家文化的存在与影响进行了深刻挖掘，展现了老庄哲学"清静""无为"思想中积极的一面。

人物性格方面，塑造了一位现代社会中仙风道骨的棋人形象，寄托了作者的理想。在他身上，物质生活和精神生活实现了高度统一。神州大乱时，他不问世事，痴迷于象棋，"汇道禅于一炉，神机妙算"，这既是他的棋道，也是他的"人道"。他"为棋不为生"，他痴迷棋道，以求心灵清静和精神自由。借助于象棋，他超越了世俗，超越了痛苦，"何以解忧，唯有下棋"，看似"无为"，实则是智者的生存策略，表现出了对社会现实较为清醒的认识。

在道家的外表下，王一生内心也隐藏着儒家的积极进取精神。最后九局连环大战取得了八胜一和的战绩，他想表明的其实是人要怎样做才叫活着。

 评价

通过对"苦难"的相对化和情感隔离，经由叙述"吃"和"棋"的矛盾与统一来与中国文化相勾连，在人伦日用中发现精神文化价值，以对知青经验进行内在体认的方式，召唤出了可在现代化进程中认同的"文化中国"。（杨宸）

 习题

1. 填空题

（1）阿城的"三王"，分别指的是《棋王》、《树王》和_____。

（2）《棋王》主人公一生中有两个追求，即_____和下棋。

2. 讨论题

（1）读完阿城的《棋王》，你有何感受？从中可以悟出哪些人生哲理？

（2）《棋王》中的哪些原文描写体现了道家文化？

3. 思考题

简析阿城《棋王》的主题思想。

4. 写作题

《棋王》中将棋艺与中国传统文化的思想真谛相结合，请根据你对文章的理解，写一首诗词，类型不限，童话诗、寓言诗、古体诗、近体诗、白话诗及散文诗等均可。

 链接

https：//book.douban.com/review/9120963/
阿城对棋王精神的解读

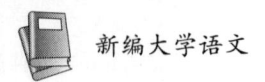

字要骨格，肉须裹筋，筋须藏肉，帖乃秀润生。

——米芾

中国书法

林语堂

 题解

《吾国与吾民》一书，又名《中国人》，是林语堂先生的代表作，同时也是他在西方文坛的成名作。原书是作者用英文创作的，书名为"My Country and My People"。后来郝志东、沈益洪二人将全书翻译为中文，由学林出版社出版。《吾国与吾民》是林语堂第一部在美国引起巨大反响的英文著作。林语堂在该书中用坦率幽默的笔调、睿智通达的语言娓娓道出了中国人的道德、精神状态与向往，以及中国的社会、文艺与生活情趣。《中国书法》选自该散文集第八章"艺术家生活"。

一切艺术的问题都是韵律问题。所以，要弄懂中国的艺术，我们必须从中国人的韵律和艺术灵感的来源谈起。我们承认韵律是普遍存在的，并非中国人的专利，但这并不妨碍我们去探索一个不同的侧重点。在讨论理想的中国妇女时，笔者已经指出，西方艺术总是到女性人体那里寻求最理想、最完美的韵律，把女性当作灵感的来源。而中国的艺术家和艺术爱好者则通常满足于高兴地赏玩一只蜻蜓、一只青蛙、一只蚱蜢至或一块嶙峋的怪石。由此看来，西方艺术的精神较为耽于声色，较为热情，较为充满艺术家的自我；而中国艺术的精神则较为高雅，较为含蓄，较为和谐于自然。我们可以借用尼采的话来说明它们的不同，中国的艺术是太阳神的艺术，而西方艺术是酒神的艺术。这一巨大差别只有具备对韵律不同的理解与欣赏才能形成。无论在哪个国度，艺术问题总是韵律问题，这一点毫无疑问。但直到晚近，韵律才在西方艺术中起到决定性的作用。而在中国，韵律一直占有举足轻重的地位——这一点也是毫无疑问的。

很奇怪，这种对韵律理想的崇拜首先是在中国书法艺术中发展起来的。

一幅寥寥几笔画出的顽石图，挂在墙上，供人日夜观赏。人们面对它沉思冥想，并得到一种奇异的快感。西方人士要想懂得此种快感，就非懂得中国书法艺术的原则不可。学习书法艺术，实则学习形式与韵律的理论，由此可见书法在中国艺术中的重要地位。我们甚至可以说，书法提供给了中国人民以基本的美学，中国人民就是通过书法才学会线条和形体的基本概念的。因此，如果不懂得中国书法及其艺术灵感，就无法谈论中国的艺术。比方说，中国的建筑，不管是牌楼、亭子还是庙宇，没有任何一种建筑的和谐感与形式美，不是导源于某种中国书法的风格。

这样，中国书法在世界艺术史上的地位实在是十分独特的。毛笔使用起来比钢笔更为精妙，更为敏感。由于毛笔的使用，书法便获得了与绘画平起平坐的真正的艺术地位。中国人已经充分认识到这一点，他们把绘画和书法视为姐妹艺术，合称为"书画"，几乎构成一个单独的概念，总是被人们相提并论。假如要问二者之中哪一个得到了更多人的喜爱，回答毫无疑问是书法。于是，书法成了一门艺术。人们对之投以的满腔热忱和献身精神，以及它丰富的传统，人们对它的尊崇，这些都丝毫不亚于绘画。书法标准与绘画标准一样严格，书法家高深的艺术造诣远非凡夫俗子所能企及，如同其他领域的情形一样。中国的大画家，像董其昌、赵孟頫等人，通常也都是大书法家。赵孟頫（1254—1322）是最著名的中国画家之一。他在谈到自己的绘画时说："石如飞白木如篆，六法原与八法通，若也有人能会此，须知书画本来同。"

在我看来，书法代表了韵律和构造最为抽象的原则，它与绘画的关系，恰如纯数学与工程学或天文学的关系。欣赏中国书法，是全然不顾其字面含义的，人们仅仅欣赏它的线条和构造。于是，在研习和欣赏这种线条的魅力和构造的优美之时，中国人就获得了一种完全的自由，全神贯注于具体的形式，内容则撇开不管。绘画总有一个客体要传达，但一个写得很好的字却只传达其本身线条和结构的美。在这绝对自由的天地里，各种各样的韵律都得到了尝试，各种各样的结构都得到了探索。正是中国的毛笔使每一种韵律的表达成为可能。而中国字，尽管在理论上是方方正正的，实际上却是由最为奇特的笔画构成的，这就使得书法家不得不去设法解决那些千变万化的结构问题。于是通过书法，中国的学者训练了自己对各种美质的欣赏力，如线条上的刚劲、流畅、蕴蓄、精微、迅捷、优雅、雄壮、粗犷、谨严或洒脱，形式上的和谐、匀称、对比、平衡、长短、紧密，有时甚至是懒懒散散或参差不齐的美。这样，书法艺术给美学欣赏提供了一整套术语，我们可以把这些术语所代表的观念看作中华民族美学观念的基础。

由于这门艺术具有近2000年的历史，且每位书法家都力图用一种不同的韵律和结构来标新立异，这样，在书法上，也许只有在书法上，我们才能够看到中国人艺术心灵的极致。某些美学鉴赏范畴，如对参差不齐之美的尊崇，对那些乍看摇摇欲坠，细看则安如磐石的结构的尊崇，这些美学范畴会使西方人大为吃惊。如果他们知道这些范畴在中国艺术的其他领域中并不容易看到，他们就更会惊叹不已。

对西方来说，更有意义的事实是，书法不仅为中国艺术提供了美学鉴赏的基础，而且代表了一种万物有灵的原则。这种原则一经正确地领悟和运用，将硕果累累。如上所说，中国书法探索了每一种可能出现的韵律和形式，这是从大自然中捕捉艺术灵感的结果，尤其来自动物、植物——梅花的枝丫、摇曳着几片残叶的枯藤、斑豹的跳跃、猛虎的利爪、麋鹿的捷足、骏马的遒劲、熊罴的丛毛、白鹳的纤细，或者苍老多皱的松枝。于是，凡自然界的种种韵律，无一不被中国书法家所模仿，并直接地或间接地形成了某种灵感，以造就某些特殊的"书体"。如果一位中国学者在一棵枯藤之上看到了某种美，它那不经意的雅致，可伸可缩的韧性，枝头弯弯曲曲，几片叶儿悬挂其上，漫不经心，却又恰到好处，他就会把这种种的美融于自己的书法之中。

如果另一位学者看到一棵松树树干弯曲、树枝下垂而不直立，表现出一种惊人的坚韧和力量，他也会将这种美融入自己的书法风格。于是，我们就有了"枯藤"和"劲松"的笔法。

曾经有一位名僧兼书法家先前习书多年却无长进。一天，他闲步于山径之间，偶见两条大蛇在争斗，各自伸长脖颈，颇有一股外柔内刚之势。他猛然有所感悟，顿生灵感，回去后便练就了一种极有个性的书体，称作"斗蛇"体，表现了蛇颈的伸展和弯曲。中国的"书圣"王羲之在谈书法艺术时，也使用了自然界的意象：每作一横画，如列阵之排云；每作一戈，如百钧之弩发；每作一点，如高峰坠石；每作一折，如屈折钢钩；每作一牵，如万岁枯藤；每作一放纵，如足行之趋骤。

如欲通晓中国书法，必先仔细观察蕴藏在每个动物体内的形态和韵律。每种动物都有其和谐优美之处，这是一种直接出自其生理机能，尤其是运动机能的和谐。一匹腿部多毛，躯干高大的负重拉车之马，有其独特的美，正如一匹光滑灵巧的赛马有其独特的美一样。这种和谐还存在于身体细长、蹦蹦跳跳、快速灵活的灵缇犬身上，也存在于长毛的爱尔兰獒身上：它的头和四肢在一起几乎构成了一个方形物，极似中国书法中的"隶书"（流行于汉代，后由清代邓石如发展成为一种艺术）。

有一点很重要，需要注意。这些动植物的外形之所以美，是因为它们蕴藏着一种动势。试想一枝盛开的梅花，具有多么不经意的美丽和充满艺术感的不规则变化！彻底而艺术化地领悟这种美，就等于领会了万物有灵的内在原则，领悟了中国艺术。这枝梅花，即使花朵凋谢或被拨落，仍然美丽无比，因为它还活着，因为它表达了一种生的冲动。每一棵树的外形都显示了一种韵律，它源自某种生命的冲动，它要生长，要拥抱阳光，要保持自己生命的平衡；它也源自抵御风暴的必要。每一棵树都是美的，因为它暗示了这些冲动，尤其是因为它暗示了一种朝某个方向的运动，一种向某个地方的延伸。它并没有想美，它只是想生存，结果却是极端的和谐与令人十分满意的美。

大自然给予灵缇犬以高度弯曲的身躯和一条连接身体与后腿的曲线，以使它跑起路来迅捷无比。除此之外，大自然并没有人为地赐给它什么抽象的美，这些器官之所以美，是因为它们代表了某种速度，从这些和谐的器官中产生了一种和谐的形式。猫儿轻柔的举动，导致了其柔软的外形。即使是一只固执地蹲伏在那里的叭喇狗的线条，也能反映出它本身力大性猛的美。这样，我们就解释了自然界无穷无尽的形态，这些形态总是那么和谐、那么富有韵律，变化万端，无以穷尽。换言之，自然界的美是动态的美，而非静态的美。

这种运动的美正是理解中国书法的钥匙。中国书法的美在动在不静，由于它表达了一种动态的美，它生存了下来，并且也同样是千变万化，不可胜数的。迅捷稳重的一笔之所以是完美的，是因为它是速度和力量的象征。不能模仿，不能更改，因为任何更改都会带来不和谐。这也就是为什么书法作为一门艺术非常难学的原因。

把中国书法的美归结为万物有灵原则，并非著者的独创。汉语中的不少说法可资证明和参考，比如笔画的"肉""骨""筋"等等。其哲理性内涵从未被有意识地揭示出来过。只有当我们想方设法使西方人理解中国书法时，我们才开始探索。王羲之曾从师的东晋女书法家卫夫人说道：善笔力者多骨，不善笔力者多肉。多骨微肉者，谓之筋书；多肉微骨者，谓之墨猪。多力丰筋者圣，无力无筋者病。

运动的动态原理生发出一种结构原理，这是理解中国书法的要旨。单纯的平衡匀称之美，绝不是美的最高形式。中国书法的原则之一，即方块字绝不应该是真正的方块，而应是一面高一面低，两个对称部分的大小和位置也不应该绝对相同。这条原则叫作"势"，代表着一种冲力的美，结果，在这种艺术的范型中，我们有了不少看似不平衡，实际却十分平衡的结构形态。

这种冲力之美与纯静态之美的区别，有如一个人站立或静坐之图景，与挥舞高尔夫球棒或把足球猛一脚踢上天时的图景的区别。又如一位女士把头往后一仰的照片，要比她正视前方的照片动态感更强。所以中国字笔画起端总是侧向一方，这比平平地划过去要艺术得多。这种结构的范例可见于《张猛龙碑》，其中字体似有倒塌之势，却又能很好地保持平衡。这种书体的现代范式可见于于右任的字，他个人有今日的高位，在很大程度上得益于自己高级书法家的名望。

现代艺术正在探索各种韵律，试验各种新的结构形式，但至今尚无所获。

它唯一的成功是给予我们一种逃避现实的印象。它最为明显的特征，不是努力抚慰我们的心灵，而是竭力刺激我们的感官，由于这一原因，对中国书法及其万物有灵原则的研究，归根结底也就是在万物有灵或韵律活力的原则指导下，对自然界韵律所进行的再研究，它会为现代艺术开辟广阔的前景。直线、平面和锥体的相互交错和反复运用，可以使我们激动不已，却不具备生动活泼的美。正是这些平面、锥体、直线和曲线，看来已经使现代艺术家的才智衰竭了。何不回归自然，向自然求救呢？看来有待于一些西方艺术家不畏艰险，开始用毛笔练习写英语。练上10年之后，如果他天资聪慧，真正弄懂万物有灵原则的话，他将可以用真正称得上一门艺术的线条和形式在泰晤士广场上书写招牌和广告牌。

中国书法作为中国美学的基础，其中的全部含义将在研究中国绘画和建筑时进一步看到。在中国绘画的线条和构思上，在中国建筑的形式和结构上，我们将可以分辨出那些从中国书法发展起来的原则。正是这些韵律、形态、范围等基本概念给予了中国艺术的各种门类，比如诗歌、绘画、建筑、瓷器和房屋修饰，以基本的精神体系。

赏析

林语堂融合了英国艺术与中国古代小品文传统，创造了一种闲谈式散文笔调，提高了闲话风散文的文体地位。

在文章结构上，收放自如，形式上看似散漫，但内核主题却贯彻始终。开篇从中国艺术谈起，强调书法的重要地位及其独特的艺术之美。其后，讲到了中国书法的笔法技巧，不仅进行了中西比较，而且借鉴自然界动物的形态和韵律等生动案例，强调中国书法所具有的动态之美。最后，升华主题，得出"中国书法作为中国美学的基础"的结论。

在笔调上，用极自由的散文笔调，谈天说地，诙谐有趣，化严肃为轻松，恰如密友攀谈，全无客套，更无八股气味。

 评价

与历来的伟大著作的出世一样，《吾国与吾民》不期而出世了。它的笔墨是那样的豪放瑰丽，巍巍乎，焕焕乎，幽默而优美，严肃而愉悦。我想这一本书是历来有关中国的著作中最忠实、最巨丽、最完备、最重要的成绩。尤可宝贵者，它的著作者，是一位中国人，一位现代作家，他的根柢巩固地深植于往昔，而丰富的鲜花开于今代。（诺贝尔文学奖获得者美国作家赛珍珠）

 习题

1. 填空题

（1）本文出自林语堂的散文集_____。

（2）《吾国与吾民》的序言，由_____所写。

2. 讨论题

（1）作者在文章中描写的中国书法的哪些特点给你留下了深刻的印象？请谈谈你对中国书法的认识和理解。

（2）中国书法与中国文化、中国艺术有着怎样的关系。

3. 思考题

（1）林语堂所写的《中国书法》，笔调上比较自由散漫，但思想内涵贯穿全文。请分析这篇文章的主题是什么。

（2）在作者看来，中国书法可以给志在创新但迄今尚无所获的现代艺术家们以怎样的启示？为什么？

4. 写作题

中国书法历史悠久，博大精深，是中国传统文化艺术中最具有民族性、标志性的符号。历史长河中，书法名家灿若星河。请你收集相关图文资料，针对某一书法家及其作品，结合书法家的生平故事及作品本身，撰写一篇图文并茂的介绍文章。

 **链接**

https：//baijiahao. baidu. com/s?id＝1601235044413307898&wfr＝spider&for＝pc
从《吾国与吾民》看民族精神

第十一章 生旦净末醉艺苑

 导读

  戏曲是中华文化和传统艺术的一颗明珠，历经数千年的历史积淀和艺术传承，中国戏曲形成了自己独特的艺术风格和美学范式。戏曲是中华民族的文明骄傲和艺术自豪，在人类艺术宝库中独放异彩，不仅代表着古老的中国文化达到的文明高度，也彰显着中国人民伟大的艺术创造和艺术想象力。中国戏曲以其独特的声腔、角色类型、程式化表演、虚拟性模仿被誉为世界三大戏剧表演体系之一。

  中国戏曲主要是由民间歌舞、说唱和滑稽戏三种不同艺术形式综合而成，经过长期的发展演变，逐步形成了以"京剧、越剧、黄梅戏、评剧、豫剧"五大戏曲剧种为核心的中华戏曲百花苑。中国戏曲起源于原始歌舞，是一种历史悠久的综合舞台艺术样式，经过汉、唐到宋、金才形成比较完整的戏曲表演体系，它由文学、音乐、舞蹈、美术、武术、杂技以及表演艺术综合而成，约有360多个种类，传统剧目更是数以万计。

  中国戏曲作为一种历史悠久的艺术形式，与希腊悲剧和喜剧、印度梵剧并称为世界三大古老戏剧。中国戏曲表演形式载歌载舞、有说有唱、有文有武，集"唱、念、做、打"于一体，蕴涵着极为丰富的文化底蕴，用鲜明的节奏把曲词、音乐、美术等艺术形式熔铸在一起，构成一个具有多层次、多结构的有机整体，达到各种艺术的和谐统一，不仅深受广大民众喜爱，而且在世界戏剧史上也是独树一帜。

  以习近平同志为核心的党中央高度重视中华优秀传统文化的传承发展，始终从中华民族最深沉精神追求的深度看待优秀传统文化，从国家战略资源的高度继承优秀传统文化，从推动中华民族现代化进程的角度创新发展优秀传统文化，使之成为实现"两个一百年"奋斗目标和中华民族伟大复兴中国梦的根本性力量。

  中国戏曲中自然流露的物我合一、天人合一精神，共同参与、创造了中和之美的审美形态，这同样也是中华美学精神的重要组成部分。中国传统知识分子的审美素养和审美心性在戏曲的文化氛围中被悉心滋养，中国文化恰恰因为这样的品格和气质而得以传承。戏曲借助文学的故事性和舞台表演中具备的各种形象手法，通过载歌载舞的演出场景，把传统文化中高深、抽象的价值观念，融汇到人物行动、剧情进程之中，一直承担着向社会、民间传导中华民族文化价值观念的使命。戏曲的诗情画意、戏曲的中和之美，将使戏曲作为重要的传统艺术担当起重塑中华美学精神的重任。

王实甫之词如花间美人。铺叙委婉，深得骚人之趣。极有佳句，若玉环之出浴华清，绿珠之采莲洛浦。

——朱权

长亭送别

王实甫

 **题解**

王实甫（1260—1336），名德信，大都（今北京市）人，祖籍河北省保定市定兴。元代著名戏曲作家，杂剧《西厢记》的作者，生平事迹不详。王实甫与关汉卿齐名，其作品全面地继承了唐诗宋词精美的语言艺术，又吸收了元代民间生动活泼的口头语言，创造了文采璀璨的元曲词汇，成为中国戏曲史上"文采派"的杰出代表。著有杂剧 14 种，现存《西厢记》《丽春堂》《破窑记》三种。《破窑记》写刘月娥和吕蒙正悲欢离合的故事，有人怀疑不是王实甫的手笔。另有《贩茶船》《芙蓉亭》二种，各传有曲文一折。《长亭送别》选自《西厢记》第四本第三折，是全剧最精彩的片断之一，讲述了崔莺莺十里长亭送张生进京赶考的别离场景。

（夫人、长老上云[1]）今日送张生赴京，十里长亭[2]，安排下筵席；我和长老先行，不见张生、小姐来到。（旦、末、红[3]同上）（旦云）今日送张生上朝取应，早是离人伤感，况值那暮秋天气，好烦恼人也呵！"悲欢聚散一杯酒，南北东西万里程。"

【正宫】[4]【端正好】[5]碧云天，黄花地[6]，西风紧，北雁南飞。晓来谁染霜林醉？总是离人泪。

【滚绣球】[7]恨相见得迟，怨归去得疾。柳丝长玉骢难系[8]，恨不倩疏林挂住斜晖[9]。马儿迍迍的行，车儿快快的随[10]，却告了相思回避[11]，破题儿[12]又早别离。听得道一声"去也"，松了金钏；遥望见十里长亭，减了玉肌：此恨谁知？

（红云）姐姐今日怎么不打扮？（旦云）你那知我的心里呵！

【叨叨令】见安排着车儿、马儿，不由人熬熬煎煎的气；有甚么心情花儿、靥儿[13]，打扮得娇娇滴滴的媚；准备着被儿、枕儿，只索[14]昏昏沉沉的睡；从今后衫儿、袖儿，都揾做重重叠叠的泪。兀的不[15]闷杀人也么哥？兀的不闷杀人也么哥？久已后书儿、信儿，索与我凄凄惶惶的寄。

（做到）（见夫人科）（夫人云）张生和长老坐，小姐这壁坐，红娘将酒来。张生，你向前来，是自家亲眷，不要回避。俺今日将莺莺与你，到京师休辱末[16]了俺孩儿，挣揣[17]一个状元回来者。(末云)小生托夫人余荫,凭着胸中之才,视官如拾芥耳。(洁[18]云)夫人主见不差,张生不是落后的人。(把酒了,坐)(旦长吁科)

【脱布衫】下西风黄叶纷飞,染寒烟衰草萋迷。酒席上斜签着坐的,蹙愁眉死临侵地[19]。

【小梁州】我见他阁泪汪汪不敢垂,恐怕人知;猛然见了把头低,长吁气,推[20]整素罗衣。

【幺篇[21]】虽然久后成佳配,奈时间[22]怎不悲啼。意似痴,心如醉,昨宵今日,清减了小腰围。

(夫人云)小姐把盏者!(红递酒,旦把盏长吁科,云)请吃酒!

【上小楼】合欢未已,离愁相继。想着俺前暮私情,昨夜成亲,今日别离。我谂知这几日相思滋味,却原来比别离情更增十倍。

【幺篇】年少呵轻远别,情薄呵易弃掷。全不想腿儿相挨,脸儿相偎,手儿相携。你与俺崔相国做女婿,妻荣夫贵,但得一个并头莲,煞强如[23]状元及第。

(夫人云)红娘把盏者!(红把酒了)(旦唱)

【满庭芳】供食太急,须臾对面,顷刻别离。若不是酒席间子母们当回避,有心待与他举案齐眉。虽然是厮守得一时半刻,也合着[24]俺夫妻每共桌而食。眼底空留意,寻思起就里[25],险化做望夫石。

(红云)姐姐不曾吃早饭,饮一口儿汤水。(旦云)红娘,甚么汤水咽得下!

【快活三】将来的酒共食,尝着似土和泥。假若便是土和泥,也有些土气息,泥滋味。

【朝天子】暖溶溶玉醅[26],白泠泠[27]似水,多半是相思泪。眼面前茶饭怕不待[28]要吃,恨塞满愁肠胃。"蜗角虚名,蝇头微利",拆鸳鸯在两下里。一个这壁,一个那壁,一递一声长吁气。

(夫人云)辆起车儿,俺先回去,小姐随后和红娘来。(下)(末辞洁科)(洁云)此一行别无话儿,贫僧准备买登科录看,做亲的茶饭少不得贫僧的。先生在意,鞍马上保重者!"从今忏无心礼,专听春雷第一声。"(下)(旦唱)

【四边静】霎时间杯盘狼藉,车儿投东,马儿向西,两意徘徊,落日山横翠。知他今宵宿在那里?有梦也难寻觅。

(旦云)张生,此一行得官不得官,疾早便回来。(末云)小生这一去白夺一个状元,正是"青霄有路终须到,金榜无名誓不归"。(旦云)君行别无所赠,口占一绝[29],为君送行:"弃掷今何在,当时且自亲。还将旧来意,怜取眼前人。"(末云)小姐之意差矣,张珙更敢怜谁?谨赓[30]一绝,以剖寸心:"人生长远别,孰与最关亲?不遇知音者,谁怜长叹人?"(旦唱)

【耍孩儿】淋漓襟袖啼红泪,比司马青衫更湿。伯劳东去燕西飞,未登程先问归期。虽然眼底人千里,且尽生前酒一杯。未饮心先醉,眼中流血,心内成灰。

【五煞】到京师服水土,趁程途节饮食,顺时自保揣身体。荒村雨露宜眠早,野店风霜要起迟!鞍马秋风里,最难调护,最要扶持[31]。

【四煞】这忧愁诉与谁?相思只自知,老天不管人憔悴。泪添九曲黄河溢,恨压三峰华岳低。到晚来闷把西楼倚,见了些夕阳古道,衰柳长堤。

【三煞】笑吟吟一处来,哭啼啼独自归。归家若到罗帏里,昨宵个绣衾香暖留春住,今夜个翠被生寒有梦知。留恋你别无意,见据鞍上马,阁不住泪眼愁眉。

(末云)有甚言语嘱付小生咱?(旦唱)

【二煞】你休忧文齐福不齐,我只怕你停妻再娶妻。休要一春鱼雁无消息!我这里青鸾[32]有信频须寄,你却休"金榜无名誓不归"。此一节君须记:若见了那异乡花草[33],再休似此处栖迟[34]。

(末云)再谁似小姐?小生又生此念。(旦唱)

【一煞】青山隔送行,疏林不做美,淡烟暮霭相遮蔽。夕阳古道无人语,禾黍秋风听马嘶。我为甚么懒上车儿内,来时甚急,去后何迟?

(红云)夫人去好一会,姐姐,咱家去!(旦唱)

【收尾】四围山色中,一鞭残照里。遍人间烦恼填胸臆,量这些大小车儿[35]如何载得起?

(旦、红下)(末云)仆童赶早行一程儿,早寻个宿处。泪随流水急,愁逐野云飞。

注释

[1] 夫人、长老上云:夫人指崔莺莺的母亲。长老,寺院主持僧的通称,这里指普救寺的法本和尚。上,上场。云,这里指夫人在说话。

[2] 十里长亭:古代驿路上约隔十里设一长亭,五里设一短亭,都是供行人休息和送别的地方。

[3] 旦、末、红:旦,指的是扮演崔莺莺的女主角。末,指的是扮演张珙的男主角。红,指的是崔莺莺的丫鬟红娘。

[4] 正宫:词曲宫调名,六宫之一。

[5] 端正好:曲牌名,属正宫。

[6] 碧云天,黄花地:由范仲淹的《苏幕遮》词"碧云天,黄叶地"脱化而来。黄花,指菊花。

[7] 滚绣球:曲牌名,属正宫。

[8] 柳丝长玉骢难系:柳丝虽长却难系住(远行人的)马。玉骢,毛色青白相杂的马,也作马的美称。

[9] 恨不倩疏林挂住斜晖:恨不能使斜阳一直挂在疏林上,意思是不让时光流逝。倩,使。晖,日光。

[10] 马儿迍迍的行,车儿快快的随:意思是张生骑马在前,因依恋而慢慢地走;莺

莺坐车在后，因难舍而紧紧地跟随。迤迤，行动迟缓的样子。

[11] 却告了相思回避：刚刚结束了相思。却，通"恰"。

[12] 破题儿：开始，起头。

[13] 靥儿：古代妇女贴在额两边的花饰。

[14] 只索：只好。

[15] 兀的不：怎的不。

[16] 辱末：辱没。

[17] 挣揣：努力争取。

[18] 洁：洁郎，元杂剧中称和尚为洁郎，简称洁，这里指普救寺的长老。

[19] 死临侵地：呆呆地。死临侵，发呆的样子。

[20] 推：假装。

[21] 幺篇：凡是重复前曲的叫"幺篇"。

[22] 奈时间：无奈眼前这个时候。时间，目前，一时。

[23] 煞强如：远胜过。煞，表示极度。

[24] 也合着：也算是。

[25] 就里：内中的实际情况。

[26] 玉醅：美酒。

[27] 白泠泠：清凉。

[28] 怕不待：难道不想。

[29] 口占一绝：随口作成一首绝句诗。

[30] 赓：续，酬和。

[31] 扶持：当心，留意。

[32] 青鸾：古代传说中能报信的鸟。

[33] 花草：借指女子。

[34] 栖迟：留恋。

[35] 量这些大小车儿：读时应在"大"字做下停顿。意思是量这样大的小车子。

赏析

《长亭送别》中的景物描写紧紧围绕着一个"情"字展开，以景造境，情境交辉。因此，这折戏是古典戏曲中情境交辉的典范。

崔张二人就是在长亭这样的意境时空下"话别"的，莺莺眼前瑟瑟的西风、黄叶、寒烟和衰草，无不是她的怨情的一种呈现方式。作者通过景物的描写或环境的烘托，十分生动细腻地刻画了崔张二人，尤其是莺莺依恋、哀伤、悲苦、关切、忧虑、孤独等复杂的心理。

从"晓来"之晨到"疏林挂着斜晖",再到"落日",最后至"残照";起于"长亭路",继而是长亭外的近景,然后是亭外远山、古道、田野,最后终于"残照"的天边。时空交错,景物之间既具有纵横之关联,又反复烘托渲染人物心理,将男女之情写到了极致。

 评价

元杂剧形成了较为固定的一本四折体制,但是《西厢记》独树一帜,以五本演绎一个故事。《西厢记》的角色不多,戏却很多,情节曲折。《西厢记》的结构规模在中国戏剧史上是空前的。它突破了元杂剧的一般惯例,用鸿篇巨制来表现一个曲折动人的完整爱情故事。因此它避免了其他元杂剧由于篇幅限制而造成的剧情简单化和某种程度的模式化的缺点,能够游刃有余地展现。(郭庆彬)

 习题

1. 填空题

(1) 王实甫的_____、关汉卿的_____、郑光祖的_____与白朴的_____,被称为元杂剧"四大爱情剧"。

(2) 马儿_____的行,车儿_____的随。泪添黄河溢,恨压华岳低。

2. 讨论题

(1)【端正好】这支曲子作者描写了哪些景物?作者为什么选取这些景物?

(2)《王西厢》与《莺莺传》中人物形象有哪些不同?为什么?

3. 思考题

【幺篇】中"但得一个并头莲,煞强如状元及第"表现了莺莺怎样的思想感情?

4. 写作题

"晓来谁染霜林醉?总是离人泪",由经霜的红叶这一暮秋之景发出疑问,以红叶醉酒由景入情,历来为人们所称道。请以红叶为对象,写一段描写性的文字。

 链接

http://www.101505.com/xindetihui/2019/0502/212932.html
《董西厢》与《王西厢》的区别

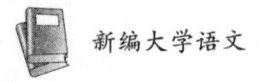

胜利的艺术处置的最高成绩就是美。

——歌德

贵妃醉酒

梅兰芳

 题解

梅兰芳（1894—1961），名澜，又名鹤鸣，乳名裙姊，字畹华，别署缀玉轩主人，艺名兰芳。清光绪二十年（1894）出生于北京，祖籍江苏泰州。中国京剧表演艺术大师。梅兰芳在50余年的舞台生涯中，发展和提高了京剧旦角的演唱和表演艺术，形成一个具有独特风格的艺术流派，世称"梅派"。其代表作有《贵妃醉酒》《天女散花》《宇宙锋》《打渔杀家》等。《贵妃醉酒》又名《百花亭》，是源于乾隆时一部地方戏《醉杨妃》的京剧剧目。20世纪50年代，经京剧大师梅兰芳倾尽毕生心血精雕细刻、加工点缀，从人物情感变化入手，从美学角度纠正了其原来的非艺术倾向，成为梅派经典剧目之一。

第一场

裴力士、高力士（内）：嗯哼。
（裴力士、高力士同上。）
裴力士（念）：久居龙凤阙，
高力士（念）：庭前百样花。
裴力士（念）：穿宫当内监，
高力士（念）：终老帝王家。
裴力士：咱家裴力士。
高力士：咱家高力士。
裴力士：高公爷请啦。
高力士：裴公爷请啦。
裴力士：娘娘今日要在百花亭摆宴，你我小心伺候。
高力士：看香烟缭绕，娘娘凤驾来也。
裴力士：你我分班伺候。
（【二黄小开门】[1]牌子。六宫女持符节上。）
杨玉环（内）：摆驾！

（杨玉环上，二宫女掌扇随上。）

杨玉环（唱【四平调】）：海岛冰轮初转腾，见玉兔，见玉兔又早东升。那冰轮离海岛，乾坤分外明。皓月当空，恰便似嫦娥离月宫，奴似嫦娥离月宫。

（【万年欢】[2]牌子）

裴力士、高力士（同白）：奴婢裴力士／高力士见驾，娘娘千岁！

杨玉环（白）：二卿平身。

裴力士、高力士（同白）：千千岁！

杨玉环（念诗）：丽质天生难自捐，承欢侍宴酒为年；六宫粉黛三千众，三千宠爱一身专。本宫杨玉环，蒙主宠爱封为贵妃。昨日圣上传旨，命我今日在百花亭摆宴。——高、裴二卿？

裴力士、高力士（同白）：在。

杨玉环：酒宴可曾齐备？

裴力士、高力士（同白）：俱已备齐。

杨玉环（白）：摆驾百花亭。

裴力士、高力士（同白）：是。——摆驾百花亭啊！

杨玉环（唱【四平调】[3]）：好一似嫦娥下九重，清清冷落在广寒宫。啊，广寒宫。

（【哑笛】。众圆场。）

裴力士、高力士：娘娘，来此已是玉石桥。

杨玉环：引路。

裴力士、高力士：喳！——摆驾呀！

杨玉环（接唱）：玉石桥斜倚把栏杆靠。

裴力士：鸳鸯戏水。

杨玉环（接唱）：鸳鸯来戏水。

高力士：金色鲤鱼朝见娘娘。

杨玉环（接唱）：金色鲤鱼在水面朝。啊，水面朝。

（【哑笛】。雁叫声。）

裴力士：娘娘，雁来啦！

杨玉环（接唱）：长空啊。雁儿飞。哎呀，雁儿呀！雁儿并飞腾，闻奴的声音落花阴，这景色撩人欲醉。

裴力士、高力士（同白）：来到百花亭！

杨玉环（接唱）：不觉来到百花亭。

 注释

[1] 二黄小开门：京剧胡琴曲牌。

[2] 万年欢：唐教坊曲名。

[3] 四平调：与二黄声腔很接近，四平调也叫平板二黄，在京剧板腔体系中，是创腔最可以灵活自如的板式，可以容纳很不规则的句子，适合表达委婉缠绵、哀怨凄凉、激励愤慨等多种情绪，因而运用较为广泛。

赏析

唐玄宗原是邀请杨贵妃一同在百花亭赏花饮酒，结果唐玄宗在去往百花亭的途中更改主意去了江妃住所，在得知了唐玄宗行踪后，杨玉环难掩难堪及失落，当然也有对江妃的嫉妒之情。

"海岛冰轮初转腾，见玉兔，见玉兔又早东升。那冰轮离海岛，乾坤分外明。皓月当空，恰便似嫦娥离月宫，奴似嫦娥离月宫。"前几句是交代时间背景，月亮刚刚升起来的时候，杨玉环信步前往百花亭。这个时候她欢欣前往百花亭赴约，所以后几句杨玉环通过情景过渡，将自己比作天女嫦娥，应对了"三千宠爱在一身"的特殊身份。

"好一似嫦娥下九重，清清冷落在广寒宫。啊，广寒宫。""玉石桥斜倚把栏杆靠。鸳鸯来戏水。金色鲤鱼在水面朝。"中间这几句是她在行往百花亭的途中，根据周围的景色而产生的感慨。嫦娥虽然是仙女，可却独守广寒宫；而她身为贵妃，路过小桥的时候都有金鱼在向她朝拜。杨玉环眼中的鸳鸯戏水，更能说明她对爱情的渴望与执着。而得知唐玄宗的爽约，更是激起了她的怨恨和愁苦，于是借酒消愁，实为突出一"醉"字。

评价

梅兰芳修改《贵妃醉酒》剧本和表演上的初衷便是冲淡艳情主题，力图将主题向王权社会压迫下女性之苦闷转移。七十二妃，三千佳丽一入王室深似海，六宫粉黛为一人，多少人青春空抛却，专权压迫不堪言。为强化这一主题，开篇修改的唱词借杨玉环的自鸣得意展现出来："丽质天生难自捐，承欢侍宴酒为年。六宫粉黛三千众，三千宠爱一身专。"（俞丽伟）

习题

1. 填空题

（1）_____的悲剧和喜剧、印度的_____和中国的_____被称为世界上三种古老的戏剧艺术。

（2）京剧行当又称_____，主要分为_____、_____、_____、_____、_____五大行当。

2. 讨论题

(1) 二黄和西皮是京剧的主要声腔，它们各自的特点是什么？

(2) 梅兰芳创立的"梅派"艺术，是一个影响极其深远的京剧流派，梅派的艺术特点是什么？

3. 思考题

京剧从形成到现在已有两百多年的历史，历史的积淀使它集结了中国戏曲艺术的一切特征，随着人们生活节奏的加快，一些传统的文化逐渐被人们所忽略。请思考在新时代我们如何传承京剧艺术。

4. 写作题

在中国近代戏曲史上，京剧旦角表演艺术家梅兰芳为京剧发展做出了巨大贡献，请从京剧贡献角度为梅兰芳写篇小传。

 链接

https：//www.sohu.com/a/49064432_148329

梅兰芳的艺术成就有哪些？告诉你他的艺术特点和擅长的角色

眼睛如果还没有变得像太阳,它就看不见太阳;心灵也是如此,本身如果不美也就看不见美。

——普洛丁

茶馆

老舍

 题解

老舍(1899—1966),现代作家,杰出的语言大师,是我国"五四"以来新文学的开拓者之一,享有世界声誉的著名作家。原名舒庆春,字舍予,满族,北京人。曾因创作优秀话剧《龙须沟》而被授予"人民艺术家"称号。老舍一生写了约800万字的作品。主要有:长篇小说《老张的哲学》《二马》《离婚》《牛天赐传》《骆驼祥子》《四世同堂》;中篇小说《月牙儿》《我这一辈子》;短篇小说《柳家大院》《断魂枪》;剧本《龙须沟》《茶馆》《方珍珠》等。他的作品以具有独特的幽默风格和浓郁的民族色彩,以及从内容到形式的雅俗共赏而赢得了广大的读者。本文选自《茶馆》第一幕,讲的是民国初年军阀混战的事,这一幕只有零星的事件,没有中心故事,但透过茶馆"剪影式"地展示了民国初年的社会众生相。

(王利发高高地坐在柜台里。)
(唐铁嘴趿拉着鞋,身穿一件极长极脏的大布衫,耳上夹着几张小纸片,进来。)
王利发:唐先生,你外边蹓蹓吧!
…………
马五爷:(并未立起)二德子,你威风啊!
二德子:(四下扫视,看到马五爷)喝,马五爷,您在这儿哪?我可眼拙,没看见您!(过去请安)
马五爷:有什么事好好地说,干吗动不动地就讲打?
二德子:哈!您说的对!我到后头坐坐去。李三,这儿的茶钱我候[1]啦!(往后面走去)
常四爷:(凑过来,要对马五爷发牢骚)这位爷,您圣明,您给评评理!
马五爷:(立起来)我还有事,再见!(走出去)
常四爷:(对王利发)邪!这倒是个怪人!
王利发:您不知道这是马五爷呀!怪不得您也得罪了他!
常四爷:我也得罪了他?我今天出门没挑好日子!

王利发：（低声地）刚才您说洋人怎样，他就是吃洋饭的。信洋教，说洋话，有事情可以一直地找宛平县的县太爷去，要不怎么连官面上都不惹他呢！

…………

（纤手刘麻子领着康六进来。刘麻子先向松二爷、常四爷打招呼。）

…………

刘麻子：我一说，你必定从心眼里乐意！一位在宫里当差的！

康　六：宫里当差的谁要个乡下丫头呢？

刘麻子：那不是你女儿的命好吗？

康　六：谁呢？

刘麻子：庞总管！你也听说过庞总管吧？侍候着太后，红得不得了，连家里打醋的瓶子都是玛瑙做的！

康　六：刘大爷，把女儿给太监做老婆，我怎么对得起人呢？

刘麻子：卖女儿，无论怎么卖，也对不起女儿！你糊涂！你看，姑娘一过门，吃的是珍馐美味，穿的是绫罗绸缎，这不是造化吗？怎样，摇头不算点头算，来个干脆的！

康　六：自古以来，哪有……他就给十两银子？

刘麻子：找遍了你们全村儿，找得出十两银子找不出？在乡下，五斤白面就换个孩子，你不是不知道！

康　六：我，唉！我得跟姑娘商量一下！

刘麻子：告诉你，过了这个村可没有这个店，耽误了事别怨我！快去快来！

康　六：唉！我一会儿就回来！

刘麻子：我在这儿等着你！

（康六慢慢地走出去。）

刘麻子：（凑到松二爷、常四爷这边来）乡下人真难办事，永远没有个痛痛快快！

…………

松二爷：（真爱表，但又嫌贵）我……

刘麻子：您先戴两天，改日再给钱！

（黄胖子进来。）

黄胖子：（严重的沙眼，看不清楚，进门就请安）哥儿们，都瞧我啦！我请安了！都是自己弟兄，别伤了和气呀！

…………

老　人：（喝了茶）多谢！八十二了，没人管！这年月呀，人还不如一只鸽子呢！唉！（慢慢走出去）

（秦仲义，穿得很讲究，满面春风，走进来。）

王利发：哎哟！秦二爷，您怎么这样闲在，会想起下茶馆来了？也没带个底下人？

…………

秦仲义：小王，这儿的房租是不是得往上提那么一提呢？当年你爸爸给我的那点租钱，还不够我喝茶用的呢！

王利发：二爷，您说的对，太对了！可是，这点小事用不着您分心，您派管事的来一趟，我跟他商量，该长多少租钱，我一定照办！是！嗻！

秦仲义：你这小子，比你爸爸还滑！哼，等着吧，早晚我把房子收回去！

王利发：你甭吓唬着我玩，我知道您多么照应我，心疼我，决不会叫我挑着大茶壶，到街上卖热茶去！

秦仲义：你等着瞧吧！

（乡妇拉个十来岁的小妞进来。小妞的头上插着一根草标。李三本想不许她们往前走，可是心中一难过，没管。她们俩慢慢地往里走。茶客们忽然都停止说笑，看着她们。）

小　妞：（走到屋子中间，立住）妈，我饿！我饿！

（乡妇呆视着小妞，忽然腿一软，坐在地上，掩面低泣。）

秦仲义：（对王利发）轰出去！

王利发：是！出去吧，这里坐不住！

乡　妇：哪位行行好？要这个孩子，二两银子！

常四爷：李三，要两个烂肉面，带她们到门外吃去！

李　三：是啦！（过去对乡妇）起来，门口等着去，我给你们端面来！

乡　妇：（立起，抹泪往外走，好像忘了孩子；走了两步，又转回身来，搂住小妞吻她）宝贝！宝贝！

王利发：快着点吧！

（乡妇、小妞走出去。李三随后端出两碗面去。）

王利发：（过来）常四爷，您是积德行好，赏给她们面吃！可是，我告诉您：这路事儿太多了，太多了！谁也管不了！（对秦仲义）二爷，您看我说的对不对？

常四爷：（对松二爷）二爷，我看哪，大清国要完！

秦仲义：（老气横秋地）完不完，并不在乎有人给穷人们一碗面吃没有。小王，说真的，我真想收回这里的房子！

王利发：您别那么办哪，二爷！

秦仲义：我不但收回房子，而且把乡下的地，城里的买卖也都卖了！

王利发：那为什么呢？

秦仲义：把本钱拢在一块儿，开工厂！

王利发：开工厂？

秦仲义：嗯，顶大顶大的工厂！那才救得了穷人，那才能抵制外货，那才能救国！（对王利发说而眼看着常四爷）唉，我跟你说这些干什么，你不懂！

王利发：您就专为别人，把财产都出手，不顾自己了吗？

秦仲义：你不懂！只有那么办，国家才能富强！好啦，我该走啦。我亲眼看见了，你的生意不错,你甭再耍无赖,不长房钱!

王利发:您等等,我给您叫车去!

秦仲义:用不着,我愿意蹓跶[2]蹓跶!

(秦仲义往外走,王利发送。)

(小牛儿挽着庞太监走进来。小牛儿提着水烟袋。)

庞太监:哟!秦二爷!

秦仲义:庞老爷!这两天您心里安顿了吧?

庞太监:那还用说吗?天下太平了:圣旨下来,谭嗣同问斩!告诉您,谁敢改祖宗的章程[3],谁就掉脑袋!

秦仲义:我早就知道!

(茶客们忽然全静寂起来,几乎是闭住呼吸地听着。)

庞太监:您聪明,二爷,要不然您怎么发财呢!

秦仲义:我那点财产,不值一提!

庞太监:太客气了吧?您看,全北京城谁不知道秦二爷!您比做官的还厉害呢!听说呀,好些财主都讲维新!

秦仲义:不能这么说,我那点威风在您的面前可就施展不出来了!哈哈哈!

庞太监:说得好,咱们就八仙过海,各显其能吧!哈哈哈!

秦仲义:改天过去给您请安,再见!(下)

庞太监:(自言自语)哼,凭这么个小财主也敢跟我逗嘴皮子,年头真是改了!(问王利发)刘麻子在这儿哪?

王利发:总管,您里边歇着吧!

(刘麻子早已看见庞太监,但不敢靠近,怕打搅了庞太监、秦仲义的谈话。)

刘麻子:喝,我的老爷子!您吉祥!我等了您好大半天了!(挽庞太监往里面走)

(宋恩子、吴祥子过来请安,庞太监对他们耳语。)

(众茶客静默了一阵之后,开始议论纷纷。)

茶客甲:谭嗣同是谁?

茶客乙:好像听说过!反正犯了大罪,要不,怎么会问斩呀!

茶客丙:这两三个月了,有些做官的,念书的,乱折腾乱问,咱们怎能知道他们捣的什么鬼呀!

茶客丁:得!不管怎么说,我的铁杆庄稼又保住了!姓谭的,还有那个康有为,不是说叫旗兵不关钱粮,去自谋生计吗?心眼多毒!

茶客丙:一份钱粮倒叫上头克扣去一大半,咱们也不好过!

茶客丁:那总比没有强啊!好死不如赖活着,叫我去自己谋生,非死不可!

王利发:诸位主顾,咱们还是莫谈国事吧!

(大家安静下来,都又各谈各的事。)

庞太监：（已坐下）怎么说？一个乡下丫头，要二百两银子？

....

常四爷：嗻！走吧！

（二灰衣人——宋恩子和吴祥子走过来。）

宋恩子：等等！

常四爷：怎么啦？

宋恩子：刚才你说"大清国要完"？

常四爷：我，我爱大清国，怕它完了！

吴祥子：（对松二爷）你听见了？他是这么说的吗？

松二爷：哥儿们，我们天天在这儿喝茶。王掌柜知道：我们都是地道老好人！

吴祥子：问你听见了没有？

松二爷：那，有话好说，二位请坐！

宋恩子：你不说，连你也锁了走！他说"大清国要完"，就是跟谭嗣同一党！

松二爷：我，我听见了，他是说……

....

宋恩子：你还想拒捕吗？我这儿可带着"王法"呢！（掏出腰中带着的铁链子）

常四爷：告诉你们，我可是旗人！

吴祥子：旗人当汉奸，罪加一等！锁上他！

常四爷：甭锁，我跑不了！

宋恩子：量你也跑不了！（对松二爷）你也走一趟，到堂上实话实说，没你的事！

....

王利发：您放心，我给送到家里去！

（常四爷、松二爷、宋恩子、吴祥子同下。）

....

康六：姑娘！顺子！爸爸不是人，是畜生！可你叫我怎办呢？你不找个吃饭的地方，你饿死！我不弄到手几两银子，就得叫东家活活地打死！你呀，顺子，认命吧，积德吧！

....

茶客甲：（正与茶客乙下象棋）将！你完了！

（——幕落）

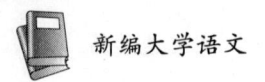

注释

［1］候：支付。

［2］蹓跶：同"溜达"。

［3］章程：一种根本性的规章制度。

赏析

作者以旧北京城裕泰茶馆的兴衰为背景,将三个时代发生的种种事件以及生活着的种种人物,通过贯穿全剧的线索人物王利发,巧妙地连接在一起,写出这些人物在不同时代中的不同命运,揭示了半封建半殖民地的旧中国的动荡、黑暗和罪恶。

作者通过对茶馆及各类人物变迁的描写,反映了从清末、民初到抗战胜利后三个不同时代的近50年的社会面貌,从而揭示出旧时代必然灭亡的命运,暗示了促使旧时代灭亡的新的潜在力量。

课文节选的《茶馆》第一幕,是全剧最凝练最集中的一幕,人物众多,事件纷繁。作者以鲜明的人物形象,从不同角度写出了不同阶层的人物对政治事件的不同态度,如漠不关心的王利发、对戊戌变法根本就不抱任何希望的民族资本家秦仲义、气焰嚣张的庞太监以及不了解戊戌变法但加以指责的茶客们,从而含蓄深刻地揭示出戊戌变法失败的原因和教训,显示了一个文学家、剧作家对于历史事件和时代发展所做的高度而形象的艺术概括。

评价

老舍《茶馆》的叙述动机,来自于对建立现代民族国家的强烈渴望,和对一个不公正的社会的强烈憎恨。新旧社会对比既是他结构作品的方法,也是他的历史观。他对于"旧时代"北京社会生活的熟悉,他对普通人的遭际命运的同情,他的温婉和幽默,含泪的笑,使这部作品,接续了老舍创作中深厚的人性传统。(洪子诚)

习题

1. 填空题

(1) 老舍原名_____。其代表作除《茶馆》外,还有描写人力车夫悲惨命运的_____,以及表现抗战北平沦陷区普通民众生活与抗战的长篇小说_____。

(2) 话剧指以_____为主的戏剧形式,茶馆是_____幕话剧。

2. 讨论题

(1)《茶馆》鲜明地表达了老舍"葬送三个时代"的宏伟主旨,这"三个时代"是指哪三个时代?

(2)《茶馆》的主人公王利发这一人物形象具有怎样的典型意义?

3. 思考题

作为中国当代话剧艺术的经典之作,《茶馆》在艺术结构上有何特点?

4. 写作题

《茶馆》以茶馆的变迁和一些小人物的悲剧命运来表现时代主题，可谓是以小见大书写时代的范本。请运用同样的手法记录我们身边的人和事。

 链接

https：//www.thn21.com/middle/gel/21719.asp
王利发形象分析

第十二章 兼容并蓄同世界

 导读

　　世界文学源远流长，绚丽多姿。早在几千年前，在人类文明的发祥地就已经孕育出了人类最初的文学瑰宝。无论东方还是西方，许多民族都出现过杰出的文学大师和众多的名家名著。人们热爱和珍视这些作家及其作品，是因为优秀的文学作品体现了人类对客观世界的认识，显示了人类成长的精神轨迹，并给世世代代的人们以审美的愉悦。

　　不同文学作品的阅读所带来的对读者的震撼或思想共鸣，都可以看作是文学的魅力。思想是需要交流的，文化是需要传递以及互融的，而包含思想和文化的文学就需要不同视角的阅读，以此来提升读者的审美以及思想深度。阅读外国优秀文学作品，一方面是对文学中的经验进行交流和了解，另一方面也是通过一种较为平稳的方式对外国文化进行解读和了解。

　　文章合为时而著，歌诗合为事而作。文学是当时社会背景下各种思想以及社会现实或褒扬期望或针砭时弊的情绪缩影，不少历史学家研究历史时都要阅读与当时有关的文学著作，从中找到社会发展变化的影子。通过阅读外国文学，读者可以从中了解到外国的风土人情以及社会面貌，从作者的字里行间体会文学中的各种情绪，这是外国文学带给读者的普遍感受以及意义所在。具有一定异域风格的文学作品，除了能够为读者带来审美感受之外，还可以带领读者领略到其他民族的思维方式以及文化特色，为读者的思维方式以及文化视野的开阔提供了一种可能。

　　不同国家、不同文化背景的人，写出来的文学作品都与他们的认识以及社会经历有很大的关系，这种文化背景以及社会背景所带来的就是文化的表达。阅读外国文学可以丰富读者的精神文化生活，让读者体验不同文化之间的交流与融合。

　　通过阅读外国文学作品，可以从中了解到不同社会背景以及不同文化之间的区别以及联系，对于理解不同社会背景和文化具有重要的作用。通过阅读外国文学作品并对文学作品中的文化内涵进行分析和解读，可以对文学作品中的艺术成分以及文化要素深刻体会，从而更好地理解不同文化之间的差别，为文化交流以及合作打下基础。

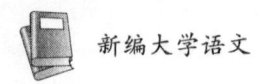

这世界要是没有爱情，它在我们心中还会有什么意义！这就如一盏没有亮光的走马灯。

——歌德

致凯恩

（俄）普希金　戈宝权译

 **题解**

亚历山大·谢尔盖耶维奇·普希金（1799—1837），现代俄国文学的创始人，俄罗斯伟大诗人、小说家，19世纪俄罗斯浪漫主义文学主要代表，同时也是现实主义文学的奠基人，被誉为"俄罗斯文学之父""俄罗斯诗歌的太阳"。普希金出身于贵族家庭，幼年开始写诗，在皇村中学学习期间受到当时进步的十二月党人及一些进步思想家的影响，毕业工作以后因进步思想言论而受到沙皇政府迫害，1837年在一次有预谋的决斗中遇害。普希金短暂的一生创作了不少文学作品，歌颂爱情、自由与进步，反映社会现实，抨击农奴制度。他在诗歌、小说、戏剧乃至童话等各个领域都给俄罗斯文学树立了典范，《致凯恩》是其最著名的爱情诗之一，在中国传播甚广。

我记得那美妙的一瞬[1]：
在我的面前出现了你，
有如昙花一现的幻影，
有如纯洁之美的天仙。

在那无望的忧愁的折磨中，
在那喧闹的浮华生活的困扰中，
我的耳边长久地响着你温柔的声音，
我还在睡梦中见到你可爱的倩影。

许多年代过去了。暴风骤雨般的激变
驱散了往日的梦想，
于是我忘记了你温柔的声音，
还有你那天仙似的倩影。

在穷乡僻壤，在囚禁的阴暗生活中，

我的日子就那样静静地消逝，
没有倾心的人，没有诗的灵感，
没有眼泪，没有生命，也没有爱情。

如今心灵已开始苏醒：
这时在我的面前又重新出现了你[2]，
有如昙花一现的幻影，
有如纯洁之美的天仙。

我的心在狂喜中跳跃，
心中的一切又重新苏醒，
有了倾心的人，有了诗的灵感，
有了生命，有了眼泪，也有了爱情。[3]

注释

[1] 普希金在1819年第一次见到19岁的凯恩。
[2] 1825年普希金与凯恩第二次见面。
[3] 全诗每个诗节第一、三行句末词尾押韵，第二、四行句末词尾押韵。

赏析

《致凯恩》以诗人与凯恩相识、分离、再次相见为线索展开，描述了两人的情谊和诗人内心情感的波动，写的是瞬间爱的感受以及由之带来的长久爱的回味。诗的第一节写诗人当年在彼得堡遇见凯恩时的美妙情景；"幻影""天仙"，美得让人目眩神迷，美得几乎如堕梦境。第二节写那一瞬间给诗人留下的长久的记忆。第三节写爱的淡忘。第四节写没有爱的生活。第五节写又一个瞬间的到来，"心灵已开始苏醒"。第六节写爱的拥有。

全诗结构不同于一般的诗歌。前四节写过去的一瞬，后两节写如今的一瞬，这结构上的不匀称，能给读者一个不祥的预感：第二次相见的瞬间之后，又将是再一次淡忘和愁苦。根据凯恩的回忆和这首诗的送别的使命，可知这首诗中充盈的并不全是爱的"狂喜"。许多年过去了，在流放的"阴暗生活中"，诗人失掉了"灵感"，失掉了"眼泪"乃至"生命"，以为那火炬已然熄灭。这时，"在我的面前又重新出现了你"，凯恩在诗人灵魂深处的火炬依然闪耀着迷人的光辉。诗人借爱情写苦难，又借苦难写爱情，让优美的诗意透着忧伤，又让忧伤散发着优美的诗意。

就艺术特色而言，这首诗的突出之处就是运用了复沓的手法。第一节的后三句和第五节的后三句，第二节的后两句和第三节的后两句，第四节的后两句和第六节的后两句，都是近乎逐字逐句的"重叠堆积"。也就是说,全诗每一节的后两句都是由反复构成的。诗句的重复仿佛是两个美妙瞬间的叠加,或暗示更多的记忆场景在诗人心目中的重叠;连续的复沓,造成一种一咏三叹的语音效果,既体现了对瞬间的深情回忆,也表达了对新的别离的难舍;这些前后的重复,同时也是一种对比,对两个瞬间的描写是同样的,而关于声音和倩影、关于灵感、眼泪和生命、爱情的诗句则是相对的。

评价

全诗写得真挚、热烈、馥郁、明丽,洗练的笔触饱含火热的情愫,时而直抒胸臆,时而侧笔烘托,时而运用叠句,循环往复,一唱三叹。好似信笔写来,不加雕琢,却是结构巧妙,天衣无缝。节奏自然明快,语言流畅清新,温柔缱绻,风流蕴藉,不愧为外国抒情诗中的精品。(杜承南)

习题

1. 填空题

(1) 亚历山大·普希金,_____国著名诗人、剧作家、小说家,俄国浪漫主义的杰出代表,俄国_____主义文学的奠基人,被尊称为"俄罗斯诗歌的太阳""俄罗斯文学之父",现代标准俄语的创始人。

(2) 普希金20岁时,第一次与凯恩相识,那时她才19岁,却已成了一位52岁的将军的妻子。这年夏天,凯恩凑巧在普希金家乡米哈依洛夫斯克村与他再次见面,度过了几天美好的时光,诗人赠送给凯恩这首诗_____。

2. 讨论题

(1) 与普希金的其他诗歌相比,《致凯恩》的结构有何特点?

(2) 联系普希金生活的时代背景,谈一谈普希金的个人经历与《致凯恩》这首诗的关系。

3. 思考题

(1) 普希金《致凯恩》中所用的复沓写作手法体现在什么地方?这种写作手法有着怎样的艺术效果?

(2)《致凯恩》中写出了什么意象?具有何种象征意义?

链接

https://www.xzbu.com/9/view-11834958.htm
普希金诗歌《致凯恩》解读

你问我爱你值不值得,其实你应该知道,爱就是不问值不值得。

——张爱玲

当你老了

(爱尔兰)叶芝　袁可嘉译

 题解

威廉·巴特勒·叶芝(1865—1939),亦译"叶慈""耶茨",爱尔兰诗人、剧作家和散文家,著名的神秘主义者,是"爱尔兰文艺复兴运动"的领袖,也是艾比剧院的创建者之一。叶芝的诗受浪漫主义、唯美主义、神秘主义、象征主义和玄学诗的影响,演变出独特的风格。叶芝的艺术是英语诗从传统到现代过渡的缩影。1923年,诗人获得诺贝尔文学奖。其主要诗集有《苇间风》《责任》《塔》等。叶芝对于茅德·冈一见钟情,终生不渝,《当你老了》是叶芝于1893年创作并献给她的热烈而真挚的爱情诗篇。

当你老了,头白了,睡意昏沉,
炉火旁打盹,请取下这部诗歌,
慢慢读,回想你过去眼神的柔和,
回想它们昔日浓重的阴影;

多少人爱你青春欢畅的时辰[1],
爱慕你的美丽,假意或真心,
只有一个人爱你那朝圣者的灵魂,
爱你衰老了的脸上痛苦的皱纹[2];

垂下头来,在红光闪耀的炉子旁,
凄然地轻轻诉说那爱情的消逝,
在头顶的山上它缓缓踱着步子,
在一群星星中间隐藏着脸庞。

 注释

[1]"时辰"原文是 moments,直译为时刻。

[2] 此行原文是 And loved the sorrows of your changing face，宾语中心语是 sorrows，意思是哀伤。

赏析

叶芝的这首诗是他感情受挫后所作。1893年，他为心中的爱人茅德·冈而作，诗歌成了诗人化解内心苦痛的方式。然而，诗人就是诗人，他没有直接描写和抒发当时的心理感受，却将时间推移到几十年以后，想像自己的恋人衰老时的情景。

第一个诗节，时间着眼于未来，诗人描摹着自己恋人的晚年生活，恳请她阅读他早年写下的诗篇，重新回顾年轻时的情感波澜。与常见的情形不一样，一般恋爱中的人，总会赞美自己的恋人如何美貌、如何青春，可是叶芝笔下的恋人，早已年华老去，头发花白，睡思昏沉，这表明诗人眷恋的不是恋人的外貌，他的感情也不会因岁月的流逝而消退，反而历久弥坚。特别要注意炉火这个意象，它在诗中含义多重。诗人过去的政治斗争、生活的动荡，已经变成往事，在炉火旁打盹、阅读，不只是幻想中晚年生活的写照，也代表人生休憩时刻的来临；同时，炉火的光芒并不十分明亮，在它的摇曳中投射出的是一个朦胧的世界，诗人不断强化这一点，衰老的身体、浓重的阴影、低垂的头颅，都暗示了时光的消失、记忆的模糊，烘托出一种恍惚、惆怅的氛围；然而，炉火虽然暗淡，它却仍"红光闪耀"，这象征爱的激情没有熄灭，穿越了人生漫漫的长夜，仍然在诗人的胸中燃烧。

第二个诗节，诗人从对"你"的描绘，转向了诉说自己的心声：其他人可能只爱"你"的青春、"你"的美丽，无论出自假意还是真心，"只有一个人"爱"你"灵魂的高贵，"你"的全部，甚至包括"你"的衰老、"你"的皱纹。这是一首对话的诗，虽然"我"没有直接出面，但诗句本身就是"我"的喃喃诉说，读者也像参与了"我"与"你"之间想象的对话，被诗人的真情所感染。

最后一个诗节，又回到炉火映照的场景，"你"似乎听到了"我"的心声，垂下头为爱情的逝去而感伤。"爱情"一语，意义可能有点含混，是指"诗人"的爱、"你"的爱、超越于个体之上的普遍的爱，这种"含混"恰恰带来了一种含蓄性、多义性，读者也不需要知道确定的答案，就能直接领略到岁月之中"爱"的圣洁与苦楚。

最后两句，头顶的山上踱步的"它"，指的是上一句中消逝的"爱情"。本来，"爱情"是一个抽象的词，诗人在这里却把这个概念具体化、形象化了，"它"化身为一个生命，在山顶行走，在星星中藏起自己的脸。这有一种"意象化"的特点：一方面，"缓缓踱着步子"与"隐藏着脸庞"，再一次传达了那种无限的怅惘感、消逝感；另一方面，在山峦与群星之中，"爱情"似乎和广漠的自然、天宇融为一体了，诗的抒情力量，融化在场景、意象的安排之中。

 **评价**

全然把它当成一首情诗是不准确的,叶芝在文坛极高的地位,正因为他的独特性。一方面,叶芝是浪漫主义"最后的诗人",同时又是最初的现代派诗人之一。他的诗作区别于传统的浪漫主义,抒情的同时,又能与抒写对象拉开距离,像戴着"面具"。另一方面,"只有一个人爱你那朝圣者的灵魂",一下子就把对一个女人的爱慕,拉开到对一种革命理想与激情的追求的层面。而这二者联系在一起,在叶芝的笔下又是那么的自然。这样的写法,在诗人里是不多见的,而人们对此诗的关注,正是因为它跨越了浪漫主义与现代派诗歌,树起了一面鲜明的旗帜。(裘小龙)

 习题

1. 填空题

(1)威廉·巴特勒·叶芝,爱尔兰诗人、剧作家和散文家,著名的神秘主义者,是"_____文艺复兴运动"的领袖,1923年,诗人获得_____文学奖。《当你老了》是叶芝献给_____的热烈而真挚的爱情诗篇。

(2)垂下头来,_____,
凄然地轻轻诉说那爱情的消逝,
在头顶的山上它缓缓踱着步子,
在一群星星中间隐藏着_____。

2. 讨论题

(1)与普希金的《致凯恩》相比较,谈谈《当你老了》的结构特点。
(2)从读者的视角看,《当你老了》在构思上具有什么样的独特性?

3. 思考题

诗中反复出现了炉火,这一意象具有何种象征意义?

4. 写作题

叶芝《当你老了》采用了假设情境的写作手法,这对于现今的诗歌创作有一定的启发,请以友情为题,按照这种手法写一首现代诗歌。

 **链接**

http://www.cssn.cn/hqxx/yw/201902/t20190220_4833271.shtml
我们对诗人的认知不该只停留在《当你老了》

文艺复兴，是在发现世界、发现人。回归自然、回归古人，是一切看得见的景物的模仿者。

——布克哈特

哈姆雷特（节选）

（英）莎士比亚　朱生豪译

 题解

威廉·莎士比亚（1564—1616），是英国文学史上最杰出的戏剧家，也是欧洲文艺复兴时期最重要、最伟大的作家之一，当时人文主义文学的集大成者，以及全世界最卓越的文学家之一。莎士比亚在埃文河畔斯特拉特福出生长大，18 岁时与安妮·海瑟薇结婚。16 世纪末到 17 世纪初的 20 多年里，莎士比亚在伦敦开始了成功的职业生涯，他不仅是演员、剧作家，还是宫内大臣剧团的合伙人之一。1613 年左右，莎士比亚退休回到埃文河畔斯特拉特福，3 年后逝世。1590 年到 1600 年是莎士比亚创作的黄金时代。他的早期剧本主要是喜剧和历史剧，在 16 世纪末期达到了深度和艺术性的高峰。接下来 1601 年到 1608 年他主要创作悲剧，莎士比亚崇尚高尚情操，常常描写牺牲与复仇，创作了《奥赛罗》《哈姆雷特》《李尔王》《麦克白》等。《哈姆雷特》是莎士比亚所有戏剧中篇幅最长的一部，也是莎士比亚最负盛名的剧本，具有深刻的悲剧意义、复杂的人物性格以及丰富完美的悲剧艺术手法，代表着整个西方文艺复兴时期文学的最高成就。

第三幕[1]

第一场　城堡中的一室

（国王、王后、波洛尼厄斯、奥菲利娅、罗森格兰兹及吉尔登斯吞上。）

国王：你们不能用迂回婉转的方法，探出他为什么这样神魂颠倒，让紊乱而危险的疯狂困扰他的安静的生活吗？

罗森格兰兹：他承认他自己有些精神迷惘，可是绝口不肯说为了什么缘故。

吉尔登斯吞：他也不肯虚心接受我们的探问；当我们想要从他嘴里知道他自己的一些真相的时候，他总是用假作痴呆的神气回避不答。

王后：他对待你们还客气吗？

罗森格兰兹：很有礼貌。

吉尔登斯吞：可是不大自然。

罗森格兰兹：不大说话，但对我们的问题倒是回答得十分详细。

王后：你们有没有劝诱他找些什么消遣？

罗森格兰兹：娘娘，我们来的时候，刚巧有一班戏子也要到这儿来，给我们追上了；我们把这消息告诉了他，他听了好像很高兴。现在他们已经到了宫里，我想他今晚就要看他们表演了。

波洛尼厄斯：一点不错，他还叫我来请两位陛下同去看看他们演得怎样哩。

国王：那好极了，我非常高兴听见他在这方面有兴趣。请你们两位还要更进一步鼓起他的兴味，把他的心思移转到这种娱乐上面。

罗森格兰兹：是，陛下。（罗森格兰兹、吉尔登斯吞同下。）

国王：亲爱的格特鲁德，你也暂时离开我们；因为我们已经暗中差人去唤哈姆雷特到这儿来，让他和奥菲利娅见见面，就像他们偶然相遇一般。她的父亲跟我两人将要权充一下密探，躲在可以看见他们，却不能被他们看见的地方，注意他们会面的情形，从他的行为上判断他的疯病究竟是不是因为恋爱上的苦闷。

王后：我愿意服从您的意旨。奥菲利娅，但愿你的美貌果然是哈姆雷特疯狂的原因；更愿你的美德能够帮助他恢复原状，使你们两人都能安享尊荣。

奥菲利娅：娘娘，但愿如此。（王后下。）

波洛尼厄斯：奥菲利娅，你在这儿走走。陛下，我们就去躲起来吧。（向奥菲利娅）你拿这本书去读，他看见你这样用功，就不会疑心你为什么一个人在这儿了。人们往往用至诚的外表和虔敬的行动，掩饰一颗魔鬼般的内心，这样的例子是太多了。

国王：（旁白）啊，这句话是太真实了！它在我的良心上抽了多么重的一鞭！涂脂抹粉的娼妇的脸，还不及掩藏在虚伪的言辞后面的我的行为更丑恶。难堪的重负啊！

波洛尼厄斯：我听见他来了；我们退下去吧，陛下。（国王及波洛尼厄斯下。）

（哈姆雷特上。）

哈姆雷特：生存还是毁灭，这是一个值得考虑的问题；默然忍受命运的暴虐的毒箭，或是挺身反抗人世的无涯的苦难，在奋斗中结束了一切，这两种行为，哪一种是更勇敢的？死了，睡着了，什么都完了；要是在这一种睡眠之中，我们心头的创痛，以及其他无数血肉之躯所不能避免的打击，都可以从此消失，那正是我们求之不得的结局。死了，睡着了；睡着了也许还会做梦；嗯，阻碍就在这儿：因为当我们摆脱了这一具朽腐的皮囊以后，在那死的睡眠里，究竟将要做些什么梦，那不能不使我们踌躇顾虑。人们甘心久困于患难之中，也就是为了这个缘故。谁愿意忍受人世的鞭挞和讥嘲，压迫者的凌辱，傲慢者的冷眼，被轻蔑的爱情的惨痛，法律的迁延，官吏的横暴和俊杰大才费尽辛勤所换来的鄙视，要是他只要用一柄小小的刀子，就可以清算他自己的一生，谁愿意负着这样的重担，在烦劳的生命的迫压下呻吟流汗？倘不是因为惧怕不可知的死后，惧怕那从来不曾有一个旅人回来过的神秘之国，是它迷惑了我们的意志，使我们宁愿忍受目前的折磨，不敢向我们所不知道的痛苦飞去？这样，重重的顾虑使我们全变成了懦夫，决心的赤热的光彩，被审慎的思维盖上了一层灰色,伟大的事业在这一种考虑之下,也会逆流而退,失去了行动的意义。且慢!美丽的奥菲利娅!——女神,在你的祈祷之中,不要忘记替我忏悔我的罪孽。

奥菲利娅:我的好殿下,您这许多天来贵体安好吗?

哈姆雷特:谢谢你,很好,很好,很好。

奥菲利娅:殿下,我有几件您送给我的纪念品,我早就想把它们还给您;请您现在收回去吧。

哈姆雷特:不,我不要,我从来没有给你什么东西。

奥菲利娅:殿下,我记得很清楚您把它们送给我,那时候您还向我说了许多甜蜜的言语,使这些东西格外显得贵重;现在它们的芳香已经消散,请您拿了回去吧,因为送礼的人要是变了心,礼物虽贵,也会失去了价值。拿去吧,殿下。

哈姆雷特:哈哈!你贞洁吗?

奥菲利娅:殿下!

哈姆雷特:你美丽吗?

奥菲利娅:殿下是什么意思?

哈姆雷特:要是你既贞洁又美丽,那么顶好不要让你的贞洁跟你的美丽来往。

奥菲利娅:殿下,美丽跟贞洁相交,那不是再好没有吗?

哈姆雷特:嗯,真的;因为美丽可以使贞洁变成淫荡,贞洁却未必能使美丽受它自己的感化;这句话从前像是怪诞之谈,可是现在时间已经把它证实了。我的确曾经爱过你。

奥菲利娅:真的,殿下,您曾经使我相信您爱我。

哈姆雷特:你当初就不应该相信我,因为美德不能熏陶我们罪恶的本性;我没有爱过你。

奥菲利娅:那么我真是受了骗了。

哈姆雷特:进尼姑庵去吧;为什么你要生一群罪人出来呢?我自己还不算是一个顶坏的人;可是我可以指出我的许多过失,一个人有了那些过失,他的母亲还是不要生下他来的好。我很骄傲,有仇必报,富于野心,还有那么多的罪恶,连我的思想里也容纳不下,我的想象也不能给它们形象,甚至于我没有充分的时间可以把它们实行出来,像我这样的家伙,匍匐于天地之间,有什么用处呢?我们都是些十足的坏人;一个也不要相信我们。进尼姑庵去吧。你的父亲呢?

奥菲利娅:在家里,殿下。

哈姆雷特:把他关起来,让他只好在家里发发傻劲。再会!

奥菲利娅:哎哟,天啊!救救他!

哈姆雷特:要是你一定要嫁人,我就把这一个诅咒送给你做嫁奁[2];尽管你像冰一样坚贞,像雪一样纯洁,你还是逃不过谗人的诽谤。进尼姑庵去吧,去;再会!或者要是你必须嫁人的话,就嫁给一个傻瓜吧;因为聪明人都明白你们会叫他们变成怎样的怪物。进尼姑庵去吧，去；越快越好。再会！

奥菲利娅：天上的神明啊，让他清醒过来吧！

哈姆雷特：我也知道你们会怎样涂脂抹粉；上帝给了你们一张脸，你们又替自己另外造了一张。你们烟视媚行，淫声浪气，替上帝造下的生物乱取名字，卖弄你们不懂事的风骚。算了吧，我再也不敢领教了；它已经使我发了狂。我说，我们以后再不要结什么婚了；已经结过婚的，除了一个人以外，都可以让他们活下去；没有结婚的不准再结婚，进尼姑庵去吧，去。（下）

奥菲利娅：啊，一颗多么高贵的心是这样陨落了！朝臣的眼睛，学者的辩舌，军人的利剑，国家所瞩望的一朵娇花；时流的明镜，人伦的雅范，举世瞩目的中心，这样无可挽回地陨落了！我是一切妇女中间最伤心而不幸的，我曾经从他音乐一般的盟誓中吮吸芬芳的甘蜜，现在却眼看着他的高贵无上的理智，像一串美妙的银铃失去了谐和的音调，无比的青春美貌，在疯狂中凋谢！啊！我好苦，谁料过去的繁华，变作今朝的泥土！

（国王及波洛尼厄斯重上。）

国王：恋爱！他的精神错乱不像是为了恋爱；他说的话虽然有些颠倒，也不像是疯狂。他有些什么心事盘踞在他的灵魂里，我怕它也许会产生危险的结果。为了防止万一，我已经当机立断，决定一个办法：他必须立刻到英格兰去，向他们追索延宕未纳的贡物；也许他到海外各国游历一趟以后，时时变换的环境，可以替他排解去这一桩使他神思恍惚的心事。你看怎么样？

波洛尼厄斯：那很好，可是我相信他的烦闷的根本原因，还是为了恋爱上的失意。啊，（奥菲利娅趋前）奥菲利娅！你不用告诉我们哈姆雷特殿下说些什么话；我们全都听见了。陛下，照您的意思办吧；可是您要是认为可以的话，不妨在戏剧终场以后，让他的母后独自一人跟他在一起，恳求他向她吐露他的心事，她必须很坦白地跟他谈谈，我就找一个所在听他们说些什么。要是她也探听不出他的秘密来，您就叫他到英格兰去，或者凭着您的高见，把他关禁在一个适当的地方。

国王：就这样吧。大人物的疯狂是不能听其自然的。（同下）

注释

[1]剧本一共有五幕。

[2]嫁奁（lián）：女子出嫁时母家所赠与的财物。

赏析

《哈姆雷特》是莎士比亚最著名的一部悲剧，它突出地反映了作者的人文主义思想，是一个时代的缩影。这部作品不仅在思想内容上达到前所未有的深度，在艺术上也取得了较高的成就。

首先,现实主义的创作原则在这部作品中得到了充分的体现。莎士比亚借哈姆雷特之口阐述了自己的艺术见解。他说:"自有戏剧以来,它的目的始终是反映自然,显示善恶的本来面目,给它的时代看一看它自己演变发展的模型。"艺术表现"不能越过自然的常道",既不能过分,也不能懈怠。不难看出,这些先进的文艺复兴时期的艺术观点,为莎士比亚本人所竭力遵循,在今天仍有着很强的借鉴价值。

其次,《哈姆雷特》复杂的结构和生动的情节充分显示了作者卓越的艺术才能。剧本的结构可以分为几个层次:丹麦朝廷内部的权力之争;丹麦与挪威、英国的外交往来,丹麦朝廷对德国威登堡(人文主义中心)的态度;哈姆雷特的家庭关系,波洛尼厄斯的家庭关系,以及这两家之间的冲突;对剧情的转折起重大作用的戏中戏和比剑的安排;哈姆雷特与不同人物的交往(父亲的亡魂、作为对手的叔父、波洛尼厄斯、他的两个同学、王后、奥菲利娅、霍拉旭、雷欧提斯、剧团伶人、两个掘墓人以及作为旧式官僚代表的奥斯里克)。所有这一切的剧情结构和人物关系都被巧妙地安排在一个剧情里,不仅增强了剧本的现实性,更为剧中众多人物展示其复杂多样的内心世界提供了一个绝佳的空间环境。

再次,大量独白更加突出了人物的思想性格。主要人物哈姆雷特的重要独白有六处之多,是莎士比亚所有剧本中独白最多的一个。这些独白都安排在人物思想转变的重要时刻,这些独白显示了人物思想发展的脉络,也透露了剧情展开的线索。不仅如此,这些独白本身也是优秀的诗篇。

最后,剧中不同人物语言风格多样。剧中不同身份和处境的人物使用着不同的语言:哈姆雷特的直截了当,波洛尼厄斯的咬文嚼字,两位同学的躲躲闪闪,奥斯里克的矫情迂腐,掘墓人的俗俚简洁,均恰到好处地体现了人物所特有的社会地位和文化教养。而同一人物也有不一样的,哈姆雷特有时是一针见血的褒贬,有时是晦涩难懂的疯话,有时是温情脉脉的表白,有时又是粗俗不堪的市井俚语。人物独白是多样的,有诗体,也有散文。这种个性化的语言和多样化的文体丰富了人物的性格,并且描绘出了一幅栩栩如生的文艺复兴时期的社会风俗画。

总之,《哈姆雷特》是一部伟大的作品,莎士比亚在创造"奇迹"的同时也展现了一段历史,一段精神与思想的历史,同时也是一段文学与艺术的历史。

评价

哈姆雷特像我们每一个人一样真实,但又要比我们伟大。他是一个巨人,却又是一个真实的人。因为哈姆雷特不是你,也不是我,而是我们大家。哈姆雷特不是某一个人,而是人。(雨果)

 **习题**

1. 填空题

（1）《哈姆雷特》取材于12世纪的一部_____（填国家）史，作者把这个只是单纯为父复仇的故事，改写成一部深刻反映时代面貌，具有强烈反封建意识的悲剧。该剧由三条复仇情节的线索交织在一起，其中_____为_____复仇为主线。

（3）丹麦王子_____突然接到父亲的死讯，回国奔丧时遭遇了叔父即位，叔父与母亲_____在葬礼后一个月匆忙结婚的一连串事变，使哈姆雷特充满了疑惑和不满。紧接着，先王的鬼魂出现了，说明自己是被_____毒死并要求_____为自己复仇。随后，哈姆雷特利用装疯掩护自己并通过"戏中戏"——_____（填戏名）证实了_____的确是杀父仇人。但由于犹豫失去了报复的机会，反而错杀心爱的_____的父亲_____。克劳狄斯试图借_____（填国家）的国王的手除掉哈姆雷特，但哈姆雷特趁机逃回丹麦，却得知奥菲利娅自杀并不得不接受了与其兄_____的决斗。决斗中_____因误喝毒酒而中毒死去，哈姆雷特和雷欧提斯也双双中了毒剑，得知中毒原委的哈姆雷特在临死前杀死了_____。

2. 讨论题

（1）结合剧本中的情节和人物，讨论哈姆雷特这个悲剧人物形象。

（2）与中国传统戏曲相比较，谈一谈莎士比亚剧作《哈姆雷特》的主要艺术特点。

3. 思考题

（1）哈姆雷特决心为父复仇，并要"负起重整乾坤"的重任，他为什么有意装作疯子？

（2）阅读《哈姆雷特》全文，思考《哈姆雷特》中"戏中戏"的情节具有怎样的写作学意义。

 **链接**

https：//www.docin.com/p-1124924081.html
哈姆雷特经典独白分析

第四部分
大成万象篇

第十三章　中医妙手巧回春

导读

中医是中国古代智慧及医疗经验的总结,是祖国传统文化灿烂宝库中的重要组成部分,是华夏文明五千年的文化积累。中医学中包含了哲学、心理学、植物学、生态学、环境学、化学、物理学等丰富的内涵,是世界上保留最完整的传统医学系统。

人类社会实践的成功进行离不开先进文化的积极指导。中医文化是中国传统文化的瑰宝,其蕴涵的价值观念、伦理道德及人文精神在现代仍具有重要的价值。首先,中医文化所倡导的"悬壶济世"的伦理道德有利于构建和谐的医患关系,建立健康的社会伦理秩序和营造良好的道德氛围,是构建和谐社会的有力保障。其次,中医文化遵循"整体观",强调天人合一,认为人是一个整体,人与社会是一个整体,人与自然也是一个整体,只有人体自身、人与自然、人与社会相协调,才能达到平衡状态。因此,传承和发展中医药文化,科学地认识健康与疾病的关系,充分发挥中医药在健康事业发展中的作用,使人与自然、人与社会环境相协调相统一,促进中医学沿着正确、健康的方向发展,对人类的健康事业和构建世界新医学具有重要的意义。同时,中医整体观对现代社会的发展也有重要启发意义。中医整体观强调人的一切生命活动与自然是息息相关的,所以人应该顺应自然。大力弘扬中医文化中的整体观将引导人们更加尊重自然、保护自然,追求自然的生活方式,从而有利于深入贯彻落实科学发展观,有利于社会的可持续性发展。

中华文化是中华民族生生不息、团结奋进的不竭动力。要全面认识祖国传统文化,取其精华,去其糟粕,使之与当代社会相适应,与现代文明相协调,保持民族性,体现时代性。中医药学是中国古代科学的瑰宝,也是打开中华文明宝库的钥匙,深入研究和科学总结中医药学对丰富世界医学事业、推进生命科学研究具有积极意义。

> 医之为道大矣，医之为任重矣。
>
> ——喻昌

扁鹊传（节选）

司马迁

 题解

司马迁（前145或前135—？），字子长，夏阳（今陕西韩城南）人，西汉史学家、散文家。司马谈之子，任太史令，因替李陵败降之事辩解而受宫刑，后任中书令。发愤继续完成《史记》，开创了我国纪传体史书的先河。本文节选《史记·扁鹊仓公列传》。

扁鹊者，勃海郡郑人也，姓秦氏，名越人。少时[1]为人舍长。舍客长桑君过，扁鹊独奇之，常谨遇之。长桑[2]君亦知扁鹊非常人也。出入十余年，乃呼扁鹊私坐，间与语曰："我有禁方，年老，欲传与公，公毋泄。"扁鹊曰："敬诺。"乃出其怀中药与扁鹊："饮是以上池之水，三十日当知物矣。"乃悉取其禁方书尽与扁鹊，忽然不见，殆非人也。扁鹊以其言饮药三十日，视见垣[3]一方人。以此视病，尽见五藏症结，特[4]以诊脉为名耳。为医或在齐，或在赵，在赵者名扁鹊。

当晋昭公时，诸大夫强而公族弱。赵简子为大夫，专国事。简子疾，五日不知人，大夫皆惧，于是召扁鹊。扁鹊入视病，出，董安于问扁鹊，扁鹊曰："血脉治也，而何怪！昔秦穆公尝如此，七日而寤。……今主君之病与之同，不出三日必间[5]。"居二日半，简子寤。……

其后扁鹊过虢。虢太子死，扁鹊至虢宫门下，问中庶子[6]喜方[7]者曰："太子何病，国中治[8]穰[9]过于众事？"中庶子曰："太子病血气不时[10]，交错而不得泄，暴发于外，则为中害[11]。精神[12]不能止邪气，邪气畜积而不得泄，是以阳缓而阴急，故暴蹶[13]而死。"扁鹊曰："其死何如时？"曰："鸡鸣至今。"曰："收乎？"曰："未也，其死未能半日也。""言臣齐勃海秦越人也，家在于郑，未尝得望精光侍谒于前也。闻太子不幸而死，臣能生[14]之。"中庶子曰："先生得无诞之乎[15]？何以言太子可生也？臣闻上古之时，医有俞跗，治病不以汤液醴洒、镵石挢引、案[16]扤毒熨，一拨见病之应，因五藏之输[17]，乃割皮解肌，诀脉结筋，搦髓脑，揲荒[18]爪[19]幕，湔浣肠胃，漱涤五藏，练精易形。先生之方能若是，则太子可生也；不能若是，而欲生之，曾不可以告咳婴之儿。"终日，扁鹊仰天叹曰："夫子之为方也，若以管窥天，以郄视文[20]。越人之为方也，不待切脉、望色、听声、写形，言病之所在。闻病之阳，论得其阴；闻病之阴，论得其阳。病应见[21]

于大表，不出千里，决者至众，不可曲[22]止也。子以吾言为不诚，试入诊太子，当闻其耳鸣而鼻张，循其两股以至于阴，当尚温也。"中庶子闻扁鹊言，目眩然而不瞚[23]，舌挢然而不下，乃以扁鹊言入报虢君。

虢君闻之大惊，出见扁鹊于中阙，曰："窃闻高义之日久矣，然未尝得拜谒于前也。先生过小国，幸而举之，偏国寡臣幸甚。有先生则活，无先生则弃捐填沟壑，长终而不得反。"言未卒，因嘘唏服臆，魂精泄横，流涕长潸，忽忽承映[24]，悲不能自止，容貌变更。扁鹊曰："若太子病，所谓'尸蹷'者也。夫以阳入阴中，动胃缠缘，中经维络，别下于三焦、膀胱，是以阳脉下遂，阴脉上争，会气闭而不通，阴上而阳内行，下内鼓而不起，上外绝而不为使，上有绝阳之络，下有破阴之纽，破阴绝阳，色废脉乱，故形静如死状。太子未死也。夫以阳入阴支兰藏者生，以阴入阳支兰藏者死。凡此数事，皆五脏蹙中之时暴作也。良工取之，拙者疑殆。"

扁鹊乃使弟子子阳厉针砥石，以取外三阳五会。有间，太子苏。乃使子豹为五分之熨，以八减之齐[25]和煮之，以更熨两胁下。太子起坐。更适阴阳，但服汤二旬而复故。故天下尽以扁鹊为能生死人。扁鹊曰："越人非能生死人也。此自当生者，越人能使之起耳。"

扁鹊过齐，齐桓侯客之。入朝见，曰："君有疾在腠理[26]，不治将深。"桓侯曰："寡人无疾。"扁鹊出，桓侯谓左右曰："医之好利也，欲以不疾者为功。"后五日，扁鹊复见，曰："君有疾在血脉，不治恐深。"桓侯曰："寡人无疾。"扁鹊出，桓侯不悦。后五日，扁鹊复见，曰："君有疾在肠胃间，不治将深。"桓侯不应。扁鹊出，桓侯不悦。后五日，扁鹊复见，望见桓侯而退走。桓侯使人问其故。扁鹊曰："疾之居腠理也，汤熨[27]之所及也；在血脉，针石[28]之所及也；其在肠胃，酒醪之所及也；其在骨髓，虽司命无奈之何！今在骨髓，臣是以无请也。"后五日，桓侯体病，使人召扁鹊，扁鹊已逃去。桓侯遂[29]死。

使圣人预知微，能使良医得蚤从事，则疾可已，身可活也。人之所病，病疾多；而医之所病，病道少。故病有六不治：骄恣不论于理，一不治也；轻身重财，二不治也；衣食不能适，三不治也；阴阳并，藏气不定，四不治也；形羸不能服药，五不治也；信巫不信医，六不治也。有此一者，则重难治也。

扁鹊名闻天下。过邯郸，闻贵妇人，即为带下医；过洛阳，闻周人爱老人，即为耳目痹医；来入咸阳，闻秦人爱小儿，即为小儿医：随俗为变。秦太医令李醯自知伎不如扁鹊也，使人刺杀之。至今天下言脉者，由扁鹊也。

注释

[1] 少时：年轻时。
[2] 长桑：复姓。

［3］垣：矮墙。

［4］特：只是。

［5］间：病愈。

［6］中庶子：负责诸侯士大夫庶子教育的官员。

［7］方：医卜星象。

［8］治：举办。

［9］禳：驱恶求福的祭祀。

［10］不时：指（血气运行）没有规律。

［11］中害：内脏受害。中，中脏，古人谓内脏为中脏。

［12］精神：指正气。

［13］蹶：通"厥"，气逆上而晕眩倒地、失去知觉。

［14］生：使……生还。

［15］先生得无诞之乎：得无……乎，固定结构，该不是……吧。

［16］案：通"按"。

［17］输：通"腧"，腧穴。

［18］荒：通"肓"，膏肓。

［19］爪：同"抓"，梳理。

［20］文：同"纹"，花纹。

［21］见：同"现"，显现。

［22］曲：详尽。

［23］瞑：同"瞬"。

［24］挟：同"睫"。

［25］齐：同"剂"，药剂。

［26］腠理：中医学名词，指人体肌肤之间的空隙和肌肉、皮肤纹理。

［27］汤熨：汤熨（的力量）所能达到的。汤熨，中医治病的方法之一。汤，用热水或药水敷治。这个意义后写作"烫"。熨，用粗盐或艾草等东西外用热敷。

［28］针石：古代针灸用的金属针和用砭石制成的石针，这里指用针刺治病。

［29］遂：于是，就。

赏析

《史记·扁鹊仓公列传》是正史中的第一篇医家传记，虽是医学传记，但作者却能在平实的叙述中时见波澜陡起，对扁鹊的从师经过、医术精妙等娓娓道来，成功地塑造了一位大医学家形象。可以说，扁鹊神医形象的塑造与流传，首功当推史学家司马迁。

司马迁笔下的扁鹊尽管具有一些传奇色彩，但同时又深深植根于生活实际。传奇色彩使人物个性更生动鲜明,如文中记载扁鹊受学于长桑君,但长桑君传授禁方后"忽然不见,殆非人也",直接点明长桑君不是一般的人,而是神人。扁鹊在服用长桑君授予的禁方后,居然具有了特异功能,"视见垣一方人。以此视病,尽见五藏症结",表明长桑君所传医术不同寻常,神异色彩浓烈,从侧面强调了扁鹊医术水平之高。

作者赋予扁鹊神奇色彩之后,又将他复归人间,让他植根生活,使扁鹊的言谈举止真切如睹,无疑增强了扁鹊形象的真实性。作者以时间顺序叙述了扁鹊的经历,通过三个典型治病案例,使我们看到了扁鹊高超的医术。作者将传奇和写实把握得恰到好处,将浪漫主义和现实主义艺术方法完美结合,使传记中的艺术形象夸张而不失实,并且还能增强阅读的趣味性。毫无疑问,这是本文最有特色之处。

评价

《扁鹊传》通过"扁鹊脉诊赵简子"、"扁鹊问诊虢太子"和"扁鹊望齐侯之色"三则医案,运用多种手法基本完成了扁鹊"大医"形象的塑造。司马迁在叙述"秦太医令李醯自知伎不如扁鹊也,使人刺杀之",感叹"扁鹊以其伎见殃"悲惨结局的同时,融入了自己的身世之感,所以篇末引老子"美好者不祥之器"之语,不仅使读者唏嘘感叹司马迁不公的遭遇,而且对医术精湛、医德高尚的"大医"扁鹊的形象的情感认知更加复杂、厚重、严肃。扁鹊形象正是在司马迁对其悲剧性命运的评析中得到升华和最终文学呈现的。(郭静)

习题

1. 填空题

(1) 扁鹊与_____、_____、_____,被称为中国古代四大名医,在中医的发展史上,他们做出了杰出贡献。

(2)《史记》分为_____、_____、十表、八书、七十列传五大部分,是我国第一部_____通史。

2. 讨论题

(1) 本文中提出的病有"六不治",具体指什么?"六不治"的现代意义是什么?

(2) 文中所记扁鹊的事迹都是真实可信的吗?如果你是太史公,你会如何塑造扁鹊的形象?

3. 思考题

(1) 通过本文的学习,我们可以了解到两千多年前中医有哪些诊治手段?

(2) 在《史记》中,太史公为何将扁鹊与仓公进行合传?《史记》的传记手法对后世有何影响?

4. 写作题

《史记》的传记手法对后世具有重要影响,请模仿这种传记手法为司马迁作传。

链接

http://www.guoxue.com/book/shiji/0105.htm
扁鹊仓公列传第四十五

医勿重利,当存仁义,贫富虽殊,药施无二。

——龚廷贤

关云长刮骨疗毒

罗贯中

  罗贯中(约1330—约1400),名本,字贯中,号湖海散人,元末明初小说家,山西并州太原府人。《三国演义》全名为《三国志通俗演义》(又称《三国志演义》),是元末明初的小说家罗贯中创作的长篇章回体历史演义小说。该作品成书后有嘉靖壬午本等多个版本传于世,到了明末清初,毛宗岗对《三国演义》整顿回目、修正文辞、改换诗文。《三国演义》描写了从东汉末年到西晋初年之间近百年的历史风云,以描写战争为主,诉说了东汉末年的群雄割据混战和魏、蜀、吴三国之间的政治和军事斗争,最终司马炎一统三国,建立晋朝的故事。小说反映了三国时代各类社会斗争与矛盾的转化,并概括了这一时代的历史巨变,塑造了一群叱咤风云的英雄人物。本文节选自《三国演义》第七十五回,充分彰显了关羽的神勇特点。

  却说曹仁见关公落马,即引兵冲出城来;被关平一阵杀回,救关公归寨,拔出臂箭。原来箭头有药,毒已入骨,右臂青肿,不能运动。关平慌与众将商议曰:"父亲若损此臂,安能出敌?不如暂回荆州调理。"于是与众将入帐见关公。公问曰:"汝等来有何事?"众对曰:"某等因见君侯右臂损伤,恐临敌致怒,冲突[1]不便。众议可暂班师回荆州调理。"公怒曰:"吾取樊城,只在目前;取了樊城,即当长驱大进,径到许都,剿灭操贼,以安汉室。岂可因小疮而误大事?汝等敢慢吾军心耶!"平等默然而退。众将见公不肯退兵,疮又不痊[2],只得四方访问名医。忽一日,有人从江东驾小舟而来,直至寨前。小校引见关平。平视其人:方巾阔服,臂挽青囊;自言姓名,乃沛国谯郡人,姓华,名佗,字元化。因闻关将军乃天下英雄,今中毒箭,特来医治。平曰:"莫非昔日医东吴周泰者乎?"佗曰:"然。"平大喜,即与众将同引华佗入帐见关公。时关公本是臂疼,恐慢军心,无可消遣[3],正与马良弈棋;闻有医者至,即召入。礼毕,赐坐。茶罢,佗请臂视之。公袒下衣袍,伸臂令佗看视。佗曰:"此乃弩箭所伤,其中有乌头之药,直透入骨;若不早治,此臂无用矣。"公曰:"用何物治之?"佗曰:"某自有治法,但恐君侯惧耳。"公笑曰:"吾视死如归,有何惧哉?"佗曰:"当于静处立一标柱,上钉大环,请君侯将臂穿于环中,以绳系之,然后以被蒙其首。吾用尖刀割开皮肉,直至于骨,刮去骨上箭毒,用药敷之,以线缝其口,方可无事。——但恐君侯惧耳。"公笑曰:"如此,容易!何用柱环?"令设酒席相待。

公饮数杯酒毕,一面仍与马良弈棋,伸臂令佗割之。佗取尖刀在手,令一小校捧一大盆于臂下接血。佗曰:"某便下手,君侯勿惊。"公曰:"任汝医治,吾岂比世间俗子惧痛者耶!"佗乃下刀,割开皮肉,直至于骨,骨上已青;佗用刀刮骨,悉悉有声。帐上帐下见者,皆掩面失色。公饮酒食肉,谈笑弈棋,全无痛苦之色。

须臾,血流盈盆。佗刮尽其毒,敷上药,以线缝之。公大笑而起,谓众将曰:"此臂伸舒如故,并无痛矣。先生真神医也!"佗曰:"某为医一生,未尝见此。君侯真天神也!"后人有诗曰:"治病须分内外科,世间妙艺苦无多。神威罕及惟关将,圣手能医说华佗。"

关公箭疮既愈,设席款谢华佗。佗曰:"君侯箭疮虽治,然须爱护。切勿怒气伤触。过百日后,平复如旧矣。"关公以金百两酬之。佗曰:"某闻君侯高义,特来医治,岂望报乎!"坚辞不受,留药一帖,以敷疮口,辞别而去。

注释

[1] 冲突:冲杀奔突。
[2] 痊:痊愈。
[3] 消遣:排解愁闷。

赏析

鲁迅先生评《三国演义》时曾说:"欲显刘备之长厚而似伪,状诸葛之多智而近妖;惟于关羽,特多好语,义勇之概,时时如见矣。"可见关羽神勇形象的塑造与流传,离不开罗贯中成功的艺术加工。

作者笔下的关羽虽然勇武过人,但关羽出场前只是一个不为人知的小角色,作者非常善于通过不同的场景不断丰满关羽的勇武形象。温酒斩华雄之前,关羽只是刘备手下的一员小将,名不见经传,甚至在十八路诸侯伐董卓屡屡被华雄所阻损兵折将之时,关羽的自告奋勇还遭到众人耻笑。面临强敌还敢于自荐出阵迎战,非勇武之人必不敢如此冒失,关羽之勇在此可见一斑。

本章节中关羽受庞德暗箭,使其十余日不能迎战,为了安汉室,关羽刮骨疗毒,其神勇再次得到彰显。作者选取典型场景,尤其运用对比手法呈现关羽的神勇。一是刮骨疗毒时关羽泰然自若地饮酒、食肉、下棋,而帐上帐下见者,皆掩面失色。二是借名医华佗之口"某为医一生,未尝见此。君侯真天神也"来突出关羽的神勇。三是关羽以金百两酬华佗,华佗拒收,并说"某闻君侯高义,特来医治,岂望报乎",由勇上升到德的层面,关羽的形象逐渐饱满。可以说，民间形成较大规模的关公崇拜，关羽被尊为武圣，很大程度上得益于《三国演义》对关羽勇武形象的成功塑造。

评价

历稽载籍，名将如云，而绝伦超群者莫如云长。青史对青灯，则极其儒雅；赤面如赤心，则极其英灵；秉烛达旦，人传其大节；单刀赴会，世服其神威。独行千里，报主之坚志；义释华容，酬恩之谊重。作事如青天白日，待人如霁月光风。心则赵抃焚香，告帝之心而磊落过之；意则阮籍白眼，傲物之意而严正过之。是故今来名将第一奇人。（毛宗岗）

习题

1. 填空题

（1）《三国演义》是我国第一部_____，罗贯中结合《三国志》和裴松之注的史料，根据他个人对社会人生的体悟，创作了《三国志通俗演义》，现存最早刊本是明嘉靖年所刊刻的，俗称_____。

（2）关羽，汉末三国时期蜀汉名将，本字长生，后改字_____。关羽去世后，逐渐被神化，被崇为_____，毛宗岗称其为《三国演义》三绝中的_____。

2. 讨论题

（1）关羽由一个真实的历史人物转变为民间信仰和公祭的神祇，在三国的众多名人里也只有他有此待遇。那么关羽为何会被封神封圣，成为民间信仰的大神呢？

（2）杜牧《赤壁》诗中"东风不与周郎便，铜雀春深锁二乔"写的是哪一场战役？

3. 思考题

《三国演义》中关羽斩华雄；在正史中，真正杀华雄的又是谁？作者为什么这样取材？

4. 写作题

《三国演义》的主题是尊刘贬曹，但如今越来越多的人推崇曹操。请以"论曹操"为题，写篇文章。

链接

https://baijiahao.baidu.com/s?id=1616010757238445373&wfr=spider&for=pc

罗贯中"尊刘贬曹"究竟是何原因？

气血冲和，万病不生，一有怫郁，诸病生焉。

——朱震亨

刮痧（节选）

王小平

 **题解**

王小平，中国作家，原《人民文学》编辑，后赴美留学，曾在法国《费加多报》供职，电影《刮痧》编剧，与郑晓龙共同创作电视剧《北京人在纽约》，著有长篇小说《白色圣诞》《孽缘》《刮痧》《红色童话》。

"刮痧"本是一种中医的传统疗法，可在美国人看来，却认为它充满"暴力倾向"，尤其是用于孩子时，就被上升到法律的高度——"虐待儿童"。《刮痧》以家庭、传统、亲情、文化为主题，同时以特别视角关注普通中国人情感状态、生存状态和文化传承，赞颂了中华民族特有的家庭亲情与价值观念。本文节选自听证会部分章节，围绕着"刮痧"这样一个发生在美国华人家庭中的真实故事，让我们看到中、西两种文化间的巨大差异和强烈的冲突。

霍威茨法官打断约翰的话：昆兰先生。这个听证会只是为了确定是否有足够的证据将此案提交审理。所以，你可以脱下律师的外衣，别把自己搞得过分紧张。

约翰只好退回座位。他想，霍威茨法官似乎并不像想象中的那么好说话，但自己也并没有失份儿。

霍威茨法官转向玛格丽特[1]和本顿：儿童福利局有什么要陈述的吗？

本顿立刻挺起腰：阁下，我们仅有一诉讼案要呈上。

法官点点头，示意他继续。

本顿说：本月十三日，我们接到犹太总医院专职社工人员的电话，说迈克兰姆医生和文森技师在为急诊受伤的丹尼斯·许[2]治疗检查的时候，怀疑这个孩子在家中曾受到严重虐待。

霍威茨法官拿起桌上的一份文件翻了翻，对玛格丽特说：埃弗莉女士，我已看过您的报告，像往常一样，非常严谨透彻。

本顿强调：正如您所看到的，这份医疗报告无可辩驳地证明丹尼斯·许一直受到他周围人的忽略甚至是虐待。

约翰立刻站起身反对：这份报告是一种随意的推论，没有任何证据。

霍威茨法官转过头,说:昆兰先生,我已经提醒过你了。现在我们是听证,不是审讯。不过,我会记住你的观点的。

本顿接着说:为了补充这份医疗报告,我们还有一些其他的证据。

约翰不得不再次站起身:阁下,我们还没有得到关于本案的任何文件的副本。

霍威茨法官的目光第一次变得有些严厉。他看了一眼玛格丽特:埃弗莉女士,请解释一下原因。

玛格丽特困惑地望着本顿说:我以为你已经给他们了。

本顿避开玛格丽特的眼睛,尴尬地清了清喉咙:对不起,亲爱的,我没有来得及……

文件副本是星期天准备好的。星期天下午,罗娜突然出现在本顿的家里。罗娜的热情像罗姆酒一样让人难以抗拒。本顿本来就是一个愿意接受别人好意的人,自然不想推辞送到眼前的这盘丰盛的晚餐。两人屋里屋外床上床下销魂了几个小时,文件副本的事情早被他忘到九霄云外。

许大同和简宁都看出了对方的失利,他们暗暗高兴约翰的机敏。

玛格丽特不能在众人面前显露儿童福利局内部工作上的问题,她只好说:法官阁下,这的确是我们的一个小小的疏忽。

本顿看出了玛格丽特对自己的恼怒,他一边从文件袋里抽出一份副本递给约翰,一边懊恨自己昨天和罗娜的纠缠。

那个女人,那个狐狸精,下次一定要离她远一点儿,她会坏事的。

本顿提高了嗓门。他现在只好竭尽全力挽回刚才的损失:法官阁下,我们正在对本案进行全面的调查,并且已经找到很多与本案有关的证人。他们都愿意出庭做证,举证许大同先生的暴力性格,和对丹尼斯·许的忽视与伤害。

约翰不失时机地打断他:我也能找出一百个证人,证明他是一个好丈夫和好父亲。他宁肯自己去死,也不愿家人受到伤害,并且,我把自己列入这些见证人中的第一个。

霍威茨法官不动声色地看着他们。他在法官的高台上坐了二十多年,天天见惯了这些律师间的猫咬狗叫。这些律师们把法庭当作舞台,一走上去就控制不住自己的表演欲,仿佛全世界的聚光灯都集中在他们的身上。

玛格丽特举起手:法官阁下,请允许我澄清。正如本顿先生所说的,我们正在做全面的调查,此刻还不能传讯所有的证人。但是……

许大同兴高采烈地向约翰低语:没错,我知道她根本没有一个证人。

约翰看着她从公文箱里拿出一个大信封,低声说:也许,她认为,她一个也不需要。

玛格丽特说:阁下,我坚信我现在提供的证据,足可以让法庭马上看到这个案件的严重性质。

霍威茨法官点点头。

玛格丽特走向那巨大的橡木桌。

约翰站起身,跟了过去。

许大同跟着也站了起来,但被简宁一把拉住:大同,坐下,这是法庭!

许大同不服:没人规定我一定得坐着。

起码,你应该给法官点儿好印象。

在霍威茨法官的书桌前,人们目不转睛地注视着玛格丽特用她那细长的手指拆开那个大信封。

昆兰抢先说:阁下,我可能不懂家庭法,但我很了解许大同,这些指控都是荒唐可笑的。

玛格丽特冷冷说道:也许一秒钟以后,你会发现你根本不了解你的雇员,也不了解你自己的想法。她从信封中抽出一摞8×10英寸大的彩色照片,一张张铺陈在法官的书桌上。

霍威茨法官和约翰两人的眼睛立刻瞪大了。那是一个孩子娇嫩的脊背,上面布满了一道道寸宽的可怕的青紫色伤痕。

许大同看到围在桌前的人们正在悄悄耳语,不由自信地对简宁说:别着急,他们正讨论怎么把孩子给咱们呢。

这时,约翰向许大同转过视线。

许大同对朋友微笑,他想约翰大约是要给自己一个放心的暗示,但他马上意识到了有什么不对头。在约翰灰色的眼中充满着震惊和瞪视陌生人的神色,往日胖而松弛的下巴显得紧绷绷。

玛格丽特指点着照片:医院检查结果告诉我们,从伤痕的颜色上分析,这些紫痕是在丹尼斯·许的头部受伤前的两天遭受毒打所致。我们认为,这些照片足以证明丹尼斯·许一直生活在一个可怕的家庭氛围之中,他的生命时时刻刻遭到威胁。所以,我们提议,将丹尼斯·许置于儿童福利局的监护之下。

久久不语的霍威茨法官此刻抬起头来。他用近乎温柔的口吻:大家请回去吧。

约翰慢慢走回自己的座位,竭力避免眼光与许大同接触。

许大同小声地:那是什么,发生了什么事?

约翰不看大同,嘶声说:你怎么能这样?

许大同愕然地看着约翰:我哪样了?

约翰猛然站起,走近霍威茨法官的书桌,抓起照片狠狠摔到许大同的身上,同时低声吼道:你怎么能对你的儿子这么做?

目瞪口呆的许大同捡起照片,凝视着。

这是你忘记告诉我的一件小事儿吧?约翰咬牙切齿继续说:你希望没有任何人会注意到你儿子的后背,就像一块烤过的嫩牛排?

许大同喃喃道:那是刮痧[3],是中医治疗法!那天丹尼斯肚子疼,所以……我们……我小时候被无数次刮过,约翰,你应该相信我!

这又是一个新的中国成语吗?谁能够相信人们会用这么野蛮的办法给孩子治病?如果这也算治疗的话,就不存在虐待儿童了!

霍威茨法官提高嗓门：如果你们想私下吵一架，就离开我的办公室，到外面去。那儿的空间更大。

许大同和约翰都沉默了。

霍威茨法官问：被告，还有什么话要说吗？

约翰闷闷地回答：没有。

许大同腾地站起来：可我有。他拿着照片走向法官，一种模模糊糊的下意识使他感到，自己眼前像是站在一条倾斜的舢板上，脚下的海水越来越深。

刮痧，在中国是一种传统的治疗方法，就像针灸，还有按摩，可以治疗人的多种疾病。中医认为人有七经八脉……许大同指了指自己的胸腹部：就像小溪流向江河，江河又奔向大海一样。人的身体就是这样一个复杂的看不见的网络系统，所以，所以，可以牵一发而动全身……

许大同搜肠刮肚地寻找着他过去在不经意中看到或听来的只言片语。他不是一个善于解释不属于他的专业领域里的科学的人。何况，中医又一贯与他的生活那么遥远，这使他的脑子里一阵阵呈现空白。

简宁绝望地看着自己丈夫在那里结结巴巴地谈论着他一无所知的东西。她替丈夫难过，就像看到丈夫站在深水里，自己却无法拉他一把的那种难过。

从许大同开始发言，那个瘦瘦的书记员小姑娘便停止了速记。她不时茫然地望望许大同，又看看法官，如同一个走迷了路的孩子，等待大人指点。

……中医认为，人的气从丹田而发。就是这里，肚脐，肚脐也是丹田。最后，气归置丹田。根据这个道理，我们可以解释刮痧的作用……

约翰看见许大同在那里比比画画，好像一个痴癫的人在胡言乱语，不由得暗自叹气。他现在已经不是后悔陪许大同出庭，而是怀疑许大同一直有什么病症没有让他知道。

霍威茨法官问约翰：他在说什么？

约翰摊开双手，摇了摇头。

霍威茨法官不得不打断许大同：许先生，你所说的话，像一种神秘的宇宙语言，让我完全听不懂。你不是第一天来到密苏里州，对吗？你应该知道写在每一辆车牌子上的我们这个州的口号是什么吧？

许大同想了想：Show me（证明给我看）。

霍威茨法官点头道：对极了。你能有权威的医学论著和证人来证明你的证词吗？

许大同舔舔嘴唇：我，可以试试。

霍威茨法官：那么，你能否明确告诉我，刮痧这件事是你亲自所为吗？

许大同犹豫了一下。

简宁紧张地盯着丈夫的嘴唇，仿佛那是炸药的导火索。

霍威茨法官：许先生？

许大同的脑子里火石电光一片，又突然在瞬间趋于平静：是的。

简宁腾地站起来：NO！不是！

许大同猛转身对妻子用中文轻喝道：简宁，别胡说！如果承认是爸爸做的，也许会出事！我们正在给他申请绿卡！

霍威茨法官生气地拍着桌子：我警告你们，听证会上必须用大家都听得懂的语言。许太太，你对刚才的话有什么要补充的吗？

简宁盯着许大同严厉的眼睛。丈夫的话似乎不无道理，但丈夫的话是一种危险中选择了更危险的道路的道理。凭直觉，简宁知道刮痧这件事已经把他们拖入沼泽泥潭中。承认刮痧是丈夫做的，无疑是在自己的脖子上又捆上一块大石头。在这几秒钟之间，他们的争议是无言的。迟疑半晌，简宁终于无可奈何地放弃：没有了。

霍威茨法官又转向许大同：我再问一次许先生，刮痧是你做的吗？

许大同一脸郑重地答道：是！

霍威茨法官一脸严肃地宣布道：那么，下面是本庭的决定。鉴于丹尼斯·许的家庭环境不安全，我在这里宣布，孩子将由儿童福利局监护。

注释

［1］玛格丽特：圣路易斯的儿童福利局工作人员。

［2］丹尼斯·许：小说主人公许大同的儿子。

［3］刮痧：传统的自然疗法之一，它是以中医皮部理论为基础，用器具（牛角、玉石、火罐）等在皮肤相关部位刮拭，以达到疏通经络、活血化瘀之目的。

赏析

作者王小平以简单的视角，展示了两种文化下的差异。在普通中国人的认知里，许大同根本不存在虐待丹尼斯的动机，但美国的法律却站在由文化思想差异而造成的证据上对许大同提起控诉。

以许大同为代表的中国人强调的是"长辈的教诲"与"孝道"，而以坤兰为代表的美国人强调的是个人主义、人人生而平等。不同的思维方式对"情"与"理"的解说也不同，许大同与坤兰是好朋友，许大同认为朋友就应该为彼此两肋插刀，不惜违背法律来维护彼此；而坤兰却认为朋友就应该正确地指出对方的错误，并通过努力帮助其摆脱困境，使其更好地生活。

随着全球化对文化交流的影响，在解决"刮痧"所带来的文化冲突矛盾中，不同文化背景的地区与国家应该加强彼此间的交流与沟通，进行差异文化的交流与融合。

 评价

仅仅在低浅的层次比较文化的差异性是不够的，为了更好地沟通和理解不相同的文化，我们需要启发人们高层次的智慧，需要提高全人类的认知水平，激发人类共通的美好情感。（郑晓龙）

 习题

1. 填空题

（1）《刮痧》以＿＿＿＿作为引线，深刻反映了＿＿＿＿冲突。

（2）刮痧是中医学的重要组成部分，以＿＿＿＿学说作为指导，采用＿＿＿＿、按摩和＿＿＿＿点穴等非药物疗法。

2. 讨论题

（1）小说中许大同在美国应该算是事业有成，为什么他还是难以获取他身边朋友的信任？

（2）刮痧是中医传统的自然疗法之一，在美国却成了虐待儿童的罪证，新时代我们如何进行中医文化的传播与传承？

3. 思考题

（1）"刮痧"事件可以说是小说中第一个涉及中西两种不同文化碰撞的案例，造成这种碰撞的深层次原因是什么？

（2）变化的世界让我们随时都在跨文化交际。新时代的我们应如何看待中西文化差异？

4. 写作题

刮痧是中医传统的自然疗法之一，在美国却成了虐待儿童的罪证。请以"刮痧自白"为题写篇文章。

 链接

http：//ent.sina.com.cn/m/c/34180.html
导演郑晓龙自述在美国的"刮痧"历程

第十四章 江山广厦甲天下

 导读

在广袤富饶的华夏大地上,名山大川很多,风景壮观旖旎。万里雪飘的北国风光,俊逸雅致的江南美景,雄奇险峻的黄山奇景,源远流长的黄河波涛,雪山连绵的长白山脉,无一不是中国最美的点缀。

人与自然的关系向来密切。中国人在漫长的历史进程中,很早就积累了种种与自然山水息息相关的精神财富,构成了"山水文化"的丰富内涵,在我国悠久的古代文化史中占有重要的地位。中国古代把自然作为人生的思考对象,老子将大地呈现在人们面前的鲜明形象投射到社会现实中,用自己对自然山水的认识去反观社会人生的纷繁现象,感悟出"人法地,地法天,天法道,道法自然"这一万物本源之理,认为"自然"是无所不在、永恒不灭的,提出了崇尚自然的哲学观。孔子进一步突破自然美学观念,提出"知者乐水,仁者乐山"这种"比德"的山水观。"人化自然"的哲理又导致了人们对山水的尊重,从而形成中国特有的山水园林亭台楼阁文化。

山水之间建造的亭、台、楼、阁、轩、榭、舫、廊、堂等是供人憩息的场所,其中不少由于历史名人的驻足而成为点景之作。以兰亭而言,它位于浙江绍兴兰亭镇兰渚山下,是中国书法史上的一块圣地。现存兰亭为清代重建,布局以曲水流觞为中心,四周环绕着鹅池、鹅池亭、流觞亭、小兰亭、玉碑亭、墨华亭、右军祠等建筑,精巧古朴,是不可多得的园林杰作。亭、台、楼、阁等文化瑰宝在不同时代成为文学大家的笔下之文,供世人品鉴。

中国传统的一个重要特点是以有限的空间表达无限的内涵。宋徽宗的艮岳曾被誉为"括天下美,藏古今胜"。而清代圆明园中的"九州清晏"则是将中国大地的版图凝聚在一个小小的山水单元之中来体现"普天之下莫非王土"的思想。明代造园家文震亨也在《长物志》中强调了"一峰则太华千寻,一勺则江湖万里"的造园立意。

中国人在长期历史发展中与自然发生多种关系而形成的山水园林亭台楼阁文化,是中国传统文化中很重要而又很有特色的部分。从纵向的历时性的角度看,生动地显示出中华民族不断探求、进取、创造的精神;从横向的地域风貌特色看,如同五光十色的明珠散嵌在中华大地的四面八方。中国山水文化的丰富内涵,足以构成一部形象化的实物百科全书,在作家的笔下从不同的领域和不同的侧面记录着中华民族创造人类文明的智慧和功绩。

滕王阁，阁藏鸽，鸽飞阁不飞；扬子洲，洲停舟，舟行洲不行。

——解缙

滕王阁序

王勃

王勃（约650—约676），字子安，唐代文学家。古绛州龙门（今山西省河津市）人，王勃与杨炯、卢照邻、骆宾王并称为"王杨卢骆""初唐四杰"。唐高宗上元二年（675）秋，王勃路过南昌时，适逢都督阎伯屿新修滕王阁成，重阳节时在滕王阁大宴宾客。王勃前往拜见，宴会上，阎都督让人拿出纸笔，请诸人为这次盛会作序，王勃以一个二十几岁的青年晚辈，竟不推辞，接过纸笔，当众挥笔而书，写下此篇《滕王阁序》，名满天下，流传至今。

豫章故郡，洪都新府[1]。星分翼轸[2]，地接衡庐。襟三江而带五湖，控蛮荆而引瓯越[3]。物华天宝，龙光射牛斗之墟；人杰地灵，徐孺下陈蕃之榻[4]。雄州雾列，俊采星驰。台隍枕夷夏之交，宾主尽东南之美。都督阎公之雅望，棨戟遥临[5]；宇文新州之懿范，襜帷暂驻。十旬休假，胜友如云；千里逢迎，高朋满座。腾蛟起凤，孟学士之词宗；紫电青霜，王将军之武库。家君作宰，路出名区；童子何知，躬逢胜饯。

时维九月，序属三秋。潦水尽而寒潭清，烟光凝而暮山紫。俨骖騑于上路[6]，访风景于崇阿。临帝子之长洲，得天人之旧馆。层峦耸翠，上出重霄；飞阁流丹，下临无地。鹤汀凫渚[7]，穷岛屿之萦回；桂殿兰宫，即冈峦之体势。

披绣闼，俯雕甍[8]，山原旷其盈视，川泽纡其骇瞩。闾阎[9]扑地，钟鸣鼎食之家；舸舰弥津，青雀黄龙之舳。云销雨霁，彩彻区明。落霞与孤鹜齐飞，秋水共长天一色。渔舟唱晚，响穷彭蠡[10]之滨；雁阵惊寒，声断衡阳之浦。

遥襟甫畅，逸兴遄飞。爽籁发而清风生，纤歌凝而白云遏。睢园绿竹，气凌彭泽之樽[11]；邺水朱华，光照临川之笔。四美[12]具，二难并。穷睇眄[13]于中天，极娱游于暇日。天高地迥，觉宇宙之无穷；兴尽悲来，识盈虚之有数。望长安于日下，目吴会于云间。地势极而南溟深，天柱高而北辰远。关山难越，谁悲失路之人；萍水相逢，尽是他乡之客。怀帝阍而不见，奉宣室以何年？

嗟乎！时运不齐，命途多舛。冯唐易老[14]，李广难封。屈贾谊于长沙，非无圣主；窜梁鸿于海曲[15]，岂乏明时？所赖君子见机，达人知命。老当益壮，宁移白首之心？穷且益坚，不坠青云之志。酌贪泉而觉爽，处涸辙以犹欢。北海虽赊，扶摇可接；东隅已逝，桑榆非晚。孟尝高洁，空余报国之情；阮籍猖狂，岂效穷途之哭！

勃，三尺微命[16]，一介书生。无路请缨，等终军之弱冠；有怀投笔，慕宗悫之长风。舍簪笏于百龄，奉晨昏于万里。非谢家之宝树，接孟氏之芳邻。他日趋庭，叨陪鲤对[17]；今兹捧袂，喜托龙门。杨意不逢，抚凌云而自惜[18]；钟期既遇，奏流水以何惭？

呜乎！胜地不常，盛筵难再；兰亭已矣，梓泽丘墟。临别赠言，幸承恩于伟饯；登高作赋，是所望于群公。敢竭鄙怀，恭疏短引；一言均赋，四韵俱成。请洒潘江，各倾陆海云尔[19]。

注释

[1] 豫章是汉朝设置的，治所在南昌，所以说"故郡"。唐初把豫章郡改为"洪州"，所以说"新府"。

[2] 星分翼轸（zhěn）：（洪州）属于翼、轸二星所对着的地面的区域。古人用天上二十八宿（列星）的方位来区分地面的区域，某个星宿对着地面的某个区域，叫作某地在某星的分野。

[3] 控制楚地，连接瓯越。瓯越，就是东瓯，今浙江永嘉一带。

[4] 徐孺下陈蕃之榻：徐孺子在太守陈蕃家中下榻。下，名词使动用法，使……放下。

[5] 棨（qǐ）戟（jǐ）遥临：有崇高声望的都督阎公远道来临。棨戟，有套的戟，古时官吏出行时用作前导的一种仪仗。都督的仪仗到了，也就是说阎公光临。

[6] 俨骖（cān）騑（fēi）于上路：驾着车在高高的道路上（前行）。

[7] 鹤汀凫（fú）渚（zhǔ）：鹤、野鸭止息的水边平地和小洲。

[8] 披绣闼（tà），俯雕甍（méng）：打开精美的阁门，俯瞰雕饰的屋脊。

[9] 闾（lǘ）阎（yán）：里门，这里代指房屋。

[10] 彭蠡（lǐ）：古代大泽，即现在的鄱阳湖。

[11] 睢（suī）园：西汉梁孝王在睢水旁修建的竹园。彭泽之樽（zūn）：陶渊明的酒杯。陶渊明曾任彭泽令。

[12] 四美：指良辰、美景、赏心、乐事。

[13] 睇（dì）眄（miǎn）：看。

[14] 冯唐：西汉人，有才能却不受重用。汉武帝时选求贤良，可是他已九十多岁，难再做官了。

[15] 窜梁鸿于海曲：使梁鸿逃到海边（隐居）。窜，使动用法，使……逃。

[16] 三尺微命：指地位低下。三尺，士佩三尺长的绅（古代礼服上束带的下垂部分）。

[17] 鲤对：孔鲤是孔子的儿子，鲤对指接受父亲教诲。见《论语·季氏》。

[18] 杨意：即蜀人杨得意，任掌管天子猎犬的官，西汉辞赋家司马相如是由他推荐给汉武帝的。凌云：这里指司马相如的赋。

[19] 请洒潘江，各倾陆海云尔：请各位宾客竭尽文才，写出好作品。洒、倾分别与江、海对应，意思是竭尽才能，写诗作文。潘岳、陆机都是晋朝人，南朝梁人钟嵘的《诗品》云"陆才如海，潘才如江"。云尔，语气助词，用在句尾，表示述说完了。

赏析

王勃的这篇名作描绘了滕王阁雄伟壮丽的景象，状写宴会高雅而宏大的气势，抒发自己的感慨情怀。不论从思想内容看，还是从艺术风格看，都不失为旷世之作。

作者在交待了"故郡""新府"的历史沿革后，首先由阁的地理位置和周围环境写起，"襟三江而带五湖，控蛮荆而引瓯越""潦水尽而寒潭清，烟光凝而暮山紫""落霞与孤鹜齐飞，秋水共长天一色"。然后，作者的笔由远及近，由外景转而描绘内景。"层峦耸翠，上出重霄；飞阁流丹，下临无地"……显然，作者本人为自己有机会参加宴会深感荣幸。但面对高官显耀，不免又有几分心酸悲怆，转而慨叹自己"不齐"的"时运"、"多舛"的"命途"，抒发自己内心深处的郁闷和不平，倾吐自己"有怀投笔"、"请缨"报国的情怀和勇往直前的决心。情由景生，写景是为抒情，景情相互渗透，水乳交融。

文章的艺术特色表现在以下三个方面：一是节奏分明。全文以四六句为主，杂以六四句。七字句，六字句，四字句，三字句，二字句，乃至一字句，这些句式，根据表意的需要而交错运用，节奏分明。六字句或七字句连用，为平实的叙述。四六句或六四句连用，为叙述或抒情的展开部分。一个一字句"勃"，是自指兼表提顿。全篇行文，跌宕起伏，自然流转。二是辞采华美。全篇采用对偶句，不但字面相对，而且音韵大体相对。如"天高地迥，觉宇宙之无穷；兴尽悲来，识盈虚之有数""屈贾谊于长沙，非无圣主；窜梁鸿于海曲，岂乏明时？""落霞与孤鹜齐飞，秋水共长天一色"等，一句中平仄交替，上下句之间又平仄相对。文章骈俪藻饰，赏心悦目。三是简练含蓄。文中用了大量典故来叙事抒情，有的是历史故事，有的是前人文句，而运用的手法又有所不同：有的是明用，如"冯唐易老，李广难封"；有的是暗用，如"酌贪泉而觉爽，处涸辙以犹欢"；有的是正用，如"孟尝高洁，空余报国之情"；有的是反用，如"阮籍猖狂，岂效穷途之哭"。毫无疑问，典故的运用加强了文章的表达效果。

评价

滕王阁连甍市廛，名不称实，徒以王勃一序，脍炙今古。（王夫之）

 习题

1. 填空题

(1) 王勃,字子安,与同时代的_____、_____、_____合称"初唐四杰"。

(2) 渔舟唱晚,响穷彭蠡之滨;_____,_____。

2. 讨论题

(1) 年轻的王勃在写就《滕王阁序并诗》时正是怀才不遇之际,他在文中也寄寓了这种感慨,但是他并没有因此而消沉。文中"穷且益坚,不坠青云之志""东隅已逝,桑榆非晚"等句子表达了怎样的思想感情?

(2) 与一般的序言相比,《滕王阁序》的结构特征如何?

3. 思考题

(1)《滕王阁序》与《岳阳楼记》相比,其内容和形式上的特点有哪些?

(2) 以文中的诗句为例,论述王勃《滕王阁序》的写作特色。

 链接

http://www.ruiwen.com/wenxue/wangbo/330467.html

全面解读《滕王阁序》

明朝那个江苏人,写《徐霞客游记》的,那个人没有官气,他跑了那么多路,找出了金沙江是长江的发源。"岷山导江",这是经书上讲的,他说是错误,他说是金沙江导江。

——毛泽东

楚游日记(节选)

徐霞客

 **题解**

徐霞客(1587—1641),名弘祖,字振之,号霞客,南直隶江阴(今江苏江阴市)人。明代地理学家、旅行家和文学家。徐霞客一生足迹遍及今21个省、市、自治区,"达人所之未达,探人所之未知"。徐霞客对石灰岩地貌的考察,比欧洲人早一个多世纪,40年考察撰写成《徐霞客游记》。崇祯九年(1636)徐霞客不顾儿子和友人的劝阻,提着铁拐杖,于深夜乘舟出发,踏上历时四年的西南万里行。沿着游踪,写下《浙游日记》《江右游日记》。崇祯十年(1637)正月十一日开始写《楚游日记》,本篇选取的是其中正月十七日的日记,考察上清洞和麻叶洞的游记。近代洞穴学已经成为一门新兴学科,徐霞客可谓它的鼻祖。探察麻叶洞是徐霞客考察洞穴的一次重要活动,也是他洞穴游记的一篇代表作。

十七日[1]。仍由新庵北下龙头岭,共五里,至络丝潭下。先是[2],予按《志》有秦人三洞,上洞惟石门不可入,予既得东、西两洞,无从觅所谓"上洞"者。土人[3]曰:"络丝潭北有上清潭,洞门甚隘。水由中出,人不能入,入即有奇胜。此洞与麻叶洞,俱神龙蛰处,非惟难入,亦不敢入也。"予闻之益喜甚。即过络丝潭,不渡涧,即依西麓下。盖渡涧为东麓,云阳之西也,枣核故道;不渡涧为西麓,大岭、洪碧之东也。

出把七道北半里,至上清潭,洞即在路之下、涧之上。门东向,夹如合掌。水由洞出,有三派:自洞后者,汇而不流;由洞左者,乃洞南旁窦出,甚急。逾洞左急流,即当伏水入[4]。导者止供炬,无肯为前驱者。予解衣,伏水蛇行以进。石隙低而隘,水没大半,必身伏水中,手擎炬,平出水上乃得入。西入二丈,隙始高裂丈余,南北横裂者亦三丈,然都无入处。惟直西一窦,阔一尺五寸,高二尺,水没其中者如所阔,隙余水面,仅得尺之半。计匍匐水中,必中鼻俱濡水[5]。且以炬探之,贴隙顶入,犹半为水渍。时,顾仆守衣洞外,若尚泅水入,谁为递炬者?身可由水,炬岂能由水耶?况秦人洞水虽没股膝,温然可近,此水独寒,而洞当风口,飕飕尤厉。风兼水逼,火复阻道,舍之出。爇火洞门久之。复循西麓水北,已在枣核岭西矣。

去上清三里，得麻叶洞。洞在麻叶湾；西大岭，南洪碧，东即云阳、枣核之支，北则枣核西垂也。大岭东转，正束涧下流，夹峙如门。当门一石峰耸突，曰：将军岭。洞捣其西而枣核一支，西至此尽。洞西有石崖，南向，东瞰涧中；大岭一支，亦东至此尽。回崖之下，开一隙，浅不能入。崖前有小溪，自西而东入大涧。循小溪至崖西乱石间，水穷于下，窍启[6]于上，即麻叶洞。

洞口南向，仅斗大，在石隙中转折数级下。初觅导，亦俱以炬应，无敢导[7]者，且曰："此中有神龙奇鬼，非符术不能服。"最后以重资觅一人，将脱衣，问予乃儒者[8]，非法士，惊出曰："予以为大师，故纵胆入。岂能身徇汝耶[9]？"予乃寄行李前村，与顾仆各持数炬入。村民随至洞口者数十人，皆莫能从。予两人乃以足先入，历级转窦递炬下。数转达洞底，洞稍宽，可侧身舒首，乃以炬前向。其东西裂隙，俱无入处。其北一穴，低仅尺，阔等[10]，下甚平燥。先以炬，后蛇伏进，背腹摩贴足后耸，乃度此内洞第一关。内，裂隙既高，东西横亘，然亦无入处。又度第二关，低隘与前齐规，进法亦如之。既入，内层亦横裂。西南裂者不甚深；其东北裂处，上一石坳，忽又纵裂起，上穹下狭，高不见顶。至此，石坳殊形，肤理顿易，片窍俱欲生动。其西北之峡，渐入渐束，内夹一缝，不能容炬。转从东南峡，仍下一坳。其底沙石平铺如洞底，洁溜干燥鲜水。峡东南尽处，乱石蠢驾，叠成楼台。由其隙，皆可扳跻上。其上石窦一缕，直彻洞顶；光由隙中下射，宛如钩月。洞底南通，覆石低压，高仅尺许，此必前通洞外，洞所从入者。由层石下，北循洞底入，隘低甚，与外二关相似。稍从其西，攀上一石隙。北转而东，若度鞍历峤。两壁石色石质，光莹欲滴，垂柱倒莲，纹同雕刻。东下一级，复值洞底，已转入隘关内。开成一衢[11]，阔二丈，高杀其五尺，覆石平如布幄。北池坦底半里许，下有一石，庋出为榻[12]榻边明辨；上则莲英下垂，连接成帏；四围生幔，大与榻并；中圆透盘空，上穹为顶，其后西壁，玉柱圆竖，大小不一，而色皆莹素，纹绝刻镂，衢中第一奇也。又直北半里，洞分上下两层，洞底东北去，上洞登自西北。时所赍火炬已去其七[13]，恐迷归路，遂割奇返。抵透光处，炬裁尽。洞外守视者，又增数十人，见予两人，皆额礼称异，且曰："久待不出，疑堕异吻[14]。"余各谢之。然此洞入处多隘，其中美胜，予所见洞俱莫及，不知土人何畏入乃尔！

乃取行李于前村，随涧北十里，抵大道。又西十里，宿黄石铺，去茶陵西四十里。铺南即大岭，北峙峰石，俱嶙峋插空；西南一峰尤甚，名五凤楼。去十里而近[15]，即安仁道。予早卧不及询，明发登途，知已无及。黄石西北三十里为高暑山，又有小暑山，俱在攸县东，疑即司空山也。二山之西，高峰渐伏茶陵江北曲，经高暑南麓而西，攸水在山北。是山，界茶、攸两江云。

注释

[1] 十七日：这是1637年（丁丑年）正月十七日。作者在正月十一日，从江西陆行

进入湖南（楚），随后几天游历了茶陵以西的紫云山、去阳山、枣核岭、龙头岭、络丝潭等处。这一则日记，主要记录了探访麻叶洞的详细经过。

［2］先是：起初。

［3］土人：当地人。

［4］伏水入：从水里进去。

［5］濡（rú）水：灌进水去。

［6］窍（qiào）：洞。启：张开。

［7］导：引领。

［8］问予乃儒者：一问之下，听说我是读书人。

［9］岂能身徇汝耶：我干吗为你去送命呢？徇，同"殉"。

［10］阔等：宽度（与高度）相等。

［11］衖（xiàng）：同"巷"字。或音"lòng"，同"弄"字。

［12］庋（guǐ）出为榻：伸出来像放着一张卧榻。

［13］已去其七：已用去一大半的意思。

［14］异吻：怪物的口。这句意思是：刚才等待好久不见（你们）出来，还以为是被怪物吃掉了呢。

［15］去十里而近：距离不满十里。

赏析

《楚游日记》由新庵北下龙头岭开始记写，叙述了徐霞客亲自考察上清洞和麻叶洞的经过和见闻，其中详细描述了探寻麻叶洞的奇异经历和麻叶洞中的奇景异色，至住宿黄石铺为止结束了记载。

本文在写作上极具特色，不像一般游记那样概括性地写景抒情，而是科学地精确描写和艺术地烘托渲染。

整篇游记记叙精确。由于是地理地貌探寻，所以比一般的文学作品更着重描述的科学性、准确性。记叙考察上清洞，先写它的方位，在上清潭上看，"洞即在路之下、洞之上"。然后写其外观，洞门向东，"夹如合掌"。进洞后，因为洞穴低狭而有水，先后以"伏水蛇行以进""石隙低而隘"等语描述，形象而又具体。当进入开阔处时，则以具体数字进行说明："隙始高裂丈余，南北横裂者亦三丈，然都无入处。"只有正西有一小洞，"阔一尺五寸，高二尺⋯⋯隙余水面，仅得尺之半"，记述得十分准确。以踪迹所至顺序来写，记述精确、明晰，其中艰险的道路和徐霞客坚毅顽强的精神给人留下深刻的印象。在写麻叶洞时，也给它先定位：离上清三里，在麻叶湾；四邻是西大岭，南洪碧岭，东云阳、枣核二岭的支脉，北枣核岭西麓。又以枣核岭一脉西至、大岭一脉东至、将军岭一石耸突以及回崖、小溪等进一步确定麻叶洞的位置。然后点出："循小溪至崖西乱石间，水穷于下，窍启于上，即麻叶洞。"通过层层定位，把麻叶洞的坐落写得十分确凿。洞所在之地，山回路转，水尽崖峭，是一个险绝之处。作者从各个方位进行描述，令人读后有如身临其境之感。通过过两关、攀石隙、入隘关等游迹的准确具体描述，移步换景，一路曲折，到处都有诱人的景物，直到"衢中第一奇"的出现，所见美景达到顶点，令人难忘。

文章注重渲染烘托。作者用烘托渲染手法记叙探洞经过，给读者造成一种悬念，让读者处于兴奋状态，急切地希望了解神奇的洞穴的奥秘。运用神话传说，以加强探洞的神秘感与冒险性。如开篇就写按照《大明一统志》所示去探奇，真的没有找到"秦人三洞"上洞的入口处，已经有了奇味。紧接着拽出关于上清洞和麻叶洞的传说，顿生奇色、奇情，两洞"俱神龙蛰处，非惟难入，亦不敢入也"。此一笔描述会激起读者的兴趣，迫不及待地想知道个究竟。徐霞客是一位探险历奇的旅行家，越是传说有神龙精怪的洞穴，越是执意要探历，这样读者对徐霞客的考察自然产生了浓厚的兴致。以向导的退缩渲染洞穴奇异，衬托徐霞客的坚毅的笔墨，贯穿于日记的始终。如探上清洞时，"导者止供炬，无肯为前驱者"，霞客只好自己解衣伏水探洞。如欲探麻叶洞时，寻觅向导，"亦俱以炬应，无敢导者"，而且人们还声明："此中有神龙奇鬼，非符术不能服。"在此神秘气氛写得十足。接着，再以一位用重金雇来的向导，发现徐霞客原来不是法士而是一个儒生而反悔——"予以为大师，故纵胆入，岂能身徇汝耶？"强调并突出了麻叶洞之不可入，渲染了其险恶性与神秘感，表现了徐霞客的坚毅。这样写来，使游记趣味横生，收到了引人入胜之效，从而既表现了徐霞客信奉科学、百折不回的精神，又赞美了祖国山川的可爱，为我国游记文学增添了异彩。

评价

其词意之高妙，备极诸长，非身历其境者，何能出此……霞客之游记，非仅写景物、谈风月而已，对于山岭之来脉、江海之源流，而未尝无所发现，其有助于地理，自不可没。（民国学者刘虎如）

习题

1. 填空题

（1）《楚游日记》的作者是_____朝的地理学家、文学家_____。他生来有奇癖，其母心胸豁达，积极鼓励他放心远游。他经30多年旅行，写有天台山、雁荡山等名山游记17篇和《浙游日记》《楚游日记》等著作，除佚散者外，遗有60余万字游记资料，在去世后由他人整理成《_____》。

（2）《楚游日记》（十七日）以记叙考察_____和_____的经过、见闻为主要内容，其中特别翔实细致地描述了洞中的奇景异色。

2. 讨论题

（1）从地理和地质科学发展的角度看，徐霞客考察麻叶洞有何重要意义？

（2）分析《楚游日记》的结构方式，它与一般的日记有何不同？

3. 思考题

仔细阅读原文，论述徐霞客描绘麻叶洞的方式。

4. 写作题

徐霞客在《楚游日记》中运用了烘托渲染的写作手法，请按照这种手法，写作一篇旅行日记。

 链接

https：//www.kekeshici.com/gushiwenshangxi/shiwenmp/238717.html

散文·徐弘祖文《楚游日记》

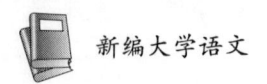

在有限的空间里面,把自然美、建筑美和人文美三者有机地结合起来,创造出无限的意境,这就是中国园林的精髓。

——宗白华

苏州园林

叶圣陶

 题解

叶圣陶(1894—1988),原名叶绍钧,字秉臣、圣陶,出生于江苏苏州,现代作家、教育家、文学出版家和社会活动家。曾任教育部副部长、人民教育出版社社长和总编、中华全国文学艺术界联合委员会委员、中华人民共和国全国政协副主席、民进中央主席。代表作有我国第一个童话故事《稻草人》、白话小说《春宴琐谭》、中国现代文学史上第一部长篇小说《倪焕之》。1988年2月16日在北京逝世,享年94岁。叶圣陶22岁以前,一直生活在苏州,常和好友游览苏州园林,对苏州园林的情趣和特征有深刻的体会。本文是叶圣陶为一本苏州园林图片册写的序,原题"拙政诸园寄深眷——谈苏州园林"。

苏州园林据说有一百多处,我到过的不过十多处。其他地方的园林我也到过一些。倘若要我说说总的印象,我觉得苏州园林是我国各地园林的标本,各地园林或多或少都受到苏州园林的影响。因此,谁如果要鉴赏中国的园林,苏州园林就不该错过。

设计者和匠师们因地制宜,自出心裁,修建成功的园林当然各个不同。可是苏州各个园林在不同之中有个共同点,似乎设计者和匠师们一致追求的是:务必使游览者无论站在哪个点上,眼前总是一幅完美的图画。为了达到这个目的,他们讲究亭台轩榭[1]的布局,讲究假山池沼的配合,讲究花草树木的映衬,讲究近景远景的层次。总之,一切都要为构成完美的图画而存在,决不容许有欠美伤美的败笔。他们唯愿游览者得到"如在画图中"的美感,而他们的成绩实现了他们的愿望,游览者来到园里,没有一个不心里想着口头说着"如在画图中"的。

我国的建筑,从古代的宫殿到近代的一般住房,绝大部分是对称的,左边怎么样,右边也怎么样。苏州园林可绝不讲究对称,好像故意避免似的。东边有了一个亭子或者一道回廊,西边决不会来一个同样的亭子或者一道同样的回廊。这是为什么?我想,用图画来比方,对称的建筑是图案画,不是美术画,而园林是美术画,美术画要求自然之趣,是不讲究对称的。

苏州园林里都有假山和池沼。假山的堆叠,可以说是一项艺术而不仅是技术。或者是重峦叠嶂,或者是几座小山配合着竹子花木,全在乎设计者和匠师们生平多阅历,胸中有丘壑[2],才能使游览者攀登的时候忘却苏州城市,只觉得身在山间。至于池沼,大多引用活水。有些园林池沼宽敞,就把池沼作为全园的中心,其他景物配合着布置。水面假如成河道模样,往往安排桥梁。假如安排两座以上的桥梁,那就一座一个样,决不雷同。池沼或河道的边沿很少砌齐整的石岸,总是高低屈曲任其自然。还在那儿布置几块玲珑的石头,或者种些花草:这也是为了取得从各个角度看都成一幅画的效果。池沼里养着金鱼或各色鲤鱼,夏秋季节荷花或睡莲开放,游览者看"鱼戏莲叶间",又是入画的一景。

苏州园林栽种和修剪树木也着眼在画意。高树与低树俯仰生姿。落叶树与常绿树相间,花时不同的多种花树相间,这就一年四季不感到寂寞。没有修剪得像宝塔那样的松柏,没有阅兵式似的道旁树:因为依据中国画的审美观点看,这是不足取的。有几个园里有古老的藤萝,盘曲嶙峋的枝干就是一幅好画。开花的时候满眼的珠光宝气,使游览者感到无限的繁华和欢悦,可是没法说出来。

游览苏州园林必然会注意到花墙和廊子。有墙壁隔着,有廊子界着,层次多了,景致就见得深了。可是墙壁上有砖砌的各式镂空[3]图案,廊子是两边无所依傍的,实际是隔而不隔,界而未界,因而更增加了景致的深度。有几个园林还在适当的位置装上一面大镜子,层次就更多了,几乎可以说把整个园林翻了一番。

游览者必然也不会忽略另外一点,就是苏州园林在每一个角落都注意图画美。阶砌旁边栽几丛书带草。墙上蔓延着爬山虎或者蔷薇木香。如果开窗正对着白色墙壁,太单调了,给补上几竿竹子或几棵芭蕉。诸如此类,无非要游览者即使就极小范围的局部看,也能得到美的享受。

苏州园林里的门和窗,图案设计和雕镂琢磨功夫都是工艺美术的上品。大致说来,那些门和窗尽量工细而决不庸俗,即使简朴而别具匠心。四扇,八扇,十二扇,综合起来看,谁都要赞叹这是高度的图案美。摄影家挺喜欢这些门和窗,他们斟酌着光和影,摄成称心满意的照片。

苏州园林与北京的园林不同,极少使用彩绘。梁和柱子以及门窗栏杆大多漆广漆,那是不刺眼的颜色。墙壁白色。有些室内墙壁下半截铺水磨方砖,淡灰色和白色对衬。屋瓦和檐漏一律淡灰色。这些颜色与草木的绿色配合,引起人们安静闲适的感觉。花开时节,更显得各种花明艳照眼。

可以说的当然不止以上写的这些,这里不再多写了。

注释

[1] 轩(xuān)榭(xiè):有窗户的廊子或小屋。榭,建筑在台上的敞屋。

[2] 丘壑(hè):山水风景。

[3] 镂(lòu)空:雕刻出穿透物体的花纹或文字。

 赏析

这是一篇说明苏州园林的文章,文章介绍了苏州园林的共同特点,再现了它的画意美,显示了设计者和工匠们的智慧和我国园林艺术的高超。

全文层次分明,首先说明苏州园林在我国园林艺术中的重要地位。然后,作者从园林建筑设施的各个方面,说明了苏州园林图画美的总的特征,总括说明苏州园林的特色,具体说明苏州园林的特征。最后,说明苏州园林的美还不止如此,结束全文,引人回味。

苏州园林整体上体现了独特的文化品位。亭台轩榭的布局独特,在布局上"绝不讲究对称",充满自然之趣的布局美。假山池沼的配合恰当,假山的堆叠有自然之趣,让人忘却其为假山。池沼则"大多引用活水",活水才有生趣。花草树木的映衬"着眼在画意"。作者先介绍花草树木栽种的良苦用心,既讲究树木的错落有致,又照顾到季节的变化。再介绍花草树木的修剪技巧,取法自然,符合中国画的审美观。近景远景具有层次感,巧妙运用花墙和廊子,使苏州园林显得层次多,景致深,景物不是一览无余地展现在游览者的面前,而是逐次展露,游览者可以领略到移步换景的乐趣,获得的审美享受也更为深长。

本文的艺术美感十足。《苏州园林》的语言不仅准确简练,而且醇厚而耐人寻味。例如,"墙上蔓延着爬山虎或者蔷薇木香","游览者看'鱼戏莲叶间'又是入画的一景"。恰当的引用勾勒出一个情趣横溢的意境。夏秋季节,眼前一片碧绿的荷塘,鲜艳的荷花,美丽的鱼儿游来游去,嬉戏、玩耍。此时此景构成了一幅生动感人的动态画面,给人以身临其境的美感。布局具有谐和美。所谓谐和美,是指布局、配合得适当、匀称的美。此外,园林中花草树木的映衬,远景和近景层次的映衬,也体现出相互映衬之美。

总体而言,《苏州园林》一文突破时间和空间的限制,熔说明、记叙、议论于一炉,以精炼优美的语言,严谨的结构,从欣赏者的角度抓住苏州园林的艺术特点,生动形象又耐人寻味。

评价

赏文似观景,人在画中游。(邢阳)

 习题

1. 填空题

(1) 叶圣陶,原名_____,字秉臣,出生于江苏,代表作有我国第一个童话故事_____、白话小说《春宴琐谭》、中国现代文学史上第一部长篇小说_____。

(2) 我国的建筑,从古代的宫殿到近代的一般住房,绝大部分是_____的,左边怎

么样，右边也怎么样。苏州园林可绝不讲究对称，好像故意避免似的。东边有了一个亭子或者一道回廊，西边决不会来一个同样的_____或者一道同样的_____。

2. 讨论题

（1）作者对苏州园林的印象是什么？有什么写作意图？

（2）苏州园林的主要特征是什么？文章从哪几个方面说明了这个特征？

3. 思考题

（1）作者对苏州园林进行了着力描写，该文的主旨是什么？

（2）结合叶圣陶的文学创作特点，分析《苏州园林》一文的艺术魅力体现在哪些方面？

4. 写作题

《苏州园林》一文充分展示了叶圣陶高超的写作技巧，请模仿该文，写作一个校园景观的片段。

链接

http：//xueshu.baidu.com/

一字未宜忽，语语悟其神——浅析叶圣陶《苏州园林》里的"也"字

第十五章 色香味美溢舌尖

 导读

《礼记·礼运》曰:"夫礼之初,始诸饮食。"又称:"饮食男女,人之大欲存焉。"意即"饮食男女,是人心所欲之大端绪也"。中国的饮食文化历史悠久,作为文化史的基石,它不仅影响着物质文化的发展,也影响着精神文化的发展,早已成为中华民族文化中不可或缺的重要组成部分。中国古代饮食文化中折射出的浓浓人文情怀,覆盖了包括社会等级制度、社会规范礼仪、审美品位、文学艺术等在内的社会人文精神的各个方面。

中国传统文化中的阴阳五行思想、儒家伦理道德观念、中医营养摄生学说,影响和塑造了源远流长的中国烹饪技艺,形成了博大精深的中国饮食文化。

中国饮食文化是一种广视野、深层次、多角度、高品位的悠久区域文化,是中华各族人民在长期的生产和生活实践中,在食源开发、食具研制、食品调理、营养保健和饮食审美等方面创造、积累并影响周边国家和世界的物质财富及精神财富。这些内容元素,构成了文学创作的主要源泉之一。

食罢一觉睡，起来两碗茶。举头看日影，已复西南斜。乐人惜日促，忧人厌年赊。无忧无乐者，长短任生涯。

——白居易

茶经·六之饮

陆羽

 **题解**

《茶经》是中国乃至世界现存最早、最完整、最全面介绍茶的第一部专著，被誉为茶叶百科全书，唐代陆羽所著。陆羽 21 岁时决心写《茶经》，为此开始了对茶的游历考察。他一路风尘，饥食干粮，渴饮茶水，经义阳、襄阳，往南漳，直到四川巫山，每到一处，即与当地村老讨论茶事，将各种茶叶制成标本，将途中所了解的茶的见闻轶事记下，做了大量的"茶记"。经过十余年，实地考察 32 个州，陆羽最后隐居苕溪（今浙江湖州），开始对茶的研究著述，历时五年写成《茶经》初稿。以后五年又增补修订，这才正式定稿。此时陆羽已 47 岁，前后总共历时 26 年，最终完成了世界上第一部研究茶的巨作《茶经》。

翼而飞，毛而走，呿而言[1]，此三者俱生于天地间，饮啄以活，饮之时义远矣哉！至若救渴，饮之以浆；蠲[2]忧忿，饮之以酒；荡昏寐，饮之以茶。

茶之为饮，发乎神农氏[3]，闻于鲁周公[4]，齐有晏婴[5]，汉有扬雄、司马相如[6]，吴有韦曜[7]，晋有刘琨、张载、远祖纳、谢安、左思之徒[8]，皆饮焉。滂时浸俗，盛于国朝，两都并荆俞间[9]，以为比屋之饮。

饮有粗茶、散茶、末茶、饼茶者。乃斫、乃熬、乃炀、乃舂，贮于瓶缶之中，以汤沃焉，谓之痷[10]茶。或用葱、姜、枣、橘皮、茱萸、薄荷之等，煮之百沸，或扬令滑，或煮去沫，斯沟渠间弃水耳，而习俗不已。

於戏！天育有万物，皆有至妙，人之所工，但猎浅易。所庇者屋，屋精极；所著者衣，衣精极；所饱者饮食，食与酒皆精极之。茶有九难：一曰造，二曰别，三曰器，四曰火，五曰水，六曰炙，七曰末，八曰煮，九曰饮。阴采夜焙，非造也。嚼味嗅香，非别也。膻鼎腥瓯，非器也。膏薪庖炭，非火也。飞湍壅潦[11]，非水也。外熟内生，非炙也。碧粉缥尘，非末也。操艰搅遽[12]，非煮也。夏兴冬废，非饮也。

夫珍鲜馥烈者，其碗数三；次之者，碗数五。若坐客数至五，行三碗；至七，行五碗；若六人以下，不约碗数，但阙一人而已，其隽永补所阙人。

注释

[1] 呿（qū）而言：呿，张口。《集韵》："启口谓之呿。"这里指开口会说话的人类。

[2] 蠲（juān）：免除。

[3] 神农氏：传说中的上古三皇之一，教民稼穑，号神农，后世尊为炎帝。后人伪托神农作《神农本草》等书，其中提到茶，故云"发乎神农氏"。

[4] 鲁周公：姬姓，名旦，周文王之子，辅佐武王灭商，建西周王朝，制礼作乐，后世尊为周公，因封国在鲁，又称鲁周公。后人伪托周公作《尔雅》，其中讲到茶。

[5] 晏婴（？—前500）：字平仲，春秋时政治家，齐国名相。相传著有《晏子春秋》。

[6] 扬雄、司马相如：皆汉代著名文学家。

[7] 韦曜（204—273）：应作韦昭，字弘嗣，三国时人，在东吴历任中书仆射、太傅等要职。

[8] 刘琨、张载、远祖纳、谢安、左思之徒：刘琨（271—318），字越石，晋中山魏昌人（今河北无极县），曾任西晋平北大将军等职。张载，字孟阳，晋安平（今河北深州市）人，文学家，有《张孟阳集》传世。远祖纳，即陆纳（320？—395），字祖言，吴郡吴（今江苏苏州）人，东晋时任吏部尚书等职；陆羽与其同姓，故尊为远祖。谢安（320—385），字安石，陈国阳夏人（今河南太康县），东晋名臣。左思（250？—305？），字太冲，山东临淄人，著名文学家，代表作有《三都赋》《咏史》等。

[9] 两都并荆俞间：两都，长安和洛阳。荆州，治所在今湖北江陵。俞，或作渝。渝州，治所在今四川重庆一带。

[10] 痷（ān）：意为病态。《博雅》："病也。"

[11] 飞湍壅潦：飞湍，飞奔的急流。潦，雨后积水。壅潦，停滞的积水。

[12] 操艰搅遽（jù）：操作艰难、慌乱。遽，惶恐，窘急。

赏析

本章介绍的主要是饮茶对于人的意义以及制茶的关键。禽鸟因为有翅而飞，兽类因为有毛而跑，人类开口能说话，这三者都靠吃食和饮水维持生命，生长于天地之间。可见喝水的意义有多深远。为了解渴可以喝水；为了消除忧虑和烦恼可以喝酒；而为了去除昏沉欲睡，则可以喝茶。

茶有着几个难以掌握的关键：一是采制，二是鉴别，三是器具，四是用火，五是选水，六是炙烤，七是碾末，八是烹煮，九是品饮。阴天采摘、夜间焙制不是正确的采制法；仅凭嚼茶尝味、靠嗅觉辨别香味也不算是会鉴别；使用沾有腥味的炉、锅和带有腥气的盆，也算是选器不当；也不能用急流和死水泡茶，这是用水不当；把饼茶烤得外熟里生，是烤茶不当；把茶叶碾得过细像粉尘一样，是碾茶不当；煮茶时操作不熟练、搅动茶汤太急促，也不算是会煮茶；夏天喝茶而冬天不喝，这也是不懂得饮茶。

唐代陆羽所著《茶经》系统总结了唐代以及唐以前茶叶生产、饮用的经验，提出了精行俭德的茶道精神。陆羽和皎然等一批文化人非常重视饮茶所体现出的精神享受和道德规范，讲究饮茶用具、饮茶用水和煮茶艺术，并与儒、道、佛哲学思想交融。士大夫和文人雅士在饮茶过程中，还创作了很多茶诗，仅在《全唐诗》中，流传至今的就有百余位诗人的四百余首，从而奠定了中国茶文化的基础。

评价

《六之饮》具有独特的价值，文中细致地描写了有关具、造、器、煮、饮等方面的内容，并提出了"精行俭德"和"天时、地利、人和"的饮茶观，对茶文化的传播具有显著的贡献。（刘垚瑶）

习题

1. 填空题

（1）《＿＿＿＿＿》是中国乃至世界现存最早、最完整、最全面介绍茶的第一部专著，被誉为茶叶百科全书，唐代＿＿＿＿＿所著。

（2）陆羽隐居浙江＿＿＿＿＿（今湖州）。其间在亲自调查和实践的基础上，认真总结、悉心研究了前人和当时的生产经验，完成创始之作《茶经》。

（3）自陆羽后，茶才成为中国民间的主要饮料。茶盛于唐，饮茶之风普及于大江南北，饮茶品茗遂成为中国文化的一个重要组成部分。因此，陆羽被后人称为中国的＿＿＿＿＿。

2. 讨论题

（1）《茶经》记录了关于茶的哪些内容？

（2）谈谈你对茶文化的认识。

3. 思考题

（1）请思考分析陆羽《茶经·六之饮》的文化价值。

（2）《茶经·六之饮》中体现了陆羽怎样的饮茶观。

4. 写作题

茶文化在我们身边不断传播和发展，传统茶饮吸取时代的魅力，使古老的茶饮文化得以推陈出新。现代茶饮当中，不仅包括红茶、绿茶、乌龙茶、黄茶、白茶、黑茶等，还包括茉莉花茶、桂花茶等窨制而成的茶，另外还有广受年轻人喜欢的奶茶、果茶等调制茶饮。请选择一款茶饮,写一篇你与茶的故事(不少于600字)。

 链接

https：//zhidao.baidu.com/question/2020925.html
《茶经》的历史意义

锦城虽乐，不如回故乡；乐园虽好，非久留之地。归去来兮。

——华罗庚

故乡的野菜

周作人

题解

《故乡的野菜》由中国现代散文家周作人写于1924年2月。20世纪20年代的时代风雨，给作家以不平静的生活，总让他羁于现实生活，苦于人生多事。1921年9月，周作人在西山养病后，下山回家。这时"五四"高潮已过，周作人感到梦想破灭的悲哀，他的思想和艺术情趣开始发生变化。在他的一些诗文小品中，他坦露了自己思想中的矛盾和悲哀，表达了自己在矛盾中挣扎的苦闷心情。"五四"高潮过后，周作人思想上充满着幻想破灭的悲哀，并感到走上歧路的矛盾。在战斗的同时，他又常常产生避退的思想，创作了不少充满着恬淡、闲寂韵味的随笔小品，显示出周作人创作风格的转变。显然，周作人希望通过对情感的抑制，在平和冲淡的文风中去寻求内心的平静。

我的故乡不止一个，凡我住过的地方都是故乡。故乡对于我并没有什么特别的情分，只因钓于斯[1]游于斯的关系，朝夕会面，遂成相识，正如乡村里的邻舍一样，虽然不是亲属，别后有时也要想念到他。我在浙东[2]住过十几年，南京东京都住过六年，这都是我的故乡，现在住在北京，于是北京就成了我的家乡了。

日前我的妻往西单市场买菜回来，说起有荠菜在那里卖着，我便想起浙东的事来。荠菜[3]是浙东人春天常吃的野菜，乡间不必说，就是城里只要有后园的人家都可以随时采食，妇女小儿各拿一把剪刀一只"苗篮"，蹲在地上搜寻，是一种有趣味的游戏的工作。那时小孩们唱道："荠菜马兰头[4]，姊姊嫁在后门头。"后来马兰头有乡人拿来进城售卖了，但荠菜还是一种野菜，须得自家去采。关于荠菜向来颇有风雅的传说，不过这似乎以吴地为主。《西湖游览志》云："三月三日男女皆戴荠菜花。谚云：三春戴荠花，桃李羞繁华。"顾禄[5]的《清嘉录》上亦说："荠菜花俗呼野菜花，因谚有'三月三，蚂蚁上灶山'之语，三日人家皆以野菜花置灶陉上，以厌虫蚁。清晨村童叫卖不绝。或妇女簪[7]髻[8]上以祈清目，俗号眼亮花。"但浙东人却不很理会这些事情，只是挑来做菜或炒年糕吃罢了。

黄花麦果通称鼠麴草，系菊科植物，叶小微圆互生，表面有白毛，花黄色，簇生梢头。春天采嫩叶，捣烂去汁，和粉作糕，称黄花麦果糕。小孩们有歌赞美之云：

黄花麦果韧结结，

关得大门自要吃，

半块拿弗出，一块自要吃。

清明前后扫墓时，有些人家——大约是保存古风的人家——用黄花麦果作供，但不作饼状，做成小颗如指顶大，或细条如小指，以五六个作一攒，名曰茧果，不知是什么意思，或因蚕上山时设祭，也用这种食品，故有是称，亦未可知。自从十二三岁时外出不参与外祖家扫墓以后，不复见过茧果，近来住在北京，也不再见黄花麦果的影子了。日本称做"御形"，与荠菜同为春天的七草之一，也采来做点心用，状如艾饺，名曰"草饼"，春分前后多食之，在北京也有，但是吃去总是日本风味，不复是儿时的黄花麦果糕了。

扫墓时候所常吃的还有一种野菜，俗称草紫，通称紫云英。农人在收获后，播种田内，用做肥料，是一种很被贱视的植物，但采取嫩茎瀹食，味颇鲜美，似豌豆苗。花紫红色，数十亩接连不断，一片锦绣，如铺着华美的地毯，非常好看，而且花朵状若蝴蝶，又如鸡雏，尤为小孩所喜，间有白色的花，相传可以治痢，很是珍重，但不易得。日本《俳句大辞典》云："此草与蒲公英同是习见的东西，从幼年时代便已熟识。在女人里边，不曾采过紫云英的人，恐未必有罢。"中国古来没有花环，但紫云英的花球却是小孩常玩的东西，这一层我还替那些小人们欣幸的。浙东扫墓用鼓吹，所以少年常随了乐音去看"上坟船里的姣姣"；没有钱的人家虽没有鼓吹，但是船头上篷窗下总露出些紫云英和杜鹃的花束，这也就是上坟船的确实的证据了。

注释

［1］斯：表示近指，相当于"这""这样"。

［2］浙东：古以钱塘江为界，分为"浙西""浙东"，今杭嘉湖地区古为"浙西"，而宁（甬）绍、台温、金丽衢地区均属"浙东"地区。

［3］荠菜：又名护生草、地菜、小鸡草、地米菜等，是一种人们喜爱的可食用野菜。

［4］马兰头：别名马兰、红梗菜等，属菊科马兰属多年生草本植物。

［5］顾禄：约生活在元末明初，字谨中，华亭（今上海松江）人。少有才名，嗜酒善诗，才情浪漫，有"西京诗博士，一代酒神仙"之美誉。著有《桐桥倚棹录》。

［6］簪：古代汉族发饰，簪是由笄发展而来的，是古人用来绾定发髻或冠的长针。

［7］髻：古代汉族女子将头发挽结于头顶的发式。

赏析

《故乡的野菜》是中国现代散文家周作人的作品。

主题思想方面，作者选取故乡所常见的非常普通之物，将自己的思绪拉回到家乡的故土之上。散文所要表达的是自己的故乡，但开篇又将这一情感掩盖起来，从野菜说起，点点滴滴，思乡情感不断积累。在外生活越久，思乡的情感就越浓烈，故乡的一切为周作人筑起了一个"自救"的精神家园，经过回忆洗涤后的故乡的野菜在作者那平淡无奇的言语中，甚至在作者长久以来的心中早已幻化成了美丽、有趣的形象。

文章结构安排上，循序渐进，步步为营。从溢出的情感，到理性的观照，再到无言的平淡。远方遥不可及的故土，逐渐清晰可见，作者漂泊在外的心灵，逐渐加以疗愈。平凡的野菜，具有了治愈功能，在作者心中，"故乡"是极富吸引力的字眼，作者借野菜托物言情，抒发强烈的思乡之情、怀旧之感。对家乡的怀想在文章中并没有像火山岩浆一般地喷发出来，而是如同一位丹青妙手把一幅清淡的浙东风俗画展现在读者眼前，使人睹景思情，油然而生思乡之心。

艺术特色方面，《故乡的野菜》熔知识性、趣味性于一炉，民俗童趣在平淡的文风中娓娓道来，语言平和冲淡、淡雅悠远，文风飘逸潇洒、雅趣盎然，堪称一幅淡雅悠远的风俗画。文笔质朴，立意新奇，通篇都透出一股精巧的艺术魅力。思乡怀旧是文章的主题，而贯穿全文的线索却是野菜。

写作手法方面，首先展现了卓越的散文艺术。《故乡的野菜》以冲淡平和为主要面目，整篇文字就像一位长者在静静讲述，淡泊安详，但平淡的背后却有着用心的经营。其次，体现了浓郁的地方风味。一些描写故乡风物的言志小品，里面总有很多童谣和民谚，使他的散文在冲淡平和的文风之外，充盈着一种"俗趣"，氤氲着浓浓的地方风味。最后，周作人具有平民化的写作立场。周作人不但在理论上第一个提出了平民化的主张，同时以自己的创作实绩践行了这一主张。

评价

中国现代散文家周作人的作品《故乡的野菜》语言淡雅悠远，素白耐嚼，有着平和、冲淡、闲逸的情调；说作品的语言悠远，是因为其素白的语言背后蕴含着浓浓的乡情，蕴含着浙东民俗风情。（邱贵芹）

习题

1. 填空题

（1）_____是周作人一生的最爱之一。《故乡的野菜》中，引用就有四五处之多，如"荠菜马兰头，姊姊嫁在后门头"，"三春戴荠花，桃李羞繁华"，"三月三，蚂蚁上灶山"等，短短一两句，语言通俗可爱，含义浅近直白，使文章生动不少。

（2）该篇散文立意新颖，通篇都透出一股精巧的艺术魅力，_____是文章的主题，而贯穿全文的线索却是_____。

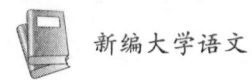

2. 讨论题

（1）文章在介绍荠菜、黄花麦果、紫云英三种野菜时各有侧重，其侧重点分别是什么？这样写有什么好处？

（2）周作人的哲学思想、人生态度、性情情趣等无不从他的散文小品中得以展现。选读周作人的一篇散文，谈谈其创作风格特点。

3. 思考题

（1）《故乡的野菜》的知识性和趣味性，在文中是如何体现的？

（2）《故乡的野菜》全文淡笔浓情，意味深长。请分析《故乡的野菜》的艺术特色。

4. 写作题

你从记忆中，找到一款连接着思乡之情的事物，以思乡怀旧为主题，撰写一篇不少于800字、兼具知识性和趣味性的散文。

链接

http：//www.doc88.com/p-9069134370516.html

《故乡的野菜》解析

> 人为生而食，非为食而生。
>
> ——本杰明·富兰克林

吃饭

钱锺书[1]

 题解

  钱锺书先生的《吃饭》[2]，是一篇洞达世情、切中时弊、闪烁着思想锋芒的绝妙文章。作者借最平常不过的吃饭为题，把人们司空见惯的一系列生活现象揭示得淋漓尽致，透彻深刻。吃饭原本是人最基本的生存欲望和条件。《孟子·告子》说："食色，性也。"《礼记·礼运》载："饮食男女，人之大欲存焉。"传统哲学讲，这是"理"，无须证明；近代科学说，这是"规律"，不可移易。食与色相比，食是第一位的。这也被历代政治家们推演为政治口号："民以食为天。"吃饭第一，别无深意，可在钱锺书先生的笔下，却蕴涵着至理。"名义上最主要的东西，其实往往是附属品。""吃饭"是名，目的是为了充饥，但是有的人"辨味而不是充饥，变成了我们吃饭的目的。舌头代替了肠胃，作为最后或最高的裁判"。

  吃饭有时很像结婚，名义上最主要的东西，其实往往是附属品。吃讲究的饭事实上只是吃菜，正如讨阔佬的小姐，宗旨倒并不在女人。这种主权旁移，包含着一个转了弯的、不甚朴素的人生观。辨味而不是充饥，变成了我们吃饭的目的。舌头代替了肠胃，作为最后或最高的裁判。不过，我们仍然把享受掩饰为需要，不说吃菜，只说吃饭，好比我们研究哲学或艺术，总说为了真和美可以利用一样。有用的东西只能给人利用，所以存在；偏是无用的东西会利用人，替它遮盖和辩护，也能免于抛弃。柏拉图在《理想国》里把国家分成三等人，相当于灵魂的三个成分；饥渴吃喝是灵魂里最低贱的成分，等于政治组织里的平民或民众。最巧妙的政治家知道怎样来敷衍民众，把自己的野心装点成民众的意志和福利；请客上馆子去吃菜，还顶着吃饭的名义，这正是舌头对肚子的借口，仿佛说："你别抱怨，这有你的份！你享着名，我替你出力去干，还亏了你什么？"其实呢，天知道——更有饿瘪的肚子知道——若专为充肠填腹起见，树皮草根跟鸡鸭鱼肉差不了多少！真想不到，在区区消化排泄的生理过程里还需要那么多的政治作用。

  古罗马诗人波西蔼斯（Persius）曾慨叹说，肚子发展了人的天才，传授人以技术（Magister artising enique largitor venter）。这个意思经拉伯雷发挥得淋漓尽致，《巨人世家》卷三有赞美肚子的一章，尊为人类的真主宰、各种学问和职业的创始和提倡者，鸟飞、兽

走、鱼游、虫爬，以及一切有生之类的一切活动，也都是为了肠胃。人类所有的创造和活动（包括写文章在内），不仅表示头脑的充实，并且证明肠胃的空虚。饱满的肚子最没用，那时候的头脑，迷迷糊糊，只配作痴梦；咱们有一条不成文的法律：吃了午饭睡中觉，就是有力的证据。我们通常把饥饿看得太低了，只说它产生了乞丐、盗贼、娼妓一类的东西，忘记了它也启发过思想、技巧，还有"有饭大家吃"的政治和经济理论。德国古诗人白洛柯斯（B. H. Brockes）做赞美诗，把上帝比作"一个伟大的厨师傅（dergross Speisemeister）"，做饭给全人类吃，还不免带些宗教的稚气。弄饭给我们吃的人，决不是我们真正的主人翁。这样的上帝，不做也罢。只有为他弄了饭来给他吃的人，才支配着我们的行动。譬如一家之主，并不是挣钱养家的父亲，倒是那些乳臭未干、安坐着吃饭的孩子；这一点，当然做孩子时不会悟到，而父亲们也决不甘承认的。拉柏莱的话似乎较有道理。试想，肚子一天到晚要我们把茶饭来向它祭献，它还不是上帝是什么？但是它毕竟是个下流不上台面的东西，一味容纳吸收，不懂得享受和欣赏。人生就因此复杂了起来。一方面是有了肠胃而要饭去充实的人，另一方面是有饭而要胃口来吃的人。第一种人生观可以说是吃饭的；第二种不妨唤作吃菜的。第一种人工作、生产、创造，来换饭吃。第二种人利用第一种人活动的结果，来健脾开胃，帮助吃饭而增进食量。所以吃饭时要有音乐，还不够，就有"佳人""丽人"之类来劝酒；文雅点就开什么销寒会、销夏会，在席上传观法书名画；甚至赏花游山，把自然名胜来下饭。吃的菜不用说尽量讲究。有这样优裕的物质环境，舌头像身体一般，本来是极随便的，此时也会有贞操和气节了；许多从前惯吃的东西，现在吃了仿佛玷污清白，决不肯再进口。精细到这种田地，似乎应当少吃，实则反而多吃。假使让肚子作主，吃饱就完事，还不失分寸。舌头拣精拣肥，贪嘴不顾性命，结果是肚子倒霉受累，只好忌嘴，舌头也只能像李逵所说"淡出鸟来"。这诚然是它馋得忘了本的报应！如此看来，吃菜的人生观似乎欠妥。

不过，可口好吃的菜还是值得赞美的。这个世界给人弄得混乱颠倒，到处是摩擦冲突，只有两件最和谐的事物总算是人造的：音乐和烹调。一碗好菜仿佛一支乐曲，也是一种一贯的多元、调和滋味，使相反的分子相成相济，变作可分而不可离的综合。最粗浅的例像白煮蟹和醋、烤鸭和甜酱，或如西菜里烤猪肉（Roast pork）和苹果泥（Apple sauce）、渗鳖鱼和柠檬片，原来是天涯地角、全不相干的东西，而偏偏有注定的缘分，像佳人和才子，母猪和癞象，结成了天造地设的配偶、相得益彰的眷属。到现在，他们亲热得拆也拆不开。在调味里，也有来伯尼支（Leibniz）的哲学所谓"前定的调和"（Harmonia praes tabilita），同时也有前定的不可妥协，譬如胡椒和煮虾蟹、糖醋和炒牛羊肉，正如古音乐里，商角不相协，徵羽不相配。音乐的道理可通于烹饪，孔子早已明白，所以《论语》上记他在齐闻《韶》，"三月不知肉味"。可惜他老先生虽然在《乡党》一章里颇讲究烧菜，还未得吃道三昧，在两种和谐里，偏向音乐。譬如《中庸》讲身心修养，只说"发而中节谓之和"，养成音乐化的人格，真是听乐而不知肉味人的话。照我们的意见，完美的人格，"一以贯之"的"吾道"，统治尽善的国家，不仅要和谐得像音乐，也该把烹饪的调和悬为理想。在这一点上,我们不追随孔子,而愿意推崇被人忘掉的伊尹。伊尹是中国第一个哲学家厨师,在他眼里,整个人世间好比是做菜的厨房。《吕氏春秋·本味篇》记伊尹以至味说汤那一大段,把最伟大的统治哲学讲成惹人垂涎的食谱。这个观念渗透了中国古代的政治意识,所以自从《尚书·顾命》起,做宰相总比为"和羹调鼎",老子也说"治国如烹小鲜"。孟子曾赞伊尹为"圣之任者",柳下惠为"圣之和者",这里的文字也许有些错简。其实呢,允许人赤条条相对的柳下惠,该算是个放"任"主义者。而伊尹倒当得起"和"字——这个"和"字,当然还带些下厨上灶、调和五味的涵意。

吃饭还有许多社交的功用,譬如联络感情、谈生意经等等,那就是"请吃饭"了。社交的吃饭种类虽然复杂,性质极为简单。把饭给自己有饭吃的人吃,那是请饭;自己有饭可吃而去吃人家的饭,那是赏面子。交际的微妙不外乎此。反过来说,把饭给予没饭吃的人吃,那是施食;自己无饭可吃而去吃人家的饭,赏面子就一变而为丢脸。这便是慈善救济,算不上交际了。至于请饭时客人数目的多少,男女性别的配比,我们改天再谈。但是趣味洋溢的《老饕年鉴》(Almanachdes Courmands)里有一节妙文,不可不在此处一提。这八小本名贵稀罕的奇书,在研究吃饭之外,也曾讨论到请饭的问题。大意说:我们吃了人家的饭该有多少天不在背后说主人的坏话,时间的长短按照饭菜的质量而定;所以做人应当多多请客吃饭,并且吃好饭,以增进朋友的感情,减少仇敌的毁谤。这一番议论,我诚恳地介绍给一切不愿彼此成为冤家的朋友,以及愿意彼此变为朋友的冤家。至于我本人呢,恭候诸君的邀请,努力奉行猪八戒对南山大王手下小妖说的话:"不要拉扯,待我一家家吃将来。"

注释

[1] 钱锺书(1910—1998),字默存,号槐聚,曾用笔名中书君。江苏无锡人。中国现代著名学者,小说家,有"当代第一博学鸿儒""文化昆仑"的称号。

[2] 选自钱锺书散文集《写在人生边上》。

赏析

吃饭是寻常百姓家最为日常之事,但作者以小见大,挖掘出深刻的人生哲理。

从文本角度来看,文章开宗明义,以"吃饭有时很像结婚"批判了爱财不爱人的金钱婚姻观,是一个名与实的哲学命题。讽刺知识精英用高尚的名义掩饰自己实际利益的获取。嘲弄政治家心口不一、以公谋私的现象。通过论述音乐和烹调,针对"给人弄得混乱颠倒"的社会现象,表达的中心旨意是"和谐",提倡"和而不同"的社会理想。通过论述吃饭的社交作用表达中心,提示隐藏在"吃饭"背后名实相离、相互掩饰的人情世态。

从艺术角度分析，主要从三个方面展现了文章特色。一是运用陌生化的比喻。一方面，"比喻包含相反相成的两个因素，所比的事物有相同处，否则彼此无法合拢；又有不同之处，否则彼此无法分辨。两者不合，不能相比；两者不分，无须相比。不同处愈多愈大，则相同处愈有烘托；分得愈开，则合得愈出意外，比喻就愈新奇，效果愈高。"追求比喻的新奇性与意外感，注重引发读者陌生化和长久的审美感觉，是钱锺书比喻理论的精髓。另一方面，文中比喻（文章主要采用了类比论证方法），具有出奇制胜的陌生化的效果。奇思妙喻唤起特别的关注，并能体味创造性美感。二是旁征博引、侃侃而谈。从现实生活的人情世态到抽象的人生观理论，从古希腊的柏拉图、古罗马的波西蔼斯到中国的伊尹、老子，从政治到经济，从音乐到烹调，作者似乎信手拈来，但却处处涉笔成趣，让读者感受到知识和智慧的魅力。三是幽默风趣的风格特点。大多幽默与陌生化的比喻相关，幽默中饱含辛辣的嘲讽甚至显得尖刻。

评价

《吃饭》着眼于人们的日常生活，以"吃饭"这一人生最基本的生存欲望为思辨对象，发现了人类司空见惯的世俗存在方式背后所隐藏的文化真相，这种真相如果用语词加以命名的话，就是"掩饰文化"。我们日日所处的生活场景，就是这种"掩饰文化"表演的空间。（雷世文）

习题

1. 填空题

（1）《_____》是钱锺书先生于20世纪60—70年代写作的古文笔记体著作。全书约130万字，论述范围由先秦迄于唐前，用文言文以读书笔记的形式写成。

（2）钱锺书著有讽刺性的长篇小说是《_____》。

（3）钱锺书被尊称为_____。

2. 讨论题

（1）《吃饭》引用了哪些先哲圣人的名言，是何用意？

（2）钱锺书的《吃饭》讽刺了什么社会现象？

3. 思考题

（1）钱锺书《吃饭》谈到了吃饭与什么有关？

（2）《吃饭》的内容主旨是什么。

4. 写作题

结合与饮食有关的名人、成语典故、诗词文章等背景资料，学习品味中国饮食文化底蕴，撰写一篇不少于 600 字的散文。

 链接

https：//www.kekeshici.com/sanwen/sanwenshangxi/8020.html
钱锺书《吃饭》评析

第十六章　大国工匠显异才

导读

中国经济已转向高质量发展，正在向世界制造业强国大步迈进。发展高端制造业，不仅需要高端装备、高端技术，更离不开工匠大师的创新能力与奉献精神。

工匠，自古至今都是一个很重要的社群。我国自舜帝时就设有"百工"，据古文献《尚书·舜典》记载：在舜帝执政之初，就很关注工匠，为了加强对全国工匠的管理工作，特地设立了"工""百工"的专门职务。"帝曰：'畴若予工？佥曰：'垂哉！'帝曰：'俞！咨！垂。汝共工。'垂拜稽首，让于殳斨暨伯与。帝曰：'俞！往哉，汝谐。'"

以鲁班为代表的杰出工匠在我国历史上代有其人，而且新人辈出，后来居上，一代胜过一代，业绩平凡而伟大，泽被世人，影响深远。

中国古代的四大发明——火药、指南针、印刷术和造纸术，贡献全世界，造福全人类。能工巧匠和工匠大师，是发明创造不可或缺的关键人物。他们在参与所有的创造发明过程中，特别是创造中国古代四大发明的过程中，无不进行了忘我投入，无私奉献，学道得道，传承发展，为民族争光，为世界做出贡献，永远彪炳千古！

回顾我国古代工匠的发展历史，可以看出其成功既有社会发展的因素，更有工匠们热爱生活、不断探索和坚守的原因。这是一种在长期践行中逐步积累起来的精神财富。

当今的工匠，比如胡双钱、宁允展、张冬伟、管延安、顾秋亮、高凤林、周东红、孟剑锋八位杰出的工匠大师们成功的原因和精神，就与他们高度自觉培育和践行社会主义核心价值观，特别是其中的"爱国""敬业""富强"几个核心价值观密不可分。他们热爱祖国，高度敬业，为祖国富强进行着忘我的奋斗，不断超越他人和自我，做出一个又一个技术上的创新，带来一个又一个工艺上的进步。

实现中华民族伟大复兴的中国梦，推动"中国制造"向"中国创造""中国智造"迈进，迫切需要弘扬工匠精神，它的传承和发展契合了时代发展的需要，具有重要的时代价值与广泛的社会意义。党的十九大报告中提出"建设知识型、技能型、创新型劳动者大军，弘扬劳模精神和工匠精神，营造劳动光荣的社会风尚和精益求精的敬业风气"，为新时代发展工匠事业指明了继续前进的方向。

我国工匠及其精神——"道":工匠精神之最高境界。

——钱耕森

鲁问

《墨子》

题解

墨子(约前476—约前390),名翟,春秋末期战国初期宋国人。墨家学派的创始人,著名的思想家、教育家、科学家、军事家。墨子是第一位站在最底层劳动者和社会弱者的立场上说话的人,他提出的观点以兼爱为核心,以节用、尚贤为支点。墨子还是位科学家,是中国历史上第一位在力的作用、杠杆原理、光线直射、光影关系、小孔成像、点线面体圆概念等众多领域都有精深造诣的人。后人尊称墨子为"科圣"。其弟子根据墨子生平事迹的史料,收集其语录,完成《墨子》一书。本文选自该书卷十三,写了墨子与公输盘之间发生的故事。

鲁问[1]

昔者楚人与越人舟战于江,楚人顺流而进,迎流而退,见利而进,见不利则其退难。越人迎流而进,顺流而退,见利而进,见不利则其退速。越人因此若势,亟[2]败楚人。公输子自鲁南游楚,焉始为舟战之器,作为钩强[3]之备,退者钩之,进者强之,量其钩强之长,而制为之兵。楚之兵节[4],越之兵不节,楚人因此若势,亟败越人。公输子善其巧,以语子墨子曰:"我舟战有钩强,不知子之义亦有钩强乎?"子墨子曰:"我义之钩强,贤于子舟战之钩强。我钩强我[5],钩之以爱,揣[6]之以恭。弗钩以爱则不亲,弗揣以恭则速狎,狎而不亲则速离。故交相爱,交相恭,犹若相利也。今子钩而止人,人亦钩而止子,子强而距人,人亦强而距子,交相钩,交相强,犹若相害也。故我义之钩强,贤子舟战之钩强。"

公输子削竹木以为鹊,成而飞之,三日不下。公输子自以为至巧。子墨子谓公输子曰:"子之为鹊也,不如匠之为车辖,须臾刘[7]三寸之木,而任五十石之重。故所为功,利于人谓之巧,不利于人谓之拙。"

公输子谓子墨子曰:"吾未得见之时,我欲得宋。自我得见之后,予我宋而不义,我不为。"子墨子曰:"翟之未得见之时也,子欲得宋,自翟得见子之后,予子宋而不义,子弗为,是我予子宋也。子务为义,翟又将予子天下。"

公输[8]

公输盘为楚造云梯之械，成，将以攻宋。子墨子闻之，起于齐，行十日十夜而至于郢，见公输盘。

公输盘曰："夫子何命焉为？"子墨子曰："北方有侮臣者，愿借子杀之。"公输盘不说。子墨子曰："请献十金。"公输盘曰："吾义固不杀人。"子墨子起，再拜曰："请说之。吾从北方闻子为梯，将以攻宋。宋何罪之有？荆国有余于地，而不足于民，杀所不足，而争所有余，不可谓智。宋无罪而攻之，不可谓仁。知而不争，不可谓忠。争而不得，不可谓强。义不杀少而杀众，不可谓知类。"公输盘服。子墨子曰："然乎不已乎[9]？"公输盘曰："不可，吾既已言之王矣。"子墨子曰："胡不见我于王？"公输盘曰："诺。"

子墨子见王，曰："今有人于此，舍其文轩[10]，邻有敝舆，而欲窃之；舍其锦绣，邻有短褐，而欲窃之；舍其粱肉，邻有糠糟，而欲窃之。此为何若人？"王曰："必为窃疾矣。"子墨子曰："荆之地，方五千里，宋之地，方五百里，此犹文轩之与敝舆也；荆有云梦，犀兕麋鹿满之，江汉之鱼鳖鼋鼍为天下富，宋所为无雉兔狐狸者也，此犹粱肉之与糠糟也；荆有长松、文梓、楩、枬、楠、豫章，宋无长木，此犹锦绣之与短褐也。臣以三事之攻宋也，为与此同类。臣见大王之必伤义而不得。"王曰："善哉！虽然，公输盘为我为云梯，必取宋。"

于是见公输盘。子墨子解带为城，以牒为械，公输盘九设攻城之机变，子墨子九距[11]之。公输盘之攻械尽，子墨子之守圉[12]有余。公输盘诎[13]，而曰："吾知所以距子矣，吾不言。"子墨子亦曰："吾知子之所以距我，吾不言。"楚王问其故，子墨子曰："公输子之意，不过欲杀臣，杀臣，宋莫能守，可攻也。然臣之弟子禽滑厘等三百人，已持臣守圉之器，在宋城上而待楚寇矣。虽杀臣，不能绝也。"楚王曰："善哉！吾请无攻宋矣。"

子墨子归，过宋。天雨，庇其闾中，守闾者不内[14]也。故曰："治于神者，众人不知其功；争于明者，众人知之。"

注释

[1] 本篇各段记载了墨子与诸侯、弟子等人的一些谈话，其中比较重要的内容，有墨子提出的游说诸侯"必择务而从事"的原则，文中多处申明"兼爱""非攻"的主张，也有几处专门申说"义"的重要性。所有这些内容，体现出墨子向往国家富强、天下安宁、人民安居乐业的理想。

[2] 亟：屡次。

[3] 钩强：即钩、镶，古兵器。

[4] 节：义同"适"。

［5］后一个"我"字，为"义"之假借字。

［6］揣：推拒之意。

［7］刘："斲"之形误。

［8］本篇记述公输盘制造云梯，准备帮助楚国进攻宋国，墨子从齐国起身，到楚国制止公输盘、楚王准备进攻宋国的故事。全文生动地表现了墨子"兼爱""非攻"的主张，从故事中，我们也可以看到墨子不辞辛苦维护正义的品格和机智、果敢的才能。

［9］第一个"乎"为"胡"之误，胡：何。

［10］文轩：彩车。

［11］距：通"拒"。

［12］圉：御。

［13］诎：屈。

［14］内：通"纳"。

赏析

本篇通过墨子与公输子之间的故事，生动地叙述了墨子为实现自己的"非攻"主张，所表现出的艰苦实践和顽强斗争的精神。从写作特点来看，本文通过曲折生动的故事，围绕矛盾冲突来阐明道理，凸显人物性格。墨子从道义上揭露，在实力的对比和威慑之下，楚王才被迫说出"善哉！吾请无攻宋矣"的话来，故事曲折生动，矛盾冲突向前推进，最终得以解决。墨子还善于运用类比说理，进行层层推理。文章富有逻辑性和说服力，是同这种说理方法密不可分的。

同时，文章中反映了公输盘与墨子的高超技艺，公输盘的工匠技艺更是具体生动地得到描述："为舟战之器，作为钩强之备。""削竹木以为鹊，成而飞之，三日不下。""为楚造云梯之械。"公输盘即鲁班，人称公输般、班输，尊称公输子，又称鲁盘，惯称"鲁班"。他是我国古代优秀的工匠和杰出的发明家，是一位富于智慧、勤于思考、勇于探索、善于创新的工匠楷模。他巧技制器，规矩立身，给我们民族留下了宝贵的工匠精神。在机械化生产与互联网发展的今天，鲁班的工匠精神需要被继承下去，他那种对待事情专注、坚持，勇于创新，精益求精的精神仍值得今天的人们学习。

评价

墨子在自然学上的成就，绝不低于古希腊的科学家和哲学家，甚至高于他们。他个人的成就，就等于整个希腊。（杨向奎）

 习题

1. 填空题

（1）墨子，名_____，春秋末期战国初期宋国人。他是_____家学派的创始人，其观点以_____为核心，以节用、尚贤为支点。

（2）墨子是一位_____家，在几何学、物理学、光学等领域均取得了伟大的成就，后人尊称墨子为"_____"。

2. 讨论题

（1）在形势并不占优的情况下，墨子是如何说服楚王不攻打宋国的？

（2）仔细阅读原文，分析文中展示了公输盘的哪些才能。

3. 思考题

（1）文中"公输"部分的说理性强，思考其逻辑结构。

（2）从语言论辩的角度看，"公输"部分的主要写作特色是什么？

 链接

http：//www.doc88.com/p-1941698919328.html

鲁班经

感谢科学,它不仅使生命充满快乐和欢欣,并且给生活以支柱和自尊心。

——巴甫洛夫

郭守敬传

宋濂

题解

宋濂(1310—1381),初名寿,字景濂,号潜溪。祖籍今浙江义乌,后迁居金华浦江,明初著名政治家、文学家、史学家,被明太祖朱元璋誉为"开国文臣之首",与刘基并称为"一代之宗"。宋濂推崇台阁文学,文风淳厚飘逸,奉命主修《元史》,记述了从蒙古族兴起到元朝建立再到元朝北逃蒙古高原的历史。《元史》中的《天文志》吸取了元代杰出科学家郭守敬的研究成果,反映了郭守敬在天文、历法、水利和数学等方面取得的卓越成就。郭守敬制订出了通行三百六十多年的《授时历》,成为当时世界上最先进的一种历法;他还改制、发明了简仪、高表等十二种新仪器。本篇传记选自《元史》,详细记载了郭守敬在水利技术和天文历法方面的成就。

郭守敬,字若思,顺德邢台人。生有异操,不为嬉戏事。大父荣,通五经,精于算数、水利。时刘秉忠、张文谦、张易、王恂同学于州西紫金山,荣使守敬从秉忠学。

中统三年,文谦荐守敬习水利,巧思绝人。世祖[1]召见,面陈水利六事:其一,中都旧漕河,东至通州,引玉泉水以通舟,岁可省雇车钱六万缗。通州以南,于蓝榆河口径直开引,由蒙村跳梁务至杨村还河,以避浮鸡淀盘浅风浪远转之患。其二,顺德达泉引入城中,分为三渠,灌城东地。其三,顺德沣河东至古任城,失其故道,没民田千三百余顷。此水开修成河,其田即可耕种,自小王村经滹沱,合入御河,通行舟筏。其四,磁州东北滏、漳二水合流处,引水由滏阳、邯郸、洺州、永年下经鸡泽,合入沣河,可灌田三千余顷。其五,怀、孟沁河,虽浇灌,犹有漏堰余水,东与丹河余水相合。引东流,至武陟县北,合入御河,可灌田二千余顷。其六,黄河自孟州西开引,少分一渠,经由新、旧孟州中间,顺河古岸下,至温县南复入大河,其间亦可灌田二千余顷。每奏一事,世祖叹曰:"任事者如此,人不为素餐[2]矣。"授提举诸路河渠。四年,加授银符、副河渠使。

至元元年,从张文谦行省西夏。先是,古渠在中兴者,一名唐来,其长四百里,一名汉延,长二百五十里,它州正渠十,皆长二百里,支渠大小六十八,灌田九万余顷。兵乱以来,废坏淤浅。守敬更立闸堰,皆复其旧。二年,授都水少监。守敬言:"舟自中兴沿河四昼夜至东胜,可通漕运,及见查泊、兀郎海古渠甚多,宜加修理。"又言:"金时,自

燕京之西麻峪村，分引卢沟一支东流，穿西山而出，是谓金口。其水自金口以东，燕京以北，灌田若干顷，其利不可胜计。兵兴以来，典守者惧有所失，因以大石塞之。今若按视故迹，使水得通流，上可以致西山之利，下可以广京畿之漕。"又言："当于金口西预开减水口，西南还大河，令其深广，以防涨水突入之患。"帝善之。十二年，丞相伯颜南征，议立水站，命守敬行视河北、山东可通舟者，为图奏之。

初，秉忠以《大明历》自辽、金承用二百余年，浸以后天，议欲修正而卒。十三年，江左既平，帝思用其言，遂以守敬与王恂率南北日官[3]，分掌测验推步[4]于下，而命文谦与枢密张易为之主领裁奏于上，左丞许衡参预其事。守敬首言："历之本在于测验，而测验之器莫先仪表。今司天浑仪，宋皇祐中汴京所造，不与此处天度[5]相符，比量南北二极，约差四度；表石年深，亦复欹侧。"守敬乃尽考其失而移置之。既又别图高爽地，以木为重棚，创作简仪、高表，用相比覆。又以为天枢附极而动，昔人尝展管望之，未得其的，作候极仪。极辰既位，天体斯正，作浑天象。象虽形似，莫适所用，作玲珑仪。以表之矩方，测天之正圆，莫若以圜求圜，作仰仪。古有经纬，结而不动，守敬易之，作立运仪。日有中道，月有九行，守敬一之，作证理仪。表高景虚，罔象非真，作景符。月虽有明，察景则难，作窥几。历法之验，在于交会，作日月食仪。天有赤道，轮以当之，两极低昂，标以指之，作星晷定时仪。又作正方案、丸表、悬正仪、座正仪，为四方行测者所用。又作《仰规覆矩图》《异方浑盖图》《日出入永短图》，与上诸仪互相参考。

十六年，改局为太史院，以恂为太史令，守敬为同知太史院事，给印章，立官府。及奏进仪表式，守敬当帝前指陈理致，至于日晏，帝不为倦。守敬因奏："唐一行开元间令南宫说天下测景，书中见者凡十三处。今疆宇比唐尤大，若不远方测验，日月交食分数时刻不同，昼夜长短不同，日月星辰去天高下不同，即目测验人少，可先南北立表，取直测景。"帝可其奏。遂设监候官一十四员，分道而出，东至高丽，西极滇池，南逾朱崖，北尽铁勒，四海测验，凡二十七所。

十七年，新历告成，守敬与诸臣同上奏曰：臣等窃闻帝王之事，莫重于历。自黄帝迎日推策，帝尧以闰月定四时成岁，舜在璇玑玉衡以齐七政。爰及三代，历无定法，周、秦之间，闰余乖次。西汉造《三统历》，百三十年而后是非始定。东汉造《四分历》，七十余年而仪式方备。又百二十一年，刘洪造《乾象历》，始悟月行有迟速。又百八十年，姜岌造《三纪甲子历》，始悟以月食冲检日宿度所在。又五十七年，何承天造《元嘉历》，始悟以朔望及弦皆定大小余。又六十五年，祖冲之造《大明历》，始悟太阳有岁差之数，极星去不动处一度余。又五十二年，张子信始悟日月交道有表里，五星有迟疾留逆。又三十三年，刘焯造《皇极历》，始悟日行有盈缩。又三十五年，傅仁均造《戊寅元历》，颇采旧仪，始用定朔。又四十六年，李淳风造《麟德历》，以古历章蔀元首分度不齐，始为总法，用进朔以避晦晨月见。又六十三年，一行造《大衍历》，始以朔有四大三小，定九服交食之异。又九十四年，徐昂造《宣明历》，始悟日食有气、刻、时三差。又二百三十六年，姚舜辅造《纪元历》，始悟食甚泛余差数。以上计千一百八十二年，历经七十改，其创法者十有三家。

自是又百七十四年，圣朝专命臣等改治新历，臣等用创造简仪、高表，凭其测实数，所考正者凡七事：一曰冬至。自丙子年立冬后，依每日测到晷景，逐日取对，冬至前后日差同者为准。得丁丑年冬至在戊戌日夜半后八刻半，又定丁丑夏至在庚子日夜半后七十刻；又定戊寅冬至在癸卯日夜半后三十三刻；己卯冬至在戊申日夜半后五十七刻半；庚辰冬至在癸丑日夜半后八十一刻半。各减《大明历》十八刻，远近相符，前后应准。二曰岁余。自《大明历》以来，凡测景、验气，得冬至时刻真数者有六，用以相距，各得其时合用岁余。今考验四年，相符不差，仍自宋大明壬寅年距至今日八百一十年，每岁合得三百六十五日二十四刻二十五分，其二十五分为今历岁余合用之数。三曰日躔。用至元丁丑四月癸酉望月食既，推求日躔，得冬至日躔赤道箕宿十度，黄道箕九度有奇。仍凭每日测到太阳躔度，或凭星测月，或凭月测日，或径凭星度测日，立术推算。起自丁丑正月至己卯十二月，凡三年，共得一百三十四事，皆躔于箕，与月食相符。四曰月离。自丁丑以来至今，凭每日测到逐时太阴行度推算，变从黄道求入转极迟、疾并平行处，前后凡十三转，计五十一事。内除去不真的外，有三十事，得《大明历》入转后天。又因考验交食，加《大明历》三十刻，与天道合。五曰入交。自丁丑五月以来，凭每日测到太阴去极度数，比拟黄道去极度，得月道交于黄道，共得八事。仍依日食法度推求，皆有食分，得入交时刻，与《大明历》所差不多。六曰二十八宿距度。自汉《太初历》以来，距度不同，互有损益。《大明历》则于度下余分，附以太半少，皆私意牵就，未尝实测其数。今新仪皆细刻周天度分，每度分三十六分，以距线代管窥，宿度余分并依实测，不以私意牵就。七曰日出入昼夜刻。《大明历》日出入夜昼刻，皆据汴京为准，其刻数与大都不同。今更以本方北极出地高下，黄道出入内外度，立术推求每日日出入昼夜刻，得夏至极长，日出寅正二刻，日入戌初二刻，昼六十二刻，夜三十八刻。冬至极短，日出辰初二刻，日入申正二刻，昼三十八刻，夜六十二刻。永为定式。

所创法凡五事：一曰太阳盈缩。用四正定气立为升降限，依立招差求得每日行分初末极差积度，比古为密。二曰月行迟疾。古历皆用二十八限，今以万分之八百二十分为一限，凡析为三百三十六限，依垛叠招差求得转分进退，其迟疾度数逐时不同，盖前所未有。三曰黄赤道差。旧法以一百一度相减相乘，今依算术句股弧矢方圆斜直所容，求到度率积差，差率与天道实吻合。四曰黄赤道内外度。据累年实测，内外极度二十三度九十分，以圆容方直矢接句股为法，求每日去极，与所测相符。五曰白道交周。旧法黄道变推白道以斜求斜，今用立浑比量，得月与赤道正交，距春秋二正黄赤道正交一十四度六十六分，拟以为法。推逐月每交二十八宿度分，于理为尽。

十九年，恂卒。时历虽颁，然其推步之式与夫立成之数，尚皆未有定稿。守敬于是比次篇类，整齐分抄，裁为《推步》七卷，《立成》二卷，《历议拟稿》三卷，《转神选择》二卷，《上中下三历注式》十二卷。二十三年，继为太史令，遂上表奏进。又有《时候笺注》二卷，《修改源流》一卷。其测验书，有《仪象法式》二卷，《二至晷景考》二十卷，

《五星细行考五十卷》，《古今交食考》一卷，《新测二十八舍杂坐诸星入宿去极》一卷，《新测无名诸星》一卷，《月离考》一卷，并藏之官。

二十八年，有言滦河自永平挽舟逾山而上，可至开平；有言泸沟自麻峪可至寻麻林。朝廷遣守敬相视，滦河既不可行，泸沟舟亦不通，守敬因陈水利十有一事。其一，大都运粮河，不用一亩泉旧原，别引北山白浮泉水，西折而南，经瓮山泊，自西水门入城，环汇于积水潭，复东折而南，出南水门，合入旧运粮河。每十里置一闸，比至通州，凡为闸七，距闸里许，上重置斗门，互为提阏，以过舟止水。帝览奏，喜曰："当速行之。"于是复置都水监，俾守敬领之。帝命丞相以下皆亲操畚锸倡工，待守敬指授而后行事。先是，通州至大都，陆运官粮，岁若干万石，方秋霖雨，驴畜死者不可胜计，至是皆罢之。三十年，帝还自上都，过积水潭，见舳舻敝水，大悦，名曰通惠河，赐守敬钞万二千五百贯，仍以旧职兼提调通惠河漕运事。守敬又言：于澄清闸稍东，引水与北霸河接，且立闸丽正门西，令舟楫得环城往来。志不就而罢。三十一年，拜昭文馆大学士、知太史院事。

大德二年，召守敬至上都，议开铁幡竿渠，守敬奏："山水频年暴下，非大为渠堰，广五七十步不可。"执政吝于工费，以其言为过，缩其广三之一。明年大雨，山水注下，渠不能容，漂没人畜庐帐，几犯行殿。成宗谓宰臣曰："郭太史神人也，惜其言不用耳。"七年，诏内外官年及七十，并听致仕，独守敬不许其请。自是翰林太史司天官不致仕，定著为令。延祐三年卒，年八十六。

注释

[1] 世祖：元世祖，孛儿只斤·忽必烈，监国托雷第四子，元宪宗蒙哥弟，蒙古政治家、军事家，是元朝的开国皇帝。

[2] 人不为素餐：无功受禄，不劳而食。

[3] 南北日官：古代掌管天象历数之官。

[4] 推步：古人谓日月转运于天，犹如人之行步，可推算而知。

[5] 天度：周天的度数。

赏析

这篇传记文记述了郭守敬的生平事迹，在内容、形式等方面体现了极高的艺术特色。

行文逻辑清晰。本文以时间为序，从郭守敬出生籍贯、初学读书写起，再写他成年后为国家完成的一系列事情，最后写到他终老。文理通顺，明白易懂。

内容选材典型，注重细节。郭守敬一生在科学事业上所做的大事和探索很多，但文中并没有面面俱到地写，而是选取了郭守敬在水利和天文历法方面受到从元朝皇帝到普通民众关注的关键事情。

对细节描写显示科学态度。在解决水利问题和历法时，郭守敬提到"燕京之西麻峪村，分引卢沟一支东流""约差四度"这样的细节，无不表明郭守敬注重客观事实，关注科学数据的科学精神。

叙述手段上言行并重。思想支配行动，行动表现思想。文中选择那些最典型、最能表现郭守敬思想性格的行动来写。"言为心声"，文中选择皇帝、大臣和郭守敬自己的典型语言，来表现人物的做事风格，也是一种非常重要的方法。

语言上讲究文采。人物传虽不能偏向华丽的词藻、烦琐的描写、多余的形容、曲折的情节，但本文语言生动形象，用词精当贴切，句子明白晓畅。

评价

其（郭守敬的天文仪器）规模和设计的精美远远超过曾在欧洲所曾看到和知道的任何这类东西。这些仪器虽经受了二百五十年的雨、雪和天气变化的考验，却丝毫无损于它原有的光荣。（利玛窦）

习题

1. 填空题

（1）宋濂，号_____，祖籍金华潜溪（今浙江义乌），后迁居金华浦江。明初著名政治家、文学家、史学家，被明太祖朱元璋誉为"_____"。

（2）_____代杰出科学家郭守敬在天文、历法、水利和数学等方面都取得了卓越的成就。他制订出了通行三百六十多年的《_____》，成为当时世界上最先进的一种历法。

2. 讨论题

（1）郭守敬在元世祖忽必烈接见时陈述了水利方面的一些见解，主要涉及哪些应该兴办的水利事业？

（2）郭守敬为什么要在已有历法的情况下研究新的历法？表现了什么样的精神？

3. 思考题

（1）与一般传记相比，《郭守敬传》具有怎样的结构特征？

（2）在当时的历史条件下，郭守敬为什么能取得卓越的科学成就？

4. 写作题

本篇《郭守敬传》是一篇文言文传记，请用现代白话文改写这篇传记，要求保持原文主旨。

链接

http：//www.xinhuanet.com/science/2018-06/16/c_137258318.htm
郭守敬的天文成就

尽管，奔流在大海深渊中的海水力量无边，尽管，大海即是江河湖泊的万泉之源，但，大海依然畏惧伟大宙斯的闪电，依然畏惧霹雳划破长空时的怒喊。

——荷马《伊利亚特》

中国"蛟龙"号挑战深海（节选）

许晨

题解

本文选自长篇报告文学《第四极——中国"蛟龙"号挑战深海》。该报告文学由许晨历时4年创作完成。许晨，1955年出生，山东德州市陵城区人，中国作家协会会员，中国散文学会理事，国家一级作家，山东省作家协会副主席、文学期刊及编辑出版委员会主任，1989年7月毕业于解放军艺术学院文学系，青岛市十二届政协委员、市拔尖人才，获得第五届冰心散文奖。2018年8月11日，凭借作品《第四极——中国"蛟龙"号挑战深海》获第七届鲁迅文学奖报告文学奖，作者跟随"蛟龙"号远赴西北太平洋，亲临深海科学考察现场，经历台风大浪的考验，深入体验，认真采访，以形象的文笔、传奇的故事、深远的意境，创作出这部反映国企精神、强化海洋战略的作品。

茫茫地球上的最南极、最北极，还有最高极，这三个极限地区都留下了人类探索的足迹，虽说付出了许多沉重的代价，但一代代探险者和科学家不屈不挠的精神斗志，为寻求与解开地球之谜，拓展人类生存空间建立了卓越功勋。然而，还有一个极点未曾真正涉足探究，那就是数千米乃至上万米以下的海底深处，即世界上的最深极——第四极！

海洋，人类的摇篮和故乡。

古往今来，五大洲各种肤色的人向往海洋、憧憬海洋，创造了多少神奇而美丽的神话传说啊！从华夏大地的哪吒闹海、龙宫探宝，到古希腊的海神波塞冬[1]、丹麦童话《海的女儿》，以及近代科幻小说《海底两万里》和电视连续剧《大西洋底来的人》，无不绘声绘色地展现了一个充满无穷奥秘的未知世界，将人类对于深邃海底的兴趣和探求欲发挥得淋漓尽致。

于是，当历史老人的脚步蹒跚着走到了20世纪之后，深达1 000米、3 000米、6 000米的大洋深海中，相继出现了美国人、俄罗斯人、法国人、日本人的身影。那么，作为拥有18 000公里海岸线、300多万平方公里海域面积、居世界前列海洋大国的华夏子孙，又在哪里呢？

地球仪在缓缓旋转着。蓦然，定格在北纬11度20分、东经142度11.5分的坐标点。

这里是亚洲大陆和大洋洲澳大利亚之间，北起硫黄列岛、西南至雅浦岛，菲律宾东北、马里亚纳群岛附近，一片浩瀚无际、波澜起伏的西太平洋——马里亚纳海沟所在的海域。

公元 2012 年 6 月 24 日清晨，没有晴朗的海天、没有壮观的日出。大海如同一个情绪善变的孩子，时而风雨交加，时而电闪雷鸣。一艘标记着"向阳红 09"号的中国科学考察船迎风破浪，如定海神针般地停在预定海域，她那宽阔而坚实的甲板上，高高矗立着一台类似龙门吊的设备，伸出两只长长的手臂，怀抱着红白相间的小鲸鱼一样的机器。机身上漆着一面鲜红的五星红旗和两个醒目的蓝色大字——"蛟龙"！

这就是举国关注、世界瞩目的中国载人潜水器"蛟龙"号，正在进行深潜 7 000 米的海试。自从 2009 年开始的 1 000 米、2010 年的 3 000 米、2011 年的 5 000 米深潜海试一步步成功之后，我国自主研发、集成创新的 7 000 米载人潜水器工程项目，迎来了冲击设计极限的海底试验。万无一失，科技部、国家海洋局等部门选择了海洋最深点：著名的马里亚纳海沟。它全长 2 550 千米，呈弧形，平均宽 70 千米，大部分水深在 8 000 米以上，最深处位于斐查兹海渊，达 11 034 米。

这条海沟的形成已有 6 000 万年，是太平洋西部洋底一系列海沟的一部分，也是世界上最深的海沟。如果把地球第三极珠穆朗玛峰填到里边，还不能完全填满。征服这条海沟，下潜至 7 000 米，将标志着我国具备了到达全球 99% 以上海洋深处进行作业的能力，标志着"蛟龙"号载人潜水器集成技术的成熟、成为海洋科学考察的前沿与制高点之一。无疑，对于中国乃至世界的载人深潜工程和深海科学事业来说，7 000 米是一道至关重要的门槛，也是一个攀登高峰的标杆。

半个多月前，随着试验母船"向阳红 09"号的一声汽笛长鸣，"蛟龙"号海试团队在总指挥刘峰、临时党委书记刘心成率领下，于 2012 年 6 月 3 日由江阴苏南国际码头启航，穿过长江吴淞口，踌躇满志地奔赴西太平洋，奔向那片遥远而亲近的海域。

临行时，国家海洋局局长刘赐贵、副局长王飞，科技部副部长王伟中专程从北京赶来授旗、送行。启航仪式上，年富力强的总指挥刘峰和沉稳持重的党委书记刘心成，在代表全体参试队员表达了敢打必胜的决心后，又风趣而庄重地说："我们二刘，一定带领全队团结拼搏，交上一份一流的海试成绩单！"

"好！"生在福建海滨、爱海懂海的刘赐贵局长朗声应道，"还要加上我这一刘，咱们三刘与大家一起，争创一流。"

哈！人们会心地笑了……

马里亚纳海沟，中国"蛟龙"来了！

凭着这种志向与精神，我们英雄的海试团队劈波斩浪，按计划在这片海域开始了一次又一次地深潜试验。

这一天——6 月 24 日，星期天，是我国航天工程——神九飞船与天宫一号手控对接的日子。此前，国家海试领导小组批准"蛟龙"号同日冲击深潜 7 000 米，争取创造上天入海的奇迹。

"太好了！这太有意义了！我们已经做好了充分准备，保证完成任务。"

尽管天一放亮，就遇到了风雨突袭，海况不佳，但经过周密严格的探测，天气条件会逐渐好转，且海面以下完全具备试验条件。海试指挥部下定决心：按时下潜！北京时间4时20分，海试团队举行了简短的出征仪式，三名试航员叶聪、刘开周、杨波身着蓝色的潜航工作服，与大家相互击掌，微笑着进入潜水器。

"现在我宣布，人员各就各位！"海试现场总指挥刘峰坚毅的声音，通过扬声器响彻全船，试验正式开始。潜水器移出、挂缆、起吊、入水……在海试团队轻车熟路的操作下，所有动作一气呵成。12分钟后，"蛟龙"号欣然投入大海的怀抱。

3个多小时的下潜，"向阳红09"试验母船上的现场指挥部紧张有序，监控屏幕上不断显示着各种数据，扬声器中不时响起"蛟龙"号潜航员和水面控制人员之间沉着冷静的通话声。

北京时间9时7分，话筒里传来了试航员、主驾驶叶聪的声音："这里是'蛟龙'，这里是'蛟龙'。我们已经坐底7 020米！"指挥部里一阵沸腾。这是创造了中国载人深潜最新纪录，也是世界同类型载人潜水器的最大下潜深度。

而这时候，正在太空飞翔的神舟九号航天员景海鹏等3人，按计划操纵着飞船逐步接近"天宫一号"目标飞行器，实施手控交会对接。[2]西太平洋7 000米海底，叶聪代表此次下潜的潜航员，庄严地向神舟九号送上热烈而亲切的祝福："祝愿景海鹏、刘旺、刘洋三位航天员与天宫一号对接顺利！祝愿我国载人航天、载人深潜事业取得辉煌成就！"

由于技术上的原因，如今还未能实现海底与太空的直接通话，潜航员的祝福通过电波穿透深海，传到陆地基站，再由陆地转发到茫茫太空上的神九舱内。显然，航天员们听到并且受到了极大鼓舞。中午12时55分，他们成功驾驶神舟九号与天宫一号实现了刚性连接。

在向祖国报喜的同时，景海鹏代表神舟九号飞行乘组也向"蛟龙"号致辞："今天，在我们顺利完成手控交会对接任务的时候，喜闻'蛟龙'号创造了中国载人深潜新纪录，向叶聪、刘开周、杨波3位潜航员致以崇高的敬意，祝愿中国载人深潜事业取得新的更大成就！祝愿我们的祖国繁荣昌盛！"

"神舟"上天，"蛟龙"入海。海空连心，互致祝福。一天之内诞生两项奇迹，整个世界都在看着中国。是梦想、是宏图、是雄心壮志引领着中华民族永不停歇的探索步伐。身为中华儿女，无不为这伟大的壮举感到骄傲和自豪！

如此，中国人在征服了南极、北极和珠峰高极之后[3]，又成功地进入到地球最深极。可喜可贺！然而你可知道，中国载人潜水器"蛟龙"号从2002年立项、起步，到2012年胜利完成下潜7 000米深海目标，仅仅走过了10个春秋，远远少于外国长达几十年的历程。这不能不说是一个伟大的人间奇迹。

注释

[1] 波塞冬：古希腊神话中的海神，手持三叉戟，是克洛诺斯与瑞亚之子，宙斯之兄。

[2] 2012年6月16日—6月29日，景海鹏与刘旺、刘洋一起乘坐神舟九号飞船执行天宫一号与神舟九号载人交会对接任务。

[3] 1960年中国登山队登顶珠穆朗玛峰，1984年中国在南极洲建设中国第一个南极科学考察站——长城站，1999年中国首次北极科学考察队在北极进行科考。

赏析

这篇报告文学节选文章的作者曾经是一名解放军的空军少校，也是一名以深入火热生活、采访写作改革开放沧桑巨变为己任的报告文学作家，深知"蛟龙"号的横空出世对于整个国家和民族的重大意义。他克服种种困难，用手中的笔记录这件"深海利器"的来龙去脉，讴歌为其呕心沥血、殚精竭虑的科学家、试航员、组织领导者和船员水手们。正像进入太空离不开航天器一样，开发利用深海则离不开深海装载装备。拥有大深度载人潜水器和具备精细的深海作业能力，是一个国家深海技术竞争力的综合体现。

本文是一篇报告文学，结构巧妙，纵横交叉。总体上有纵向的时间线，从故事背景写起，一代代探险者和科学家不屈不挠的精神和斗志，为寻求与解开地球之谜，拓展人类生存空间建立了卓越功勋；接着写到人类对海洋的探索，"向阳红09"号的中国科学考察船携带中国载人潜水器"蛟龙"号出发，最后写到"蛟龙号"的下潜。横向上，叙述了神奇而美丽的神话传说，从华夏大地的哪吒闹海、龙宫探宝，到古希腊的海神波塞冬、丹麦童话《海的女儿》，以及近代科幻小说《海底两万里》和电视连续剧《大西洋底来的人》；描写了蛟龙号前期工作和马里亚纳海沟的情况。

文章中作者将最精彩、最感人、自己感受最深而最能吸引、打动读者的关键材料，放到最显著的地位，以增强艺术效果。启航仪式上，年富力强的总指挥刘峰和沉稳持重的党委书记刘心成，在代表全体参试队员表达了敢打必胜的决心后，又风趣而庄重地表态，寓坚强的意志和必胜信心于轻松诙谐之中。

本文善于展开合理想象。没有想象，就没有文学，也就没有报告文学。由于技术上的原因，如今还未能实现海底与太空的直接通话，潜航员的祝福通过电波穿透深海，传到陆地基站，再由陆地转发到茫茫太空上的神九舱内。显然，航天员们听到并且受到了极大鼓舞，他们成功驾驶神舟九号与天宫一号实现了刚性连接。这既是中国高科技成就的写实，也是合理的想象。

在报告文学中写好精彩议论肩负着向读者"报告"的任务，向读者报告说明自己的观点。本文中常常出现作者的议论,"指挥部里一阵沸腾。这是创造了中国载人深潜最新纪录,也是世界同类型载人潜水器的最大下潜深度"。这些议论如画龙点睛,写得形象而精彩,能引起读者内心的共鸣。

评价

《第四极——中国"蛟龙"号挑战深海》是一部及时记述我国科技创新重大进展、弘扬中国精神、表现中国梦主题的优秀报告文学,是报告文学界可喜的新收获。(李朝全)

习题

1. 填空题

(1) 许晨是中国_____协会会员,中国散文学会理事,曾获得第五届冰心_____奖。

(2) 中国人在征服了南极、_____极和珠峰高极之后,又成功地进入到地球最深极,2012 年胜利完成下潜_____米深海目标。

2. 讨论题

从科技发展来看,中国蛟龙号挑战深海有何重要意义?

3. 思考题

(1) 请根据文章内容,思考"中国载人深潜精神"的内涵。

(2) 文中一串连续的数字"自从 2009 年开始的 1 000 米、2010 年的 3 000 米、2011 年的 5 000 米深潜海试一步步成功之后"的表达起到了怎样的效果。

4. 写作题

《中国"蛟龙"号挑战深海》是一篇报告文学,具有一般文学作品所没有的真实性和感染力。请以现实生活中的真实感人故事为题材写作一篇报告文学。

链接

https://www.suinian.com/yue/19103.html

遥远而神秘的"第四极"